本书获西南石油大学研究生教材建设项目资助

经管实证论文写作八讲

JINGGUAN

SHIZHENG

Lunwen Xiezuo Bajiang

余　璇　郑小强　◎主编

中国财经出版传媒集团

经济科学出版社

Economic Science Press

图书在版编目（CIP）数据

经管实证论文写作八讲/余璇，郑小强主编．－－北
京：经济科学出版社，2023.6
ISBN 978 - 7 - 5218 - 4893 - 9

Ⅰ.①经…　Ⅱ.①余…②郑…　Ⅲ.①经济管理 – 论
文 – 写作　Ⅳ.①F2

中国国家版本馆 CIP 数据核字（2023）第 118531 号

责任编辑：李　雪
责任校对：齐　杰
责任印制：邱　天

经管实证论文写作八讲

余　璇　郑小强　主编
经济科学出版社出版、发行　新华书店经销
社址：北京市海淀区阜成路甲 28 号　邮编：100142
总编部电话：010 – 88191217　发行部电话：010 – 88191522

网址：www. esp. com. cn

电子邮箱：esp@ esp. com. cn

天猫网店：经济科学出版社旗舰店

网址：http://jjkxcbs. tmall. com

固安华明印业有限公司印装
710×1000　16 开　19.75 印张　310000 字
2023 年 7 月第 1 版　2023 年 7 月第 1 次印刷
ISBN 978 – 7 – 5218 – 4893 – 9　定价：98.00 元
（图书出现印装问题，本社负责调换。电话：010 – 88191545）
（版权所有　侵权必究　打击盗版　举报热线：010 – 88191661
QQ：2242791300　营销中心电话：010 – 88191537
电子邮箱：dbts@ esp. com. cn）

目录
CONTENTS

前　言

　　科学研究的目的在于发现各种规律，并提出可用于解释自然和社会现象的理论，换句话说，即创造科学知识，其特点就是求新，它体现在人们试图通过探索和思考推进对事物的理论认识。论文写作是科学研究的一种成果，是一种交流研究结果的沟通方式。从过程视角来看，论文写作是一种发现、构思和论证的过程。论文写作不仅要呈现研究的结果，而且其本身就是一个研究过程。论文是构思和写出来的，它需要不断修改才能逐渐完善。实证论文是论文的一种常见类型。从结果呈现来讲，实证论文包括如下主要部分：摘要、引言、文献综述、研究设计、实证分析与结语。其中，文献综述、研究设计和实证分析是实证论文写作的三个主体部分，这三个部分更多地与提出假说并检验假说有关，而摘要、引言和结语则更多地与论证有关。一般而言，是先完成文献综述、研究设计和实证分析，后完成摘要、引言和结语。不少人认为实证论文写作有很多难题。究其原因，主要是对实证论文写作的各个组成部分不太了解，每一个部分的具体内容都不太清楚。因此，我们在结构体例上充分考虑了各个部分的写作思路和方法，本书在各个模块中，遵循"是什么"——"有什么问题"——"解决问题的要点和步骤"这一逻辑展开，针对实证论文写作的各个部分进行拆解，从而破解实证论文写作难题。全书共分为八讲：第一讲和第八讲是本书绪论和尾章，其余六讲分别对应了实证论文的六个核心组成部分，即摘要、引言、文献综述、研究设计、实证分析和结语。第一讲"如何破局论文写作"主要介绍什么是科学研究、论文写作，论文写作到底难在哪里，以及破解论文写作难题的思路。第二讲"如何写摘要"主要介绍什么是摘要，摘要写作常见问题，以及摘要写作的要点和步骤。第三讲"如何写引言"主要介绍什么是引言，引言写作常见问题，以及引言写作的要点和步骤。第四讲"如何写文献综述"主要介绍什么是文献综述，文献综述写作常见问题以及文献综述写作的要点和步骤。第五讲"如何写研究设计"主要介绍什么是研究设计，研究设计常见问题以及研究设计的要点和步骤。第六讲"如何写实证分析"主要介绍什么是实证分析，实证分析的前期准备以及实证分析写作的要点和步骤。第七讲"如何写结语"主要介绍什么是结语，结语写作的常见问题，以及结语写作的要点和步骤。第八讲"经管实证论文写作步骤和要领"主要介绍经管实证论文写作步骤，并再次重申经管实证论文写作要领。

在本书的编写过程中，余璇完成 20 万字，郑小强完成其余 11 万字。本书的编写得到了 2020 级工商管理专业本科生，2022 级工业工程与管理、管理科学与工程专业研究生的大力支持，他们分别是张瑜、杨贸婷、闫欣宇、王蕙汝、雷郭沁、谢辉、陈阳、张云飞、王玉珏和凌艺。本书在编写的过程中参考了众多的文献资料，其中绝大部分可查资料已经在参考文献中列出题目和作者。尽管我们反复检查，也可能会有疏漏之处，还请专家和读者们一定指正，以便进一步完善本书。

论文写作如逆水行舟，不进则退，是一个不断修炼的过程。希望本书能帮助大家不断修炼论文写作。总有一天能达到"文章本天成，妙手偶得之"的论文写作境界。

本书获西南石油大学研究生教材建设项目资助，是西南石油大学研究生教育教学改革与研究项目"基于创新能力培养的研究生培养模式和培养机制的研究"（2022JG065）的重要支撑成果。

第一讲

如何破局论文写作

一、什么是科学研究、论文写作

（一）什么是科学研究

1. 概念

我国教育部对科学研究的定义是："科学研究是指为了增进知识包括关于人类文化和社会的知识以及利用这些知识去发明新的技术而进行的系统的创造性工作。"美国资源委员会对科学研究的定义是："科学研究工作是科学领域中的检索和应用，包括对已有知识的整理、统计以及对数据的收集、编辑和分析研究工作。"

科学研究最重要的几个组成因素为：知识、客观、探索。知识，科学研究的核心目的是增进知识；客观，科学研究的过程必须是客观的，不应受个人或者组织的主观影响；探索，科学研究的内容是对现有知识的进一步深入探究或者对未知知识的尝试性研究。科学研究是"反复探索"的意思，英文为"re-search"，其中前缀 re 是"反复"的意思，search 是"探索"的意思。科学研究的内涵包含整理、继承知识和创新、发展知识两部分。由于人类对自然界及其规律的认识并不是一成不变的，而是不断再认识的过程，开始认为正确的结论，在发展的过程中，不断有新的假说、新的学科产生，并不断证伪、不断更新、淘汰原有的理论，所以科学研究还是不断证实和证伪的过程。

科学研究的目的是理解和认识世界，包括物质世界和精神世界。科学研究分为描述现象、发现定律、形成理论三个阶段。描述现象是对研究对

1

象基本情况的陈述，当这样的陈述达到一定程度时，研究者就能归纳出某种规律，把这种规律陈述出来，就是定律。因此，发现定律是描述现象的必然结果，就是发现事物之间规律性的关系。为了解释定律，研究者会提出和检验理论。有了理论，研究者不仅可以解释已有发现的定律，而且还能预测新的定律，引导新的研究，从而不断地理解和认识世界。

科学研究的功能首先体现在对客观世界的理性认知与合理解释之上，即以自然系统为对象，研究自然界的物质形态、结构、性质和运动规律，旨在发现自然系统的客观规律。可见，理论和观察是科学的两大支柱，科学研究可以从两个层面展开：理论层面和经验层面。理论层面主要考虑的是提炼自然或社会现象的抽象概念及这些概念之间的关系（即理论构建），而经验层面主要考虑的是对理论概念及它们之间的关系进行检验，发现理论概念与现实观察之间的相符程度，并最终构建更好的理论。随着时间的推移，理论不断被完善（即与现实观察更加相符），科学也逐步变得更成熟。科学研究就是在理论与观察之间的持续交替。因此，理论和观察都是科学研究的重要组成部分，比如在科学研究中完全依赖观察来进行推理而忽略理论的做法是不被认可的。

可见，科学研究的目标在于发现各种规律，并提出可用于解释自然和社会现象的理论，换句话说，即创造科学知识，其特点就是求新，它体现在人们试图通过探索和思考推进对事物的理论认识。

2. 分类

（1）根据研究的任务和方法进行划分

基础研究：对新理论、新原理的探讨，目的在于发现新的科学领域，为新的技术发明和创造提供理论前提。基础研究常问的问题，例如，人类历史中，逻辑思维何时开始？生物是在常规中出现还是意外诞生的？什么是身心的联系？基础研究主要研究自然界的基本规律，可以分成数学、物理学、化学、天文学、地质学、生物学等。

应用研究：把基础研究发现的新的理论应用于特定的目标的研究，它是基础研究的继续，目的在于为基础研究的成果开辟具体的应用途径，使之转化为实用技术。常见的应用研究的范畴包括电子、资讯科技、电脑技术、应用科学等。

开发研究：又称发展研究，把基础研究、应用研究应用于生产实践的研究，是科学转化为生产力的中心环节。

基础研究、应用研究、开发研究是整个科学研究系统三个互相联系的环节，它们在一个国家、一个专业领域的科学研究体系中协调一致地发展。

（2）根据研究目的进行划分

探索性研究：对研究对象或问题进行初步了解，以获得初步印象和感性认识，并为日后周密而深入的研究提供基础和方向。一般会做大量控制变量的实验，然后报道实验结果，总结不同变量的影响。

描述性研究：正确描述某些总体或某种现象的特征或全貌，任务是收集资料、发现情况、提供信息，描述主要规律和特征。描述性研究主要是对目标现象做出仔细观察和详细记录。这些观察必须基于科学的方法（即具有可复制性、精确性等），因此，与未受过专门训练的人员所获得的观察数据相比，其可靠性更高。

解释性研究：解释性研究是对所观察到的现象、问题或行为做出解释。描述性研究揭示了现象是什么（what）及其何时（when）何地（where）出现，而解释性研究回答的是为什么（why）以及如何（how）这类的问题。该研究试图找出目标现象的影响因素及其结果来对既有研究进行归纳概括。这样的例子包括理解青少年犯罪或者团伙暴力背后的原因，并最终找出解决这些社会问题的对策。尽管在学术研究的初级阶段需要一些探索性和描述性研究，但是，目前大部分的学术研究仍属于解释性研究。对所观测到的事物进行解释需要强有力的理论基础和阐释技能，同时还需要直觉、洞察力以及个人以往的经验。能够做到这一点的人在他们各自的领域也都是最出色的科学家。

3. 层次

科学研究的五个层次，就像一个金字塔：塔尖是本体，塔底是跟风。这几个层次既互相联系，又有明显的高低之分。细节决定成败，层次决定水平。

（1）第一个层次：跟风

跟风很简单，人家怎么做咱也怎么做，依样画葫芦。外国人发现了细胞凋亡，咱就用细胞凋亡研究肺炎、肝炎、胃炎、肠炎，反正炎症多得很。人家研究了炎症，咱研究哮喘。人家研究了哮喘，咱研究糖尿病，反正疾病也是多得很。他人研究了疾病，咱研究药物诱导肺癌细胞凋亡，反正药物又是多得很。这样的排列组合简直无穷无尽。但跟风价值不大，可有可无，多一个少一个都无关紧要。

（2）第二个层次：问题

问题有大有小，小问题意义不大，大问题意义重大。这就涉及做什么的问题了：是做大问题，还是做小问题？做科学研究都想有大贡献大发现，关键是大问题不容易做出来，甚至做了几年几十年都一无所获。这样，研究大问题风险可就很大了。在晋职升级等压力下，研究大问题就很需要一番思索选择了。小问题意义不大，但很好出成果，发几篇论文还是很容易的。这就为什么研究小问题的人相较于研究大问题的多了很多的缘故。袁隆平的杂交水稻、屠呦呦抗疟原虫的青蒿素都是重大科学问题。

（3）第三个层次：方法

对于科学研究来说，方法非常重要，以至于重大的科学方法常常会受到诺贝尔奖的青睐。科学方法也有大有小。重大科学方法可以获得诺贝尔奖，而小的科学方法其意义很小，而应用人家发明的科学方法进行研究多数情况就是跟风。

（4）第四个层次：操作系统

与科学问题和科学方法相比，我们对系统并不是很熟悉。其实系统远比问题和方法重要。系统在科学研究中起着奠基作用，有了系统这个基础，科学发现和科学发明的大厦将会矗立起来。就像 Windows 操作系统一样，其他软件可以借助这个系统运行。科学研究的操作系统也具有这样的功能，使得新发现新方法得以实现。

（5）第五层次：本体

本体是隐藏在表象后面的本质，世界上事物纷繁复杂，但在这些复杂表面现象后面具有一种支配因素和力量，这种本质东西是科学研究追求目的。本体是本原、源头，这个层次的研究所获得的诺贝尔奖不是一个，而是一连串。

4. 基本步骤

科学研究最基本的要素包括假说、证据和逻辑论证。在实证研究领域，知识创造是通过假说、证据和逻辑论证来完成的。假说是指研究者对事物和现象的一种抽象性的观点或认识。证据是指研究者在现实中获取的各种经验素材，包括数据和案例等。逻辑论证其实就是检验：检验假说内在的自洽性，即假说是否符合形式逻辑要求；检验假说与证据是否一致。其一般程序大致分三个阶段：准备阶段、研究实施阶段、总结评价阶段。

（1）准备阶段

准备阶段包括理论准备、物质准备与研究计划准备。具体地说，这一阶段的研究人员要完成的任务如下。

第一步，确定研究课题。研究课题的选择直接关系到研究能否达到新的目标、获得显著的成功。因此，课题的选择是决定研究水平高低的重要因素。问题来自实践，当前有着大量值得探索的问题，当然不是任何一个问题都可以成为研究课题，但它可以作为一个研究课题的雏形，逐步提炼、发展成为研究课题。因此，可以从实践中选择一些比较有价值的问题，有针对性地查阅有关的文献、资料。必要时还要做调查研究，弄清楚对这些问题前人研究的情况与已有成果。重点弄清哪些方面前人已有研究，得出一些什么结论，各种观点是否一致，有哪些分歧的观点，分歧的实质是什么，还有哪些方面尚未涉及，哪些方面尚可进一步探索。通过大量的资料分析，就可以审定哪些课题较有研究价值，研究从什么方向开展，从而就可以确定自己的研究课题。

第二步，进行研究设计。确定课题以后，为使研究顺利开展，也为使研究具有内在的效度和信度，必须进行研究设计。进行研究设计首先要分析课题涉及的各种变量，并在此基础上准确地表述课题和研究目的，同时提出假设，然后在课题研究的总体范围内提出样本抽取方法及样本容量。设计研究的顺序、方法与手段，规划整个研究的进程和各大阶段预期达到的目标。这是整个准备阶段的主体。

第三步，制订研究工作计划。研究设计结束即可着手制订研究工作计划。工作计划是对实现某一研究设计的行动规划、时间规划、组织形式规划和经费规划。制订研究计划的主要内容为详细划分研究工作的阶段，明确制定各阶段的工作任务和要求，估计每阶段需要的时间与经费，订出研究的组织形式，人员的分工职责与合作项目，规定对研究工作开展状况的检查时间与方法，详细订出研究成果的形式和评价与鉴定的方式，确定经费预算，等等。

研究计划制订完成后，研究准备阶段的工作基本结束。以后进行一些物质与技术的必要准备，即可进入研究实施阶段。

（2）研究实施阶段

准备阶段结束，即可根据事先设计好的研究方法，按照研究计划的要求逐步开展研究活动，以把研究计划变成实际活动，最终变为现实。这就是进入研究实施阶段，这一个阶段的工作是研究的中心，这一阶段的工作质量直接决定了研究成果的质量。实施阶段，研究者要进行的具体工作有以下几步。

第一步，开展在研究设计中确定的研究活动，以收集数据获取资料，形成科学事实。首先，设计调查方法，进行实地调查，收集数据，整理数据，对数据进行科学分析；其次，进行有计划的实验活动，收集、积累必要的资料；最后，进行资料整理与分析，以形成科学事实。

第二步，分析科学事实或已有理论，形成新的科学理论。通过调查研究或实验研究，收集、分析获得的资料，形成科学事实以后，则进入由科学事实上升到科学理论的阶段。由于有些科学理论也可以从分析已有的理论，通过分析、综合，在批判性思考中引申出来，所以这一步在研究中也可以是一个独立的认识过程。在这一步中，研究者要从已有的科学事实出发，建立科学概念，作出科学判断，进而构建理论体系。这项工作的成效除了决定于提供理论加工的原始资料的详细程度、可靠性等质量外，还决定于研究者本身的理论修养、抽象思维能力与思想方法的水平。

第三步，撰写论文或研究报告。这是科学研究的最后阶段。论文或研究报告使研究结果以文字形式保存下来，供他人学习、借鉴和探讨。一个较为简单的研究课题、研究报告或论文总是在研究的最后阶段完成。如果研究者进行的是一个复杂的或长期的研究项目，那么可以产生中期报告。一个课题也可以写出一系列报告或一系列论文，其成果可能是单篇文章，也可以是一系列文章，以至于一本专著。

（3）总结评价阶段

通过总结，对自己的研究工作进行全面的反思，找出成功的原因和存在的问题，总结经验与教训，这对提高以后的研究质量，寻求新的研究课题，提高研究人员运用研究方法的能力与水平都是十分有利的。一个好的工作总结不仅要有回顾，还应有对未来的愿望，进一步研究的建议。研究总结除了研究结束时进行总的总结外，还可以在研究的各个阶段进行阶段性总结，以便及时总结经验，修正研究过程中出现的偏差或失误。

5. 方法

科学研究是研究者采用科学方法思考问题、解决问题的活动。科学方法是指一整套用于创造科学知识的标准化技术，比如如何进行有效的观测，如何对结果进行解释，以及如何概括归纳这些结果。科学方法让研究人员可以独立而公正地对已存在的理论和研究结果进行检验，并且对这些理论和研究结果进行公开的辩论、修正或改进。科学方法必须满足以下四个特征。

（1）可复制性

其他人能够独立地复制或重复一个科学研究，并且获得一样或相似的结果。科学方法与其他方法的唯一区分性特征是客观性。相应地，科学研究的内容、过程、结果都具有客观性，世界上任何对相应问题感兴趣的人都可以观测和研究。对于相应的结果和结论，世界上任何人都可以检验和验证，实现可复制性。

（2）精确性

对于难以测量的理论概念必须准确定义，这样其他人可以使用这些定义去测量这些概念，并对理论进行检验。

（3）可证伪性

理论必须以一种可被证伪的方式进行阐明。不能被检验或证伪的理论不能称作科学理论，这样的知识也不能算是科学知识。如果一个理论以不精确的术语进行描述，或者理论概念不能准确地测量，这样的理论将无法被检验，因此也不是科学。

（4）精简性

当对于某个现象有多种解释的时候，科学家总是会接受最简洁的解释。精简性保证了科学家不至于过度追求过于复杂或奇异的理论，这样的理论有数不清的概念和关系，看上去似乎可以解释任何事物，但事实上什么也解释不了。

（二）什么是论文写作

1. 定义

论文写作是一种成果，是一种交流研究结果的沟通方式。从过程视角来看，论文写作至少包括三种含义：论文写作是一种发现、构思过程和论证的过程。论文写作不仅要呈现研究的结果，而且其本身就是一个研究过程。论文是构思和写出来的，它需要不断修改才能逐渐完善。

2. 内容及形式

从结果呈现来讲，实证论文包括如下主要部分：摘要、引言、文献综述、研究设计、实证分析与结语。其中，文献综述、研究设计和实证分析是论文写作的三个主体部分，这三个部分更多地与提出假说并检验假说有关，而摘要、引言和结语则更多地与论证有关。一般而言，是先完成文献综述、研究设计和实证分析，后完成摘要、引言和结语。

3. 布局技巧

（1）开门见山，首尾相合

论文一开头就提出论点或要解决的问题，这样可以使纲目鲜明，解决什么问题，论证什么观点，读者可以一目了然。结尾是全文的组成部分，是全文的总结和归宿。论文的结尾应承接论点，做到"首尾相合"。当然，如果结尾言不尽意，或者意已尽而言不止，都会破坏文章布局的整体效果。

（2）有分有合，能放能收

为了充分地论证某一中心论点，作者应多方面、多视角地阐明该论点，这就必须使论文的线索如同动物的触角一样展开。唯其能够展开，才能使文章的容量丰富、见解深刻、说理透彻。然而，展开以后，又要善于收束，这样才能使论点突出、结构严谨。

（3）前后照应，上下衔接

不仅要首尾相合，还要做到各段之间相互照应，彼此牵制。既要瞻前，又要顾后。

（4）有顿有挫，波澜起伏

所谓"顿"，就是文章的停顿；所谓"挫"，就是文章的转折。如同事物发展既有阶段性又有连续性一样，文章的布局也应如此。一层意思说完了，再说另一层；一个问题解决了，再提出和解决另一个问题。该停的就要停，该续的就要续。文章有了顿挫，层次才分明，才会引人入胜。

（5）引而不发，论以明之

在论文的开始，作者也可以不开门见山地马上表明自己的态度或观点，而是先引出现实中存在的矛盾，进而向读者提出问题。然后对问题产生的原因进行深入分析，引导读者跟着作者的"感觉"走。最后，在文章的适当位置（常常是结尾），果断地提出自己的论点。

4. 原则

（1）可阅读

论文写出来是为了让人读的，所以论文应该结构完整、文字流畅、插图充分，让人读得懂，愿意读。

（2）可验证

一篇论文解决了一个新问题，其结论需要接受读者的检验。所以论文应该做到问题、方法、思路和观点表述清晰，资料和数据真实充分。读者可以顺着论文的思路，可以检验观点是否成立。

（3）可追溯

现在论文都要求有注释，这是为了说明资料来源。一个严谨的审稿者和编辑会查阅这些注释，看作者是否准确地转达了所引论文的原意。而作者也通过充分、准确的注释，避免剽窃之嫌。

（4）可检索

写论文是为了让同行读的，但是现在每年发表的论文成千上万，大多数读者需要通过文献检索来寻找自己需要的论文。一位研究者要让读者发现自己的论文，就要在内容提要和关键词上下功夫。

5. 要点

（1）术语

写学术论文免不了术语。术语是学术界约定俗成的，也是一个学科的基石，其创造和废弃都要慎重。一般来说，研究者要尽量延续传统，使用已有的术语。当然，学术要发展，术语也要更新。在这种情况下，作者需要说明已有术语的不足，以及新术语的优点，以求其他学者接受。过去有些学者喜欢标新立异，随意创造术语（如考古学界的"标型学"），致使术语满天飞，让人无所适从。

（2）读者的需要

人们在写作学位论文时，为了满足学校制定的论文规范，力求完整。但是在发表时，则需要根据期刊和读者的要求，做些调整。不同期刊的读者群是不同的，他们对于论文各个方面的熟悉程度有所差异。文科读者对于科技考古所用的方法和仪器不太熟悉，作者需要浓墨重彩地介绍它们；而对于历史背景比较熟悉的读者，作者在这方面需要淡化。理科读者对于实验仪器和实验程序比较熟悉，作者无须详细描述，而对于他们不熟悉的历史背景和考古学背景，则需要充分说明。

（3）抄袭

现在知识产权已经为人们所熟悉，抄袭也成了学者们的禁忌。所谓"抄袭"，就是使用了他人的文字或想法（概念、观点）却没有注明出处，并且导致读者认为这些文字或想法是作者自己的时候，就是抄袭。但是在实践中，仍然存在各式各样的问题。一是忽略了自己，在引用自己以前的论文时，没有作注释，但是抄袭自己也是抄袭。二是喜欢大段抄录他人文字。实际上引用有三种方式：概述、转述、直接引用。在简要引用若干学者的观点时，可以归纳它们的共同之处和相异之处，这就是概述。在较为详细地介绍一个学者的论证过程时，用自己的话复述一遍，这就是转述。以上两种方式都是学术界常用的引用方法。而直接引用则尽量避免使用。直接引用就是直接摘录他人文字，需要谨慎使用，一般只能用于以下几种情况：引用他人论述作为原始资料；引用权威学者的论述作为论据；引用他人的论述作为自己的批评对象，直接引用以保证不会歪曲原意。

（4）语言

论文之美不在于辞藻，而在于提出新问题和新发现。所以，论文语言要平实而准确，避免使用文学修辞方法，如排比、比喻和夸张等。现在一些学者引诗摘赋，抒情释怀，这都不是论文应有的。论文也要避免使用口语。

（5）发掘论文价值

写论文的首要目标是介绍研究成果，除此之外，学者还要善于发掘此成果的学术价值，讨论学术界关心的大问题或理论。这是因为学术研究也有很多层次，有微观的个案研究，也有宏观的整体研究，还有理论研究。而整体研究和理论研究既能指导个案研究，也需要个案研究的支撑。

6. 步骤

（1）确定主题

确定论文写作的第一步。它关系到整篇论文的质量和价值。确定选题，论文的选题要有创新，要能完整地概括文章的中心。

（2）收集整理

撰写论文不是没有证据地进行空谈。在文章当中，作者需要收集大量的文献来证明自己的观点，支持自己的研究。所以，在确定论文的选题后，就要开始有针对性地进行资料收集、整理和分析。同时，需要反复考虑所收集信息和数据的科学性、典型性和代表性，使文章更有价值。需要注意的是，文献资料的使用要贯穿文章的全过程。

（3）选择研究方法

科学研究是指以客观事实为对象，以科学方法为手段，遵循一定的研究程序，旨在获得科学规律或新知识的系统实践过程。论文的写作必须以研究为基础。概括地说，研究方法包括"定量研究"和"定性研究"，常用十问卷调查、访谈、案例研究、实验和叙述等。具体的研究方法是人们在长期的科学研究中不断总结和提炼出来的。

（4）写作与修改

论文写作是指将作者的命题、观点、研究过程和结果以文字和图表的形式客观地呈现出来，是作者智慧的结晶。论文的写作过程一般包括以下几个阶段：提纲、初稿、二稿、终稿。值得注意的是，好论文都是经过修改的，只有反复地修改才能撰写出一篇优秀的论文。

7. 问题

论文普遍存在以下九个问题。

（1）摘要与结论几乎重合

对于摘要，首先要用一小句话引出为什么做这个研究，然后简单地概述采用了哪些研究方法，再直截了当地说出这篇论文的最重要结果，而不是所有的结果，最后说明在这些工作之外重点讨论了一个什么现象。对于论文的结论部分，不再需要把为什么做这个研究、怎么做这个研究说一遍了。正常情况下，应该直接明白地概述所发现的现象、结果，让人一看就知道论文发现了哪些现象、提出了哪些观点。至于摘要中说到的最重要结果与结论部分可能重复，作者需要采用不同的句子去描述，而不能够直接复制。

（2）关键词过于随意

最常见的问题包括关键词不是实词、关键词由很多单词组成、关键词中包含不少缩写、关键词在前言中没有出现过。其实，关键词是非常简单的，把前言或者论文中出现频率非常高的实词挑选出来即可，不需要太多。

（3）前言引文不科学

国际学术论文对引言是非常重视的。通常情况下，引言可以占到论文的 1/4 ~ 1/3。在引言中，作者需要告诉论文评审人、读者这篇论文的意义，让人们看完引言，就能够对作者为什么开展这个研究有大致的了解。引言常出现的问题主要包括：一是引言过短，只用几句话略微介绍研究背景。引言需要具有一定的篇幅。二是重要文献缺失。这一条很少有人注意，其实不然，有时候多引一篇重要文献，论文就可能会被顺利录用了。三是文献引用只是简单的罗列，而引文之间没有太多逻辑。引用部分是一个完全用来讲故事的阶段，讲故事最重要的是逻辑，而不是罗列。所以，每一篇引用的文献放在那个位置都要体现出它的作用。四是同一位置引用文献过多。正常情况下，同一个位置放 2 ~ 3 篇引文即可。五是引文中否定前人工作。正常情况下，可以说某某做了某些工作，但没有做另外一些工作。但是，如果去说某某做的工作可能是错误的，这就会比较麻烦了。

（4）研究过程过于简单

在一篇论文中，研究过程的比重虽然不是很大，还是需要尽可能地表达清晰。一方面，读者看到这篇论文的时候，如果他们想重复做一次，他们能够按照步骤重复出来。另一方面，研究情境变化一点，结论就可能完全不一样。关于这一部分，主要问题有两方面：第一方面，研究过程太多，而似乎又不愿意多写，有一些作者直接说研究结果。而他们引用的文献有一些还是研究生毕业论文。对于这样的情况，理论上讲是没有太多问题，但是，这无疑会增加读者的难度，谁有兴趣和心情去把你引用的这篇文章找出来，再认真研究一番呢？另外一方面，研究方法名称不统一。经常有这样的情况，在摘要里研究方法用名称 A，到了前言里面，就变成了名称 B，到了研究结果里面，又变成了名称 C，到了结论部分，又回到了A。而这 A、B、C 其实说的是同一件事情。

（5）结果部分逻辑混乱

很多人写学术论文，认为只要结果好就行。其实不然，好的结果有时候也是会被拒稿的，其主要原因是论文的逻辑结构比较混乱，让人不知道论文里到底在说什么。常见的问题包括：一是研究结果只是简单的罗列，没能把里面的关系弄清楚。非常极端的情况，就是为了把一篇论文写得很长，把完全不相关的两个内容放到一起，最后弄得不知道他到底想说哪一件事。二是到底先写哪一部分，作者没有计划。比如有一篇论文，作者先写了部分力学性能结果，然后写一部分组织观察，突然又列出一部分力学性能，又来一部分微观分析，想到哪里就写到哪里。三是实验部分说做了某某研究，但是在研究结果中却完全没有看到这些结果。还有的情况是，在结果部分写了某一些结果，但不知道这些结果是从哪里冒出来的，在研究方法中没有提及。

（6）图表制作粗糙

图表制作粗糙突出表现在以下几个方面：

一是图片中字特别小，要用放大镜才能够看清晰。有一些研究生为了简便，只是把机器拍照的图片给出来。这些图片放在一个屏幕上看时，是都能看很清楚的，但是压缩到一篇论文里面，就很难分辨了。二是多个图片放在一起，一按回车键，图片格式就全乱了。三是图片比例不统一。有时候一组图片，其中一张放大倍数是 100 倍，而另一张又变为了 200 倍。放在一起，本是方便观察差别的，但由于倍数不一样，让人无从比较。四是表格格式不统一。有一些地方，表格采用三线，而另一些地方，则是全部实线。

（7）论文几乎没有任何讨论

论文的讨论其实是很重要的，质量较好的期刊登载的论文，讨论部分占论文的比重是非常大的。有一些人说，讨论部分应该占到论文的 1/3 左右。当然，写好这一部分确实需要一定的水平，需要经验的累积。

（8）结论部分罗列过多

正常情况下，一篇学术论文只需要围绕一个核心问题即可。因此，论文的结论写上 3~4 条就足够了。然而，一些论文几乎把论文的每一个段落都挑选一句话放到结论部分。

（9）参考文献格式混乱

一是同一篇参考文献多次出现。二是引用论文信息不全。正常的情况下，引用一篇论文都会包含作者、期刊、年、期、页码。而有时候，作者只是写了部分信息。三是格式混乱。有一些论文是根据 A 期刊的格式写的，有一些论文则是根据 B 期刊的格式写的。四是期刊名称错误。

二、论文写作到底难在哪里

（一）开始阶段

1. 题目难把握

论文写作的第一步就是选题，选择什么选题是论文写作的关键要素，也是首要要素，因为只有明确了写什么，才能够进行下一步，即怎么写，进而进入到论文框架的制定中。如果连选题都没定好，那论文也就没有去写的必要了，因为根本不知道从哪里开始，该怎么开始。所以在开始阶段，主要会涉及选题的问题。

总觉得题目有问题，心里清楚问题出在哪里，却不知道怎么修改。论文大小标题不清楚如何定位，题目外延和内涵不知道如何确定，写着心里没底。加个副标题吧范围太小，不加吧题目又太大。把论文题目进行适当更改，使其更具体，但怎么改？对论文还没有确定自己想写的内容，仍处于迷茫状态，题目更是无从谈起。

2. 论文资料不知从何处找

论文理论支持是什么呢？对这方面的理论学术资料、专业术语资料、权威性的调查报告和数据分析资料，从哪里查找呢？看别人的论文，大多是参考一些权威性的数据和调查报告，自己平常没怎么关注过，难度不是一般的小。缺乏理论知识，对于可运用于论文的知识还不够，现在看的文章还不够多。缺少推荐书籍、往届学长学姐的优秀论文范例。打印费太高，书太贵，时间有限，没办法，先放放吧？论文主题是生活中经常遇到的问题，会看一些新闻消息，但涉及不少的专业名词和知识，自己看的书籍文献资料不够，怕语言不专业。

3. 框架不会修改调整

对整体结构的把控，既怕太大，论文显得空洞，又怕太小，没有把问题讲清楚。论文要解决什么问题，要回答什么问题，框架不清楚，实在回答不了。框架初拟后，仍然不知计划的论文纲要是否可行，主线是否明晰贯通，内容的增减不知还可从哪方面切入？好不容易根据相关论文范本，对论文框架做了近一页的提纲固定下来，自己都觉得还需在此基础上，对各级标题做进一步的分类和排序。但具体怎么排呢？论文是从宏观的方面来写，还是从微观角度来写，对论文的整体构架有矛盾。等正式写论文的时候还可能发现更为严重的问题。

（二）过程阶段

1. 写作进度

比如，我们确定一篇论文大概 1 万字左右，原本希望一个月内完成，可以做进一步划分，如摘要、前言、正文、结论各部分的写作各占多少时间。但实际上，在写作过程中，往往会出现卡壳的情况，一旦在某处耽搁的时间久了，势必会影响到论文其他部分的写作进度。

2. 写作规范

（1）论文关键词数量使用不够规范

许多人在写论文的时候，会觉得应该用大量的关键词，这样可以凸显论文的主题，同时能更多地表达文章的核心。但这样可能会导致论文中的关键词分布不均匀，有些内容部分关键词较多，而有些内容使用的关键词较少，这样可能会导致论文的核心关键词分布不均匀。

（2）论文研究的方法不明确

在调查方式的选择上，是采用问卷调查还是通过访谈的方式进行？如何设计问卷的内容？关于问卷设计，如何设计一份问卷，让其效度和信度都能达到要求，又不使被调查者产生答题厌倦？对于分析调查问卷、写调查报告，没有经验。问卷的完成难度较大，联系的调查对象不配合怎么办？是否需要进行大量的实地调查？如何设计调查形式与内容？论文研究方法主要采用调查问卷，但对调查的人群以及数量不能准确把握。因时间紧任务量大，最方便也最容易得到的数据是身边的几组数据，过少的数据无法保证论断的准确性。

（3）创作的过程中会遗漏一些关键词

在论文的创作过程中，首先是对论文题目进行分析，总结所讨论的一些观点的主要内容，并将它们归纳为几个主题概念，然后将主题概念转化为一组关键词，便于读者判断文章的内容。许多研究者从标题和摘要中选择关键词，而有些论文的标题并不反映关键的主题信息。如果他们从中选择，最重要的部分将被省略。

（4）层级不清，逻辑顺序混乱

具体表现在相同类型的问题显示在不同的章节或层级下，比如说研究的理论基础，有的作者在总述部分总结前人科研成果时进行了说明，但是在讲解本文的理论基础时又有提及，在后文的研究内容中或实证研究讨论中也曾提到。多次重复不只读起来累赘，也使文章看起来十分混乱。

（5）论文内容的表达较为口语化

论文内容涉及所有工作任务，基本都是研究团队或是作者的研究任务，因此在论文写作中尽可能不使用"我们"开头的句式。

（6）论文写作不符合撰写规范

论文的写作规范比较清晰，国家也出台了不少的标准和规定，专门对公式、图表、参考文献、引证等项目做了规范性描述，为论文写作提供了重要的参考和依据。有的作者由于年龄、论文写作缺乏经验等原因，对这些规范不清楚，而出现许多不符合标准的问题。

（7）标题字数不标准

通常情况下，一篇论文的标题不超过 20 字，不少于 7 字，标题过长会给读者造成负担，过短则不能表达题意。但是目前看来，许多论文的问题表现为标题过长，就好像要在标题中表达出所研究的区域、内容、方法等诸多方面的内容。

（8）不知道区隔自己和前人的成果

学术规范非常重要的一点是不能抄袭，但是学生们普遍没有此意识。特别是大学新生，根本不知道何为抄袭，何为独立完成的作业。不少作业是整段抄袭不同人的文字，加以粘贴，凑成文章。

（9）用语杂乱

不适当的用语如"我们认为""笔者认为"等。含义不清的用语如"去年""今年""最近"等。不够规范的用语如"厂商"（企业）、"我国"（中国）、"集团公司（控股公司）""农业'产业化'""中观经济""西方经济学"等。容易混用的用语如"模型、模式与范式""权利与权力""产业与行业""规制与管制""法治与法制""制度、体制、体系、系统""弹性与弹性系数"等。

3. 写作深度

论文写完了，但感觉是一堆废话，完全没有任何理论的深度可言，只是用一些平淡无奇、枯燥乏味的文字描述了自己的一些作品而已，而且深度也无从谈及，不知道如何来写。

就写作的进度、深度而言（尤其是深度），一定会涉及它的创新点，也就是闪光点。毕竟论文最可贵的就是创新。所以，一旦找到了一个很好的思路，通常已经成功了一半。而具体到论文的"写作"，最难的是把自己的创新点准确、完整地表达出来。对于别人已有的成果，一般可以比较容易地进行阐述，因为这些是别人已经讲过的。而对于自己的东西，想要把自己心中最核心的原创思想给别人讲述清楚，往往不是件容易的事。

（三）结果阶段

即使前两个阶段都经历了，到最后，拿在手里的论文还是会感觉质量不佳，跟自己的预期相差很大。此处所说的"质量不佳"，包括选题、研究理论的深度、整个行文的逻辑框架等。处处都觉得差强人意，这个心理落差是怎么来的？

我们一开始对于论文抱有一种期待，而这与我们在写作的过程中，以及在写作之后所呈现出来的论文的真实状态是不一样的，差别很大，甚至判若云泥，发现它很难，没有想象的那么简单。一旦形成这个落差，会对我们的自信心产生严重的打击，进而会产生自我怀疑，影响自我价值的判断。

所以，整个过程是我们都要面临的。而要度过整个论文写作的苦难过程，前提是要阅读大量的文献，与此同时进行大量的写作，才能把有关论文写作的三个阶段性问题解决掉。

三、破解论文写作难题的思路

（一）境界

科研旨在探索和认识事物的本质和未知规律。说起来貌似高深莫测，其实，生活之中处处是科研，从猜测幼儿不完整语句的意思到中小学生进行的研究性学习，从如何高效记忆英语词汇到如何驾驶才能兼具安全性、舒适性、经济性，甚至于对男女择偶标准的讨论，都遵循着"发现问题、分析问题、解决问题"的科研范式。不妨把科研论文划分为以下三种境界。

先来看一组数字：1，3，5，7，9，11……从这组数字中，能推断出后续的数字吗？能根据这些数字提炼出什么样的规律呢？

1. 初级境界：述评或初探

知道这组数字都是奇数，是一个公差为 2 的等差数列，并懂得把后续数字一直罗列下去。这一境界相当于科研论文写作中的综述类或述评介绍性的论文，或者是简单的"张三说，李四说，王五说，我认为"式的论文，或是一些"浅析、浅谈、浅议、初探"类的粗浅研究。这些研究也有一定意义，特别是在引进国外新的理论或在科研入门筑基阶段很有必要，但毕竟不是严格意义上的研究性成果，所以"此地不宜久留"。

2. 中级境界：研究性成果

能够分析抽象出一个很有解释力和规律性的公式，如前 N 项和 = N 的平方。这个公式非常简洁且解释力强，具备预见功能与应用价值。这一境界相当于科研论文写作中的研究性成果，能总结出一个规律性的东西（规律性的东西往往是简单的），并且这种规律性的东西具备一定的解释力与普适性，成果有一定的被引频次。这一境界是大部分学者均应该达到且经过努力有能力达到的。

3. 高级境界：系统性创新

能从一个表面上看起来简单的现象中分析抽象出一个极具解释力的模型或定律，在该研究领域中实现系统性创新，并可用于其他理论研究、社会生活或生产实践中，且能经得起实践或其他理论的检验。如巴甫洛夫的条件反射理论（狗流唾液），牛顿的万有引力定律（苹果掉落），乔姆斯基的转换生成语法（婴儿学语）等。这一境界的成果大多见于国家或国际权威学术期刊或经典专著上，被引频次极高。

（二）意识

1. 问题意识

虽然人们对"发现问题，分析问题，解决问题"耳熟能详，但问题意识却经常被打入冷宫，为科研而科研或为论文而论文的现象比比皆是。为了避免这个误区，不妨经常反思两个简单的问题：你要研究什么问题？研究这个问题有什么现实意义或理论意义？

那么，问题来自哪里呢？来自社会责任，来自广泛的阅读，来自广泛的社会交往。在没有选题时，什么感兴趣就看什么，也可以多看看核心期刊相关领域的论文选题，看多了，就能从潜移默化到顿悟产出。除了多看，还要多听。听课、听讲座、听报告、听广播。广闻博见，集思广益。思考过的问题积累多了，与自己的研究兴趣相结合，选题就八九不离十了。

科研写作与搞工程项目异曲同工。如果想搞房地产，就要思考要在哪个城市哪个地块开发，哪里的成本最低，哪个地方销路可能最好，要开发成什么样子，等等。然后要对目标市场进行调查，看看消费者有什么需求，确定要开发多大面积，多少楼层，什么户型。在这个过程之中，还要多参考别人是怎么开发的，这样自己搞开发的时候就可以参考或改进。科研论文写作也是如此。选题就相当于立项，找资料就相当于调查研究，引用别人的文章，借鉴别人的方法，就相当于外出学习考察。

强化问题意识，还要力争科研写作尽量做到"顶天"（理论高度）与"立地"（现实价值），多以现实生活实际为选题资源。当然，关注实际并非尾随或复制实际，更不是粉饰实际，而是用科学方法去发现、描述和解读实际。长期深入生活的人，对实际情况非常熟悉，不会被表面现象所误导，更不会看到一点小情况、新现象或还只是与现场"第一次亲密接触"，便兴奋不已大发议论。其实，偶尔的"接触"不可能了解到深层的情况，但是如果没有时间，哪怕就是跑一趟也好，因为可以感受到一些书上看不到的东西。学术的电子化与网络化为学术对话交流提供了更多空间，同时也为闭门造车甚至"伪学术"提供便利。闭门造车不是科研，闭门造车写出来的文章，让人读起来有与世隔绝之感，了无生趣。网络信息不能代替直观的感性认识，网络时代更应重视实证调查（如田野调查）。科研就是要立足第一线，立足现实生活实际，进行立体化而不是扁平化的研究。如果暂时无法"顶天"，至少也要"立地"，少进行空对空研究，多进行调查研究，多进行实证研究，多研究和解决社会生活中的实际问题，多出研究性成果。

2. 理论意识

首先，选择什么理论作为研究的理论基础？理论不是越多越好，选择什么理论，取决于研究问题本身。

其次，研究结论将会有什么样的理论创新？如果光有经验、数据或语料，却无法提升到一个理论高度，充其量只是一种经验总结。只有提炼抽象出规律性的有解释力的东西，才能使研究更有理论价值与生命力。比如择偶标准问题，那是萝卜青菜各有所爱，能否从中抽象出一个具有解释力的标准范式呢？不妨借用"经济基础与上层建筑"来解释择偶标准问题：无论是什么择偶标准，其实都是经济基础与上层建筑的比例平衡问题。每个人的择偶标准都是根据自己的人生观与价值观，在经济基础与上层建筑之间找到一个自己可以接受的平衡点，至于这个平衡点在哪里，则是见仁见智，而唯金钱或感情独尊的两个极端均破坏了经济基础与上层建筑的平衡机制。

此外，理论的诠释是否能做到深入浅出？规律性的东西往往是简单而朴实的，但不少学者为了体现自己理论研究之深，故意用很多专业术语把自己的成果表述得晦涩难懂，而这其实是"没有办法帮你厘清楚，就要想办法把你搞糊涂"，或是"以其昏昏，使人昭昭"的把戏。

3. 学科意识

首先，"跨学科"的明显优势已成共识。如果能摒弃门派学科之桎梏，在恪守自己学科理论阵地的同时，也能够倾听一些本学科之外的声音，进行一些多学科的对话，肯定有利于走出排他性的研究模式。学科阻隔思想碰撞，各自为政呼唤有机渗透融合。敞开心扉，集思广益，使研究源于本学科而不囿于本学科，在多学科之间的交叉部分寻找三维度的理论空间，并加以充实，就可能出现原创性的成果。

其次，"泛学科"的过犹不及再现隐忧。为跨学科而跨学科的研究如雨后春笋，甚至把"跨学科"异化为"泛学科"，比如冠以"广义""后现代""新××"之名，就摇身一变成为无所不包的超级学科。学术无疆，但学科有界，每一个学科都有自己的研究对象，都有自己的"国民国界"。如果一个学科无所不包，就好比一个人标榜自己拥有全世界的国籍一样，从一个极端走向另一个极端，不是个好兆头。如何在接受学科限定又超越限定的动态平衡中寻找新的生长点，既不至于封闭在自我设定的桎梏中，也避免迷失在他人构建的认识框架中，是应该经常自我警醒的。

此外，一些作者简介中经常有四五个甚至更多的研究方向，其实越是这样写，越体现其研究大都蜻蜓点水（超级大师除外）。一个人可以旁涉众多领域，但主要研究方向一两个足矣。理想的状态是：只要一提起你这个人，就知道你是研究什么的，或者只要一提及哪个特定领域，就能让大家想到你是研究这方面的行家之一，这才是真正的影响力。当然，也有作者似乎很难明确自己的研究方向，这也是学科意识不强的缩影。学科意识就好比一个人的籍贯或户口归属，哪怕是跨学科的"美籍华人"，也能说得出自己根在何处，而不能像说自己是地球人那样，把自己的研究方向说成语言学或文学，这样的学科界定范围太大。

4. 主线意识

首先，科研写作切忌跟着感觉走的"意识流"，不妨戏称为"醉驾"。

遗憾的是，目前论文"醉驾"现象俯拾皆是。如果不围绕选题主线来写，那不叫写论文，那叫聊天侃大山。科研写作一定要围绕一个明确的主题和清晰的主线展开论述，讲清一两个问题，形成类似法律上说的证据链条，各要点之间要有清晰而严密的逻辑关系，共同为论文选题服务。科研写作就像雕塑，就是要把所有不需要和可要可不要的地方都刻掉，如果什么都舍不得，其结果可能不是一件艺术品，而是一个"四不像"。

其次，写作重心不能本末倒置，主次不分。很多作者的文献综述占了全文的一半甚至三分之二以上。其实，文献综述的目的不是向大家展示作者看过了多少书，而是要提供作者为什么研究这个选题的理据，并把选题置于一个更大的研究背景和范畴中。主线是作者如何突破这些先行研究：已有的研究有什么不足或待拓展的空间，有什么新的角度新的方法，可能带来什么新的发现，这些发现有什么理论意义与实践价值，有多少可操作性，等等。

5. 创新意识

在人文社科领域，学术创新主要体现在材料数据新、研究方法新、理论观点新三个方面。但不少作者批判与创新意识严重不足，综述多于分析，观点多于观察，外来多于本土，结果多于过程。对于上文提及的系统性创新的高级境界，我们暂时不妨先来个"虽不能至，然心向往之"。但如果全文都是"张三说，李四说，王五说"，可是自己一点看法都没有，那么写论文就沦为编论文了。《新华文摘》每期后面都有个近期报刊"论点摘编"，它把许多文章的观点集中到一起，供大家参考，这叫资料汇编，不叫论文写作。

6. 规范意识

宏观方面，对于学术电子网络，其先进的检索系统，便利性不容置疑，同时也是剪切加粘贴式"伪学术"的温床。学风浮躁问题甚至学术不端行为不绝于耳，直接影响着学术创新。官方需要建立健全学术综合评价体系，同时加大学术不端行为的核查力度与"违法"成本，个人则需要警钟长鸣，始终不忘"万无一失，一失万无"的学术规范危机意识。

微观方面，论文写作中存在的问题有：段首不缩进两格，字体字号不一，参考文献虚列，参考文献格式与所投期刊格式要求不一，全角半角标点混用等。

（三）要点

1. 选题要准确

良好的开头是成功的一半。论文写作也是一样，选一个恰当的题目是写好论文的关键之一。万事开头难，就是在选题的时候，要考虑许多的因素，既要符合理论的发展趋势，紧跟时代的步伐，有一定的新意，有一定的学术价值，又要符合自身的实际情况，自己有一定的专业知识的沉淀，或自己感兴趣。

在选题时一定要进行深入的论证，选题难度要适中，既不要太难，自己没法写下去，又不能过于肤浅，研究价值不大。这就是要结合自身情况，量体裁衣，在导师的指导下，选一个符合自己实际的题目。

2. 思路要清晰

题目选定了，就要围绕论文进行深入的论述。思路最重要，思路决定出路。论文写作总有一个思路，是按时间顺序、历史发展顺序、战斗行动顺序，还是按逻辑顺序，这需要根据自己论文的实际情况而定。只有做到研究思路清晰，才能围绕主体开展论述，这也是从总体上对论文的一个把握，不会让论文写作偏离主题，做到形散神聚。根据研究的思路，可以列出论文的各级标题。

3. 观点要鲜明

论文写作过程中，要善于用简明扼要的话总结自己的观点，要敢于亮出自己的观点，就是在论文的三级标题之间对自己的观点要有所体现，切忌把观点隐藏在正文中间，要做到读者看了纲目，就知道写了什么，表达了怎样的观点。

4. 论据要充分

论文重在论证。这与编写教科书有很大区别，教科书的重点在于解决"是什么"，而论文的重点在于解决"为什么"。论文不需要像教科书一样面面俱到，可以不完整，但一定要亮出自己的观点，把道理讲明白，为什么是这样的观点。论据一定要充分，可以采取讲道理、摆事实、举例子进行论证，历史的、现在的、未来的，都可以用来论证，论据充分了，论文才显得丰满，论点才能站得住脚。

5. 找准自己论文的创新点

论文的创新点或进步点，就是论文的闪光点，也是论文中最核心的地方，硕士论文的创新点一般 3 ~ 5 个即可，这必须站在一定的高度，进行深入的思考，要提出新的思路、新的方法、新的举措。创新点的优劣，从一定程度上也决定了作者的学术研究水平和论文质量，是论文答辩时必须重点汇报的东西，也是吸引专家教授眼球的东西。

6. 合理借鉴和引用他人的成果

他山之石，可以攻玉。要利用现有资料和文献，借鉴他人的强处，进一步进行研究。在论证的时候，一般可以采用归纳、总结和演绎的方法，当看到几个相似的观点时，可以进行归纳和总结，找出它们的共性，得出它们的规律，那就是自己的观点。

从他人研究的一个内容，可以进行联想和演绎，是不是对自身研究的东西也可以引申，可以借鉴。在引用他人的研究成果时，一般要遵循一个原则，引用了人家的论点，就不能引证人家的论据，引用了论据，就不能引用论点，这样可以避免不必要的麻烦。

7. 论文各部分详略要恰当

文章篇幅不在长短，有新意就行。在论文写作中，千万莫以字数论英雄，字数只是个门面，关键是内容，在论文创新的地方，应该重点论述，论文中其他部分要恰如其分，详略恰当，有张有弛。重点内容，浓墨重彩；相关内容，蜻蜓点水。

8. 定性与定量分析结合

有了定性的研究往往是不够的，即使讲得天花乱坠，它的说服力还是不够的，要借用数学的、计算机的相关知识，对其进行定量的分析，计算和模拟出结果，这也是自然科学研究的精神，用事实说话。伪造数据、篡改数据，这是学术道德所不允许的。

9. 巧妙运用图表

图表的功能就是简明扼要，能形象地反映出研究的问题，让人看了一目了然，赏心悦目。

10. 文中脚注和参考文献要全面

在论文写作中，不可能不引用别人的观点，不过要在论文写作中标注出来，这是研究的需要，不能算抄。但一定要有下注，要标明文献的出处，具体到页码，不然很容易有抄袭的嫌疑。一般在引用中，不能出现大段的引用，最好是转化为自己的语言，把意思表达出来。

（四）原则

1. 评判性

科研方法有三种：新方法解决老问题，老方法解决新问题，新方法解决新问题。毫无疑问，科研需要"新"，即创新性。创新从何而来？创新不是凭空臆想的主观主义，也不是灵光一现的机会主义，创新来源于对已有知识产生的背景、过程、证据、方法、理论以及评价知识的标准等正确与否作出的理性思考和推断。此外，科研不应为"创新"而创新，而应为"实践"而创新，有科学价值的创新研究工作应该拥有充分而合理的证据支撑。而其反映到具体的科研能力上，其核心就是一种评判性思维。

具体来讲，对于"新方法解决老问题"，需要评判为什么老问题需要新方法？为什么新方法具有解决老问题的潜力？对于"老方法解决新问题"，需要评判为什么新问题需要解决？为什么老方法可以解决新问题？最后对于"新方法解决新问题"，同样要评判为什么新问题值得研究？此外，与老方法相比，为什么新方法更有潜力解决该新问题？对这些问题的回答应该是科研设计和论文写作的必要切入点。

由于科研思维过程和论文写作思路具有内在的一致性，可以更为具体地把评判性思维反映到以基本论文结构为脉络的各个部分当中。

研究背景。研究领域背景的重要性，比如对社会、经济、环境、健康等方面的影响。

研究问题。评判该研究问题对探究大的研究背景领域的积极意义和潜在贡献。

文献综述。"文献综述"不是"综述文献"，而是"评判文献"。必须充分评判已有文献对该研究问题的解决程度、价值和意义，为本研究的实施、方法的选取等进行合理辩护。

研究假定或目标。综合评判和辩护拟定研究目标的合理性、适度性和可行性。

研究方法。评判所提出的研究方法达到研究目的和解决研究问题的特质和潜力。

研究结果和结论。对取得的结果进行深入讨论和观察，以现存文献为基础，对研究结果的一致性和异常性等进行充分的评判，并获得具有充分证据支撑的结论。

2. 一致性

实际上，广义的评判性思维可以看作一致性和批判性的有机结合，也就是继承和批判。但是，一致性由于其对严谨科研思维的培训极为重要而具有特殊地位。一致性是一个科研人员必须具备的基本素质。

从科研设计方面来看，前面提到的三种方法中的前两种都涉及两个"老"：老问题和老方法。而对于第三类"新方法解决新问题"，其中新方法和新问题的"新"也都不可避免地属于相对意义上的"新"。新的问题和方法往往来源于老问题或老方法的演变和发展，如同大自然的新陈更替，对新问题的解决和新方法的探究离不开对老问题和老方法的理解和评判。原理的一致性是科研设计的重要切入点，包括研究策略、实验设计、分析方法、变量定义等，创新的获得来源于继承和批判，但都必须具有充分的与前人研究的广义一致性。

对于科技论文的撰写，一致性则更为具体。西方科研体系对科学论文有极为严格的规范，其中一致性是一个最重要的方面。从大的方面讲，科研存在学派，但是对于同一科研人员来说，对研究问题的基本立场和观点，必须具备一定程度的一致性。从具体论文元素来讲，一致性反映在文体、格式、专业词汇使用、缩略词以及文献列表等。任何文章中出现的不一致的成分都不容忽视。比如，是否第一次定义缩略词，之后一致使用？是否具有一致字体、空行、子标题？文献列表格式是否一致？等等。

评判性思维的贫乏和对一致性法则的忽视是当今我国科学研究走向国际化的一个重要的瓶颈所在，青年科学研究者应该积极锻炼自己的评判性思维，同时用最严格的一致性要求规范自己的科研实践和论文写作，这是取得重大科研成果的前提。

3. 简洁性

科研是创造知识的过程。简洁的思维有利于取得好的科研成果，而简洁的表达对于知识的传播极为重要。形象言之，简洁性法则的最高境界是"多一分则多，少一分则少"。具体针对科研实践，简洁性法则反映的是一种内在的科研思维简洁性和外在的论文表述简洁性。

关于内在的科研思维简洁性，即在确立了研究目标之后，所有的研究策略、方法、步骤都应该无一例外地为检验研究假定或达到研究目的而服务，任何其他的多余步骤都应该排除。只有目标明确，才不会被其他非当前研究内容所干扰。当然，在研究过程中对一些异常现象应该积极思考和观察，从而引导出可能的新的研究目标。

关于外在的论文表述简洁性，即简洁性法则要求所有论文元素均服务于对研究结论的辩护。科研论文不是用来展示老知识，而是用来发布新知识。在这方面很多学者容易犯错误，往往希望在论文中展示自己的知识量，而忽视了这些内容对论证研究结论的作用。以文献综述部分为例，在前面讲到"评判文献"的同时，也要注意"简洁"评判，文献综述应该是创新性的高度概括，只有对本研究相关的前系研究才应该进行引用，其他不相关的文献和不直接相关的内容都应该排除在评判内容之外。此外，科研论文是写给同行看的而不是科普文献，应该排除学科常识性的文字和评论。

对比西方语言文化，中华文字和文学的简洁性更优。相对而言，中文期刊论文对简洁性的要求更严。当然，在一方面继承文字简洁性的优良传统的同时，也要强调对所陈述的科研成果论证的充分性。

4. 清晰性

科研论文不是小说、散文、谜语，要求具有足够的清晰性。清晰的论文能让读者更容易理解和接受。论文的各个元素都应该在最应该出现的地方，不要让审稿专家去猜测或寻找研究的任何元素，包括研究背景、目标、方法、结果、结论等。

具体来讲：运用规范的子标题和清晰的逻辑语言标志论文各个部件；段落之间保持良好清晰的连接层次性，主次分明；每一个段落表达一个观点或一个小主题，中心句居首或居尾；运用清晰简单的文字组成句子表达各种观点，在使用英文从句的时候要让强调部分居于前；等等。

5. 完整性

麻雀虽小，五脏俱全。完整性法则是论文写作的一个基本原则，无关文章长短。任何学术论文都应该独立成篇，决不容许"且听下回分解"。那么，到底哪些元素是一篇完整论文所应该具备的呢？跟简洁性法则共轭，完整性法则要求论文包含充分论证研究目标所需要的必要证据。换言之，任何一篇论文都必须完成对提前设定的研究目标的实现。在这个逻辑之下，合理确立论文的研究目标和范围就变得十分重要。假定所有论文都充分完成了所设定的或低或高的研究目标，论文的科学价值就可以直接表现为不同论文的目标及实现该目标所获得的结果的创新性、广度和深度。

（五）逻辑

研究是一个论证的过程，论证是一个严密的逻辑思维过程。然而，当前众多的论文缺乏这种思维，大多数作者用发散性思维来写论文，因而论文就缺乏深度。论证的逻辑体现在以下几个方面。

1. 层次感，而不是平面感

好的论证逻辑一定是立体的、有层次感的，而不是平面性的。世界是平的，这只是一种臆想，论文的论证逻辑是立体感的，这是一个刚性的现实要求，而不是臆想。好的论证逻辑就像剥洋葱，一层一层剥到中心，最后才知道洋葱中心究竟是什么。而平面性的论证逻辑缺乏新奇感，就像摊大饼，一开始就知道大饼中是什么内容了，所以这样的论证不会给人遐想，也不会带来新奇。好的论文，同样要给读者带来出人意料的结果。

2. 缜密性，而不是一盘散沙

论证缜密性体现的是作者的思维能力，也体现作者对专业知识掌握的程度。专业基础扎实的，其逻辑思维能力肯定要强。相反，没有扎实的专业根基，那么其论证肯定是碎片化的。因为，他掌握的专业知识本身就是碎片化的。碎片化的专业知识，只能导致碎片化的论证逻辑。有些学者，因专业基础不扎实，所以在撰写论文时，基本上就是用1、2、3、4……进行罗列，而缺乏缜密的逻辑推理和逻辑证明。

3. 科学性，而不是宣传性

学术研究无疑是一个求真的过程，这一过程需要通过大量的事实或史料经过逻辑论证之后才能得出结论。正是这样，学术才具有真理性和科学性。然而，当今的学术研究越来越缺乏这样的精神，做历史研究的不愿泡图书馆、档案馆，做现实研究的不愿做田野调查，用的是二手材料和二手数据，并且先预设一个价值立场，用这些材料和数据来证明这个预设的立场或观点。殊不知，同样的材料和数据可以证实完全相反的两种观点。这样，学术研究因没有按照学术规范而导致学术失去了科学性和真理性。反过来，预设一个观点，可以毫不费力地找到相应的材料和数据来证明这个观点，这同样也会导致难以找到学术的真理。这两种情况都会造成对学术的伤害，即任何人都可以从事学术研究，学术也就从根本上丧失了其尊严，也就无所谓学术权威可言。正确的方法是在阅读了大量文献之后而形成新的观点，然后再回到材料，通过更多的材料来证明你的观点的科学性。

4. 学理性，而不是口语化

学术论文肯定是学术性很强的，它必须要超越日常生活的口语化表达。口语强调是能让读者听得懂，所以具有随意性。而学术论文并不是要大众听得懂，而是要有专业背景的人才能听得懂。如果都能听得懂，那就不是学术论文了，那就是日常的讲话了。有一种观点在嘲笑，学者的论文是在自娱自乐，别人都看不懂，这种论文对社会根本就没有用。这种观点实在是肤浅可笑。学术论文都听得懂、看得懂，那就不叫专业学术论文了，学术论文肯定只有专业人士才能看得懂。而且学术论文传承的不是一般的文化，而是一个民族的核心文化，这种文化是民族发展最大的精神动力和智力支持。它的影响是战略性的，而不是当前的普罗大众能不能看得懂和听得明。当然，学术的思想肯定要进行大众传播，这时候就需要用通俗的口语化方式来跟大众交流。

5. 严谨性，而不是随意性

学术研究是一个求真的过程，因而需要研究者必须在论文写作中有严谨的态度。当前学术的浮躁特别是科研管理部门要求快出成果，从而助长了学术上的各种不端行为。例如，随意使用数据。学术论文在使用数据时一定要是权威性的数据，也就是权威机构发布的数据。然而，由于当前数据发布的机构比较多，一些作者在选取数据时太随意，不去研究一下机构本身的权威性，结果所用的数据被学界所质疑。有的甚至因找不到数据的来源而随意改动数据，导致数据失去了真实性。包括所用材料和文献也是一样，近年来，外国著作引进翻译太多，翻译也太随意，甚至翻译中曲解了原著作的意思都有。但有些作者在使用这些翻译著作时没有认真挑选，手中有什么就用什么，结果把错误的文献内容引入自己的论文中，导致论文出现一些硬伤。此外，研究的严谨性还可以从使用文献中体现出来。有的丛书文献出版时间是不一样的，而引者可能会想当然地认为整套丛书都是同一出版时间，这也是论文的严重硬伤。

6. 围绕核心问题展开论证，而不是像散文天马行空

学术论文肯定有一个核心观点，因而在论证过程中就必须围绕这个核心观点展开，所有的材料的目标都是指向这个核心观点的，而不是从核心观点延伸出去。一旦延伸出去就有可能偏离主题。然而，现在不少作者完全是为了凑字数，为了这个目的，论文的关键词非常多，几乎是每一小节讲述一个关键词，整篇论文很有可能是一个拼盘，而不是在一个关键词或者一个核心观点统领之下的论文。结果，篇幅很长，但不知所云，完全如脱缰的野马，怎么拉也拉不回来。这样的文章只能说是散文，而不是学术论文。

第二讲

如何写摘要

一、什么是摘要

（一）摘要的概念

1. 摘要的定义与功能

摘要（abstract）即"摘其要点而发"，又称概要、内容提要。摘要应具有独立性和自明性，并且拥有与文献同等量的主要信息，即不阅读全文，就能获得必要的信息。《文摘编写规则》（GB 6447 – 86）（以下简称"国标"）对摘要的定义是："以提供文献内容梗概为目的，不加评论和补充解释，简明、确切地记叙文献重要内容的短文。"可见，这个定义对摘要的特点和撰写中应该避免的主要问题进行了简要的说明。

对一篇完整的论文来说，摘要的主要功能如下。

①让读者尽快了解论文的主要内容，以补充题名的不足。读者检索到论文题名后是否会阅读全文，主要通过阅读摘要来判断。所以，摘要担负着吸引读者和将文章的主要内容介绍给读者的任务。

②为科技情报文献检索数据库的建设和维护提供方便。论文发表后，文摘杂志或各种数据库对摘要可以不作修改或稍做修改而直接利用，从而避免他人编写摘要可能产生的误解、欠缺甚至错误。随着电子计算机技术和互联网的迅猛发展，网上查询、检索和下载专业数据已成为当前科技信息情报检索的重要手段，网上各类全文数据库、文摘数据库，越来越显示出现代社会信息交流的水平和发展趋势。同时，论文摘要的索引是读者检索文献的重要工具。所以，论文摘要的质量高低，直接影响着论文的被检

索率和被引频次。

2. 摘要的内容要素

摘要内容应包含与论文同等量的主要信息，供读者确定有无必要阅读全文。

卡内基·梅隆大学的菲利普·库普曼教授在《如何写摘要》一文中提到，作者在会议和期刊论文的摘要中需要写明动机、问题陈述、方法、结果和结论，这样会增加人们花时间获取和阅读该作者完整论文的概率。安德拉德博士则认为，摘要一般需要包含背景（问题陈述）、方法、结果和结论四个部分，但一些期刊还要求包含动机和局限性。

因此，摘要一般需要包含五个部分的内容，可以称为摘要的五个要素：动机（motivation or purpose or objective）、问题陈述（problem statement）、方法（approach or methods）、结果（results）、结论（conclusions）。

那么，在摘要中如何突出这五个要素，即如何描述论文工作的动机、陈述所涉及的问题、介绍采用了什么研究方法、指出得到了什么结果和下了什么样的结论呢？

（1）动机

指出我们为什么关心这个问题和结果，包括工作的重要性、这个领域的困难以及如果成功的话可能会产生的影响。

（2）问题陈述

陈述解决的是什么问题？覆盖的范围是什么？是涉及比较普遍的问题还是针对特定的情况？不要使用太多行话。

（3）方法

描述如何解决问题或在这个问题上取得进展的。方法是模拟、分析、原型构造还是对现有数据的分析？参数适应的范围有多大？控制、忽略或衡量了哪些重要变量？

（4）结果

答案是什么？用数字具体地表示结果"更快""更小""更好"，避免使用"非常"和"重大"等含糊不清的措辞，除非得到了几个数量级的改进。

（5）结论

结果有什么含义、影响和价值？结果是一般性的、潜在的，还是属于一个特定的案例？

3. 摘要的分类

根据摘要写作方式与详略程度，可分为报道性摘要、指示性摘要和报道—指示性摘要。

（1）报道性摘要

报道性摘要是指明一次文献的主题范围及内容梗概的简明摘要，相当于简介。报道性摘要一般用来反映科技论文的目的、方法及主要结果与结论，在有限的字数内向读者提供尽可能多的定性或定量的信息，充分反映该研究创新之处。

论文如果没有创新内容，如果没有经得起检验的与众不同的方法或结论，是不会引起读者的阅读兴趣的，所以建议学术性期刊（或论文集）多选用报道性摘要，用比其他类摘要字数稍多的篇幅，向读者介绍论文的主要内容。以"摘录要点"的形式报道出作者的主要研究成果和比较完整的定量及定性的信息。篇幅以 300 字左右为宜。

（2）指示性摘要

指示性摘要是指明一次文献的论题及取得的成果的性质和水平的摘要，其目的是使读者对该研究的主要内容（即作者做了什么工作）有一个轮廓性的了解。创新内容较少的论文，其摘要可写成指示性摘要，一般适用于学术性期刊的简报、问题讨论等栏日以及技术性期刊等只概括地介绍论文的论题，使读者对论文的主要内容有大致的了解。篇幅以 100 字左右为宜。

（3）报道—指示性摘要

报道—指示性摘要是以报道性摘要的形式表述论文中价值最高的那部分内容，其余部分则以指示性摘要形式表达。篇幅以 100~200 字为宜。

以上三种摘要分类形式都可供作者选用。现有的国标文摘编写规则中，对摘要类别的选择未作规定和强调。但在有关调查中发现，三类文摘中，报道性摘要数量最多，其次是报道—指示性摘要，最后是指示性摘要。一般地说，由于报道性摘要能够更客观、更全面地反映文章的实质性内容，因此，一般的学术论文摘要都应尽量写成报道性的，而对综述性、资料性或评论性的文章，以及创新内容较少的文章，可写成报道—指示性或指示性摘要。

所有的摘要都有一个基本目标：总结你的研究。其中，报道性摘要是用来报道论文的核心成果和提供定量或定性相关信息的简明文摘，适用于研究性论文，多数学术期刊采用该类型摘要，以下将重点讨论该类型摘要。

4. 摘要的常见结构

最常见的结构是五段结构和三段结构。

五段结构是指以五个要素各为一个段落的结构，按"问题陈述→动机→方法→结果→结论"这样的前后顺序安排摘要的内容。

三段结构是指按顺序出现背景与目标、核心内容和结论三部分内容。各部分内容要求如下。

第一段：介绍背景与目标，包含问题陈述和动机，突出问题的重要性以及你要解决的问题的重要性。

第二段：介绍你要解决的几大类问题，针对每一类问题你所采用的方法、得到的主要结果以及有什么重要结论。

第三段：对最重要的结果和结论的意义和价值进行最后的概括。

（二）摘要写作的基本要求及注意事项

摘要既要包括原论文的全部重要内容，担负着吸引读者和提供论文足够信息量的功能，又要按一定的规范格式表达，为研究人员和计算机检索提供方便。由此可见，规范的摘要对于增加期刊的摘引率、吸引读者、扩大影响具有重要意义，对论文中研究成果的应用和推广将起到积极的促进作用。

1. 基本要求

论文摘要怎样写，《文摘编写规则》（GB 6447 – 86）和《科学技术报告、学位论文和学术论文的编写格式》（GB 7713 – 87）对此有明确的规定，这对作者正确写作论文摘要起到了规范、引导和指导作用，对规范期刊的文摘形式和提高文摘的质量具有重要的指导意义。

摘要的长度一般要求在一页以内，不超过 1000 字，也最好不少于半页。如果所在单位指南有额外要求，则按额外要求限定字数。对于五段结构，适当权衡五要素的权重。如果问题重要，突出问题；如果方法重要，突出方法；如果某条结果重要，突出该结果；如果某条结论重要，突出该结论；如果某个要素完全不重要，那么可以一笔带过。对于三段结构，应控制核心内容的条目数。可以按论文的章归类，但尽量不要超过三个类别。例如，如果论文有四大章以上的实质性内容，可以将形式接近的两章合并介绍。在问题陈述中以宽的背景起步，结论除交代解决了什么问题外，还可以总结出对本领域科学家甚至更宽阔的领域而言你的研究结果的通用价值。这样，整个摘要就呈现"宽→窄→宽"这一有望能吸引更多人关注的形态。如果方法中某个要素对达到你的研究目标很重要或对得到重要结果不可或缺，则应加以强调，结果尽量准确。以表述定量结果的差异为例，"不一样"比"高、低、强、弱"差一些，"高、低、强、弱"比"高多少、低多少、强多少、弱多少"差一些。

摘要还有一些形式上的要求。摘要除了构成全文的最前面的部分，还可能单独出现在邮件、检索系统和公告中。因此，摘要是供独立阅读的文本，即供尚未得到全文的读者看的。正因为如此，摘要不能包含需要翻阅全文才能理解的符号和编号。因此，不允许按编号引用章节、图表、公式和参考文献等，不能出现图形和表格等元素。

2. 注意事项

摘要是一篇论文的橱窗和名片，影响着论文的传播与交流，其重要性不容忽视，不得马虎行事，需要细致加工。摘要质量的高低直接影响该文被检索的概率和成果的利用率。对作者而言，摘要写得好与坏，将直接影响审稿专家和编辑人员对论文的印象，甚至会影响论文的质量。了解论文撰写的相关规定、知晓摘要的构成要素、明确摘要类别、掌握摘要的语言特点、了解撰写摘要的注意事项等，对写好一篇论文摘要起着举足轻重的作用。

对中文论文而言，要注意以下几点。①摘要中应排除本学科领域已成为常识的内容；切忌把应在引言中出现的内容写入摘要；一般也不要对论文内容做诠释和评论。②不得简单重复题名中已有的信息。③结构严谨，表达简明，语义确切。摘要先写什么，后写什么，要按逻辑顺序来安排。句子之间要上下连贯，互相呼应。摘要慎用长句，句型应力求简单。每句话要表意明白，无空泛、笼统、含混之词。但摘要毕竟是一篇完整的短文，电报式的写法亦不足取。摘要不分段。④用第三人称。建议采用"对……进行了研究""报告了……现状""进行了……调查"等记述方法标明一次文献的性质和文献主题，不必使用"本文""作者"等作为主语。⑤要使用规范化的名词术语，不用非公知公用的符号和术语。新术语或尚无合适汉文术语的，可用原文或译出后加括号注明原文。⑥除了实在无法变通以外，一般不用数学公式和化学结构式，不出现插图、表格。⑦不用引文，除非该文献证实或否定了他人已出版的著作。⑧缩略语、略称、代号，除了相邻专业的读者也能清楚理解的以外，在首次出现时必须加以说明。科技论文写作时应注意的其他事项，如采用法定计量单位、正确使用语言义字和标点符号等，也同样适用于摘要的撰写。目前，摘要撰写中的主要问题有：要素不全，或缺目的，或缺方法；出现引文，无独立性与自明性；繁简失当。

对英文论文而言，要注意以下几点：①英文摘要应符合英文语法表达，英文摘要中具体内容应与中文摘要一一对应；②英文摘要的句型力求简单，尽量不要使用从句；③英文摘要不引用他人观点，非公知、公认的缩写，请在第一次出现时用英文全称；④英文摘要中标点请用半角符号，英文中无顿号和分号。

二、摘要写作常见问题

（一）摘要写作常见问题

虽然《文摘编写规则》（GB 6447–86）对学术论文摘要编写的注意事项做了较为详尽的阐述，但在实际运用中，论文摘要的写作仍然普遍存在一些结构上或文字上的问题。下面试举几例加以说明，希望研究者在写作过程中能够予以规避，进而有效地推动其研究成果的应用与推广。

第一，过于简单或复杂。摘要是一篇文章的精华所在，是对论文观点的扼要介绍。虽然"扼要"，但并不等于可以忽略主旨，相反地，它要求作者准确抓住文章的主旨，用简洁的语言阐述。《文摘编写规则》

（GB 6447 - 86）规定：摘要的字数一般以200～400字为宜。但有的学术论文，创新内容很多，但摘要字数太少，无法说明问题，甚至不分主次，本末倒置，把不重要的内容进行详述，而需详述的部分却只是寥寥数笔带过。但有的论文摘要内容写得过多，不能凸显论文观点，使读者看了云里雾里，不知所云；有的论文摘要铺垫过长，将无关紧要的文字植入其中，字数一大堆，但是内容空泛、言之无物，甚至连一句有价值的信息都没有。这类摘要应精练内容，去掉常识性内容，开门见山地直陈论文观点，在最少的字数内把论文观点呈现出来，使读者一目了然。

第二，重复文章题目和标题的信息。有的作者认为将论文的大小标题综合在一起就是论文的摘要，这导致摘要出现了很多套话，理论价值下降，没有实质性内容，可读性差。

第三，重复某学科领域已成为常识的背景知识。有的摘要过多描述当前某个问题的研究现状。但许多学术刊物的读者可以被称为同行专家，因此，摘要就不必介绍众所周知的背景知识。

第四，描述文章的写作过程。为了赢得审稿人、编辑、读者的同情，有的作者在摘要中描述文章的写作过程，强调自己写作的艰辛，忽视了对研究目的、方法、结果、结论的介绍。

第五，摘要的必备要素不全。《文摘编写规则》（GB 6447 - 86）规定：摘要的基本要素包括目的、方法、结果、结论和其他。其中："目的"是研究、研制、调查等的前提、目的和任务，所涉及的主题范围；"方法"是指所用的原理、理论、条件、对象、材料、工艺、结构、手段、装备、程序等；"结果"是指实验的、研究的结果，数据，被确定的关系，观察结果，得到的效果，性能等；"结论"是指对结果的分析、研究、比较、评价、应用，提出的问题，今后的课题，假设，启发，建议，预测等；"其他"是指不属于研究、研制、调查的主要目的，但就其见识和情报价值而言也很重要的信息。

第六，结果笼统、不具体。报道性摘要又称资料性摘要或情报性摘要，它用来反映作者的主要研究成果，向读者提供论文中全部创新内容和尽可能多的定量或定性的信息，一般以300字左右为宜，所写的内容一般包括研究工作的目的、方法、结果和结论，而重点是后两者。结果是摘要的核心部分，应包括重要数据及其统计学处理结果，能够给读者直观地反映出相关信息。然而，不少论文摘要把研究结果大而化之，不具体不明确，不能达到"豁然开朗"的效果。

第七，把摘要当作引言或者行文思路来写。一方面，把摘要当作引言来写，是目前摘要撰写中普遍存在的问题。这样的摘要有以下三方面的问题。一是不具有独立性，其必须依靠正文而存在。如果单独阅读摘要，无法了解正文所要阐述的内容，摘要形同虚设。二是不具有自含性。这样的摘要往往只描述了问题，即提出论点，不包含任何的论证手段与方法。三是不具有客观性。这样的摘要往往带有主观认识，甚至可以说没有形成完整的观点。另一方面，把摘要当作行文思路来写也是一种最常见的误区。以"本文""作者"之类的词语作主语，这样的摘要侧重介绍作者是如何构思并展开全文，而不是介绍问题本身，造成摘要中写作方法占主体、研究结果不具体、研究结论被忽略。

第八，摘要与内容介绍混淆。摘要应该客观、简洁、准确地反映论文观点，但有很大一部分摘要未反映论文观点，只是文章的内容介绍或提要而已。从内容上看，摘要是原文献的浓缩，它的信息量与原文等值。提要的内容则比摘要广泛，即反映原文献的内容信息，对原文献进行评价，介绍研究的背景，或对文章进行评价等。从写作目的上看，摘要的主要目的在于向读者客观呈现论文的观点或创新点，方便读者判断是否有再读原文的必要。而提要的主要目的是向读者展示文章的主要内容、社会作用与价值等，起提示、推荐的作用。

第九，摘要语言表达欠妥当。语言表达欠妥当也是摘要中常见的问题。一是摘要不够客观，加入了主观性过强或过于夸大的评价。摘要需要对文章中的主要观点进行客观的描述，一般不应该对论文的理论意义和实践价值进行评价，作者不应该也不能够对自己的文章进行主观而片面的评价，更不能言过其实，说自己的研究成果"已达国内（国际）先进水平""填补了某项空白"等。这样做显然与学术的严谨性和科学性相违背。还有一些摘要错误地以"研究背景＋研究意义＋研究评价"为框架，导致摘要内容空泛，将摘要变成"点评"。这类表述是学术论文中必须要避免的。这类评价难免有自吹自擂之嫌，还反映出作者学术作风不严谨、不谦虚，因此不宜作者自己来说。鉴定论文的学术价值，应该由权威学术机构或者专家来做，而不是原文作者自己去标榜。二是摘要中出现了第一人称或者"本文""本研究""笔者"等做主语的情况。这种情况之所以不妥当，是因为摘要必须客观报道文献内容，不应加评论性文字。《文摘编写规则》（GB 6447－86）规定，摘要用第三人称，建议采用"对……进行了研究""报告了……现状""进行了……调查"等记述方法标明一次文献的性质和文献主题，不必使用"本文""作者"等作为主语。摘要中用"本文""笔者"等字眼属画蛇添足，摘要本来就是反映这篇论文观点的，所以无须再注明"本文"；观点也就是作者本人的，无须再用"笔者"。总之，摘要写作不宜采用评价性的语言，换言之，就是要把文章作者的观点最干净地放在那里，使摘要成为一个具有独立性和自含性的短文。三是由于有些作者个人写作风格的原因，在撰写摘要时过多使用抒情式的语言，如疑问句、感叹句或文学描写性语言，而学术论文需要严谨的学术态度，摘要应该用最简洁、最精练的文字来表达文章的研究内容，必须以严肃的态度去客观、公正地反映论文的观点，彰显其学术性，所以摘要与散文是不同的，不能进行描写或抒情。四是摘要中使用缩写或者简称。由于摘要字数要求和简洁的性质，很多作者认为越简单越好，有很多地方使用缩写与简称。对于缩写和简称，如果是大众公认的，不会对读者的阅读造成障碍，如 CAD（计算机辅助软件）、晋（山西省）等，这是允许的，但如果一些专业名字或者新生词的简称和缩写不被大众熟知，就会对读者的阅读造成障碍。因为一本期刊除了要面向专业读者外，还要面向普通读者。更有甚者，一些作者为了简洁，生造一些词出来，让读者产生了误解。五是出于谦虚心理，有的作者在摘要中使用了一些不必要的谦辞，出现了如"谈谈自己的粗浅看法""对某个问题的一点尝试"等没有丝毫信息价值的词汇。

第十，摘要缺乏新意。目前，摘要的写作已经形成了定式，固定的格式、固定的字数、固定的表达语句等，所以作者在撰写摘要的时候往往忽视了求新，让摘要论文显得千篇一律，无法展现论文的独特之处，尤其是有些作者将全部精力都花在正文的写作上，在论文完成后才写摘要。缺乏新意或者千篇一律都会让读者产生疲劳，失去阅读的兴趣，并且在检索的时候，也会因为过分相似与平淡而被忽视。

（二）好摘要的标准及检查完善

摘要是迷你版的文章，是读者了解一篇文章的窗口。无论是一般读者在数据库里检索文章，还是评阅人决定对所评稿件的意见，摘要都是极其重要的考量指标，适宜作为学术性写作的最后一个步骤来精心打磨。

从摘要的定义、特点和作用出发，学术期刊论文摘要写作在形式、内容、结构、字数、语言、角度等方面都有较为详尽的要求，其为撰写期刊论文摘要提供了依据和指南。好摘要的标准如下：

（1）形式规范

形式规范要求保证期刊论文摘要的独立性，是一篇完整的文章。作为论文的一个组成部分，摘要不是引言、结论的重复叙述。符合规范要求，语义连贯、结构完整、逻辑严密，是形式规范的应有之义。

（2）内容规范

摘要的内容要保持客观性，实事求是地反映论文的研究过程，不对论文观点进行主观评论，忌用文学修辞、比喻等评语，也不应有自我评价的语句，避免给人留下"孤芳自赏"的印象。学术期刊论文摘要的内容，是论文的论证结构及其观点表述。

（3）结构要素

《文摘编写规则》（GB 6447 – 86）规定：摘要的结构要素包括目的、方法、结果、结论。学术期刊论文摘要的结构要素包括：研究背景/目的/意义＋研究设计/逻辑过程/概念阐释＋研究结论。显然，研究目的、研究方法、研究结果、研究结论是学术期刊论文摘要撰写过程中不可缺少的内容，可作为摘要写作的指导框架，来保证摘要的形式规范和内容规范。

（4）篇幅要求

摘要作为论文的必要组成部分，又具有相对独立性，应该篇幅短小讲述论文的内容。《文摘编写规则》（GB 6447 – 86）规定：报道性文摘一般以 300 字左右为宜，报道—指示性文摘则以 100 ~ 200 字为宜；指示性文摘一般以 100 字左右为宜。就学术期刊论文而言，摘要的篇幅字数一般控制在 200 ~ 300 字为宜（根据期刊要求的不同可能会有所变化）。

（5）语言表述

由于摘要具有独立性，篇幅小而精，对摘要的语言表述有着更高的要求。摘要的文字应简明规范，不要使用缩略词、代号、公式等，切不可加进主观见解、解释或评论。摘要可采用"对……进行了研究""报告了……现状""进行了……调查"等记述方法标明论文的性质和主题。

（6）撰写角度

摘要在内容上的客观性，要求摘要的撰写称谓不能使用第一人称性质的代词，如"我""本文""作者"等。为了避免自言自语的嫌疑，以及逻辑指代不清的错误，论文摘要的撰写称谓要符合规范。《文摘编写规则》（GB 6447－86）规定：文献要用第三人称的写法，不必以"本文""作者"等为主语。明确学术期刊论文摘要的定义、特点、作用及基本要求，有助于从多维度分析和认识摘要的写作问题，并提出问题解决的思路，规范摘要撰写。

摘要具体写作建议如下：

（1）摘要写作要字斟句酌

写论文，作者一般把主要精力放在论文上，认为摘要不是很重要，对于摘要的写作态度很随意。这也是摘要写作出现诸多问题的原因之一。摘要既然是论文的浓缩与凝练，既然是读者阅读的首选，那么摘要的写作就要字斟句酌。首先，摘要要简练。一是要删除句子中多余的字词，二是不说套话、空话。这就像缩写句子，用最简单的句子表达最丰富的意思。其次，摘要表述要完整。摘要的四大要素是研究目的、方法、结果、结论。简单来说就是要包含论点、论据、论证方法与结论。最后，摘要表述要准确。摘要既要用词准确，也要一一对应文章的内容，不遗漏、不添加。

（2）摘要应在论文写作前写作

摘要是浓缩的论文，摘要的结构、用词等与论文一一对应。从某种意义上来说，摘要就是论文的提纲和提要。论文写作以前，列一个大纲，在大纲的基础上添枝加叶，这样论文的写作会更有方向、更有目的。而且，论文创作前作者精力丰富、思维活跃，有利于框架结构、写作方向等的制定。这样便于作者快速收集材料和完成论文写作，也可以有效避免在论文写作的过程中出现论据不充分等问题。

（3）摘要写作要求新求变

摘要的字数和结构有明确的规定。这样就容易让摘要的写作陷入千篇一律的境地，从而失去新意。如今的信息时代，瀚如烟海的信息会将这些没有新意的内容淹没。要想从千篇一律中脱颖而出，新颖性很重要，这能够在第一时间抓住读者的眼球。如何在摘要中求新呢？要展现出论文的新鲜之处——新的内容、新的立意、新的方法、新的论据以及新的结论。要将已经成为常识的内容剔除掉。哪个要素新，就将其充分展现出来，让读者耳目一新。一篇论文的价值就是给读者带来新的信息、新的启示，而摘要就是要将这些信息与启示展现给读者，从而让读者有进一步了解与学习的兴趣。

（4）摘要写作要全面客观

摘要与论文的结构一一对应，是论文全文的浓缩与凝练，要和论文一样保持全面与客观。这就要求作者写作摘要时，认真分析论文各要素间的逻辑关系以及论文的结构体系。同时，论文的摘要不能出现评价性等主观性的字句，因为这样不仅会占用摘要的表达空间，而且不利于读者对论文作出客观判断。总之，摘要只是论文主要内容的呈现，应该本着全面客观的原则。

三、摘要写作要点和步骤

（一）第一步：找榜样

论文摘要写作能力的提高是一个研读、揣摩和模仿的过程，因此有必要围绕某个主题收集一批论文（如 10 篇）进行研读，专攻其摘要。国内期刊推荐《经济研究》《管理世界》《中国工业经济》等。具体研读可以按照以下思路进行。

首先，谈谈自己的学习体会。比如这些论文的摘要对自己写摘要、写论文有什么启示。其次，对这些论文摘要进行评价，哪些地方好，哪些地方不好，以及为什么会出现这些情况。最后，总结出好的论文摘要究竟是什么样子，而不好的论文摘要又是什么样子。上述阅读经验的总结有助于自己在写论文时，向好的榜样学习、靠近，而尽量避免滑入不好的"典型"之列。

通常，论文摘要的写作过程中有四类重要句型：①研究目的句；②研究内容句；③研究结论句；④研究价值句。其中，研究目的句与研究目的有关，它应该包括 3 个要件：①研究运用或利用的条件和手段；②瞄准"研究目的"使用的一个或几个动词，如"检验""考察"等；③关注的一个或几个研究问题。这里经常使用的动词包括描述、衡量、分析、构建、解释、揭示、设计与评价等。研究内容句与研究内容有关，具体是指研究思路及方法。写的时候可以分步走，瞄准研究目的，说清楚这几步是什么关系，并说明使用的研究方法。研究内容句的常规句式是"使用……方法对……进行实证分析"。研究结论句与研究发现或结论有关，但研究结论句不是将估计结果照抄一遍，它需要对研究目标句提出的问题进行正面回应，要明确地，一是一、二是二地说清楚。研究价值句与政策建议有关。政策建议需要在研究结论的基础上提出，但结论都是有前提的，因此，提出政策建议时需要注意理论的适用范围。

论文摘要的写作过程中有三种语态：①第一种句子出现在引言中，语态是"将来时"，使用的动词有"试图""将"等；②第二种句子出现在研究设计或研究方法介绍部分，语态是"进行时"，句型一般是"在什么框架下，基于什么理论，借助或使用什么方法或数据，考察、估计或评价什么"等；③第二类句子出现在结语即文末，语态是"完成时"，强调研究内容。

（二）第二步：摒弃错误认识

论文摘要写作要摒弃以下五种错误认识：①论文摘要可以借鉴甚至直接套用一些论文摘要的格式；②论文摘要其实就是论文的"骨架"，只需要将论文的目录或章节再讲一遍；③论文摘要可以"狐假虎威"；④论文摘要主要是讲思路和方法，而不需要讲研究结论；⑤论文摘要主要是讲论文的分析结果，而不需要论文结论。

（三）第三步：技术动作拆解

技术动作分解。为了实现摘要的功能，摘要写作可分解成以下三个动作。

首先，概括，即概括该研究的目标、内容、结论及价值。

其次，聚焦，即聚焦于该研究的假说检验，这是论文的核心。

最后，论证，即突出这项研究的创新点，包括研究角度、方法技术等。

要想写出一篇高质量的论文摘要，并不是要严格地按照规定一字一句生搬硬套，也不是公式化的写作。摘要的写法没有固定的模式，只有在此基础上多磨炼方能写出一篇能完整传达论文的内容、展现论文的创新点、体现论文价值的摘要，从而吸引更多的读者去进一步阅读整篇论文。

写好摘要体现了一种认真学习、精雕细琢的精神。摘要是用短小精悍的文字吸引读者，起到的是一种供读者了解全篇论文、相互交流的作用。

第三讲

如何写引言

一、什么是引言

（一）引言的概念

1. 引言的定义

引言又称绪论、前言或导论。引言是结合经验事实和已有研究，对自身研究内容、创新及重要性的论证。

《科学技术报告、学位论文和学术论文的编写格式》（GB 7713 – 87）规定："引言简要说明研究工作的目的、范围、相关领域的前人工作和知识空白、理论基础和分析、研究设想、研究方法和实验设计、预期结果和意义等。"

引言作为论文的开头，是一篇学术论文必备的结构，其写作的主要目的是"简要说明研究工作的目的、范围、相关领域的前人工作和知识空白、理论基础和分析、研究设想、研究方法和实验设计、预期结果和意义等"。即要在充分的文献调查后，弄清目前他人在这个问题上进行了怎样的研究，研究到了什么程度，缺点和不足在哪里，本人研究这个题目是否有价值、有意义，准备采取什么样的办法、角度来进行研究，自己是如何改进的，创新点在哪里，从而引出下文。对引言提出一定的规范要求，就是促使作者必须考虑自己是否做了文献检索，论文是否提出了新观点。

从内容上看，引言的核心是论证其自身的重要性及意义；从形式上看，引言至少包括研究背景、文献评述、研究目标、思路和内容、价值与意义这五部分内容的安排；从表达方式来看，引言是议论文。

2. 引言的功能和特征

引言的功能是对该项研究创新及价值的论证，论证该研究的重要性将排在第一位。

引言可以阐述作者的写作意图、动机、目的，体现作者研究的创新和特色，其撰写过程也是作者思路、论证不断清晰的过程，论述问题更加聚焦的过程。

引言可以引导读者进入论文主题，激发读者阅读兴趣。引导读者进入论文主题，帮助读者阅读和理解全文，向读者说明研究的目的和来龙去脉，引导读者领会论文的中心内容，吸引读者对本篇论文产生兴趣，快速抓住论文的主脉，帮助读者判读论文的创新点，判读是否有继续深入阅读的价值，是评判一篇学术论文是否有使用价值的关键所在。

引言对正文具有提纲挈领、画龙点睛的作用。好的引言，既能清晰、准确地体现文章的科学性、创新性以及特色，还能迅速抓取编辑眼球，提高文章投稿的命中率。

引言有三个特征：第一，独立性。即独立成文，可被视为一篇小文章。第二，论证性。即写法上要论证而不仅仅是介绍和叙述，平铺直叙显然不行。第三，创新性。即文章的选题要新颖，所提出的理论与实践之间的差距或认识分歧最好给人耳目一新的感觉。

3. 引言与摘要、结论的区别与联系

（1）区别

虽然引言与摘要、结论有重叠的内容，但三者之间是有区别的。

第一，基本要求有一些差异。引言需要通过背景、需求、现状的介绍，指出问题的来龙去脉和本文安排。摘要需要包含全文的五个要素。结论需要对要点进行总结。

第二，目的有差异。引言用于告诉读者研究的问题为什么重要，以留住读者阅读核心内容。摘要用于读者挑选文章，可吸引读者获取全文。结论用于读过文章的读者记住要点。

第三，逻辑感不一样。引言是问题的来龙去脉和全文安排，因此往往较长，以便曲折动人地讲清楚故事，强调各部分内容之间的逻辑关联与相互呼应。摘要是全文的一个简介，应尽可能简短，没有空间强调各要素之

间的逻辑关系。结论则是全文要点的一个总结，虽然比摘要说得更细一些，但各要求之间的逻辑感也不需要突出。

第四，包含的非文字类元素有差异。摘要是独立阅读的文本，可能单独出现在检索系统和公告中，不能包含需要翻阅全文才能理解的符号和编号，不允许按编号引用章节、图表、公式和参考文献等。引言与结论一般不受这些限制。

第五，深浅程度不一样。引言开始时应通俗易懂，通过逐渐引入和解释一些专业术语，使所介绍的内容越来越深。摘要用于吸引更多的读者，是给没有看全文的人看的，因此摘要要求通俗易懂，尽量避免行话。结论是给同行看的，可以包含深奥的专业术语。

（2）联系

同一要素会在引言和摘要、结论三部分内容中明确出现或被暗示，这三个部分内容的同一要素之间是有联系的，不能是完全不同的事情，只是介绍的详细程度和深度可能有差异。

第一，引言中的需求与摘要中的问题陈述应进行关联。在结论中需要重申论文的该主题及其重要性，最后指出论文工作在多大程度上接近了该需求，且应指出是否实现了引言中指出的研究目标。

第二，引言中的研究内容和研究目标与摘要中的动机应进行关联。在结论中，需要简要回顾这些内容。

第三，在引言的研究思路中要提及摘要中的研究方法，在结论中需要简要提及作者是如何开展研究的。

第四，在引言中一般不会指出摘要中的结果，但可能在研究目标中暗示摘要中的结果。作为发现，这些结果需要在结论中进行总结，对于重要的结果可以进行强调。

第五，在引言中一般不会指出摘要中的结论，但可能会在研究意义中暗示摘要中的结论。摘要中的结论会在结论中展开介绍。

总结而言，摘要是论文的简介，用于吸引读者获取全文。引言是论文问题的来龙去脉，用于留住读者阅读核心内容。结论是论文的一个总结，用于让读者记住要点。可以先将结论写成摘要的一个扩充版，接着可以将结论写成全文的一个总结，当两个版本具有一致性时，摘要、引言和结论就可以认为写到位了。

（二）注意事项

1. 语言简练、突出重点

不应过多叙述同行熟知的及教科书中的常识性内容，确有必要提及他人的研究成果和基本原理时，只需以参考引用的形式标出即可。在引言中提示本人的工作和观点时，意思应明确，语言应简练。

2. 尊重科学、实事求是

确保引言写作用词的准确性，不要使用一些似是而非的词语。引用的文献应是正确的、科学的、严谨的，错误的引用信息会导致可信度大大下降。

评价论文的价值要恰如其分、实事求是，用词要科学，对论文的创新性最好不要使用"本研究国内首创、首次报道""填补了国内空白""有很高的学术价值""本研究内容国内未见报道""本研究处于国内外领先水平"等不适当的自我评语。

3. 言简意赅、篇幅适中

在叙述上，引言遵循由浅入深的顺序，按"背景→需求→任务→论文目标"这样的顺序介绍。其中，背景和需求应考虑目标读者能很容易读懂。首先，要求文字描述通俗易懂，避免使用行话；其次，对深奥的专业术语进行定义，帮助读者理解，而不能要求读者去看别的文献以理解某术语的意义；最后，插入必要的能让读者一目了然的具象图或示意图。

在篇幅上，每一部分的相对长度没有限定。既要求把四部曲交代清楚，也要求文字上能做到简明扼要。如果一定要追求一个长度限定，可以考虑将引言的长度设定为全文长度的 10% ~ 20%。尽量避免引言的篇幅过长。查看期刊指南和以往发表的文章可以得到更具体的参考，一般合适的篇幅是 500 ~ 1000 字。

4. 合理用词、审慎评价

在介绍自己的研究成果时，切忌拔高或降低。评价前人的研究成果、存在的问题，用词要公正、客观、严谨，切勿夸夸其谈，更不要轻易地批评、否定或贬低；对自己工作的叙述要实事求是、注意分寸，避免使用

"首次发现""填补了国内外空白"等词语，也不需要客套话，如"不足错误之处在所难免""敬请批评指正"等词语。

二、引言写作常见问题

1. 研究背景介绍没有做到繁简适度

在阐述背景知识时，部分作者很难做到繁简适度。把握这个"度"的关键在于作者能否准确地了解该领域学术研究的趋势、前沿以及历史脉络。对研究现状的论述，不仅是考查作者对收集的资料的占有和熟悉程度，更重要的是考查作者对这些资料的综合分析能力。从资料的全面程度和新旧程度，可以判断研究工作的意义和价值，以及研究结果的可信度。

2. 引言中叙述过繁，不够简洁

在一个篇幅较小的引言部分，完成几个层面的论证确实不是一件容易的事情，因为要保证段与段之间、句与句之间的联系有逻辑。引言不够简洁表现出来就是臃肿、松散、重点不突出和缺少线索。究其原因，是作者未能把握和贯彻引言的论证功能。引言中常常出现的另一种情况是重复叙述，与摘要、正文、结论雷同。在摘要中叙述的内容在引言中又重复出现，有时甚至在结论中再次出现。一篇论文中多次出现相同的文字和段落，容易使读者感到厌倦，很难引人入胜。

3. 主题不突出，研究问题不明确

部分作者在引言部分甚至都提不出一个要回答的科学问题，很多时候所提出来的不是研究问题（question），而是研究议题（issue）。就引言部分的"研究问题"而言，作者需要关注以下三个方面：第一，文中所提出的研究问题是否具有文献的"格式"；第二，文中所提出的研究问题是否有相对应的理论基础；第三，针对文中所提出的研究问题是否有具体方法来展开分析和验证。通常，由于研究问题无法明确，指望研究目标明确基本上就不可能了。

4. 理论价值或政策意义缺乏针对性

部分作者把论文的引言看成一种形式，是可有可无的部分，将引言的写作和正文的写作相分离，只是为了给论文加一顶帽子。常见的现象是，一般化地论述研究的重要性。即使是落脚于研究的主题，也是从宏观谈起到微观结束，停留在一般性的论述较多。显然，这样做的结果是使读者无法准确地判断"论文命题"的具体价值，缺少对当前研究状况的概括和介绍，不知道作者的研究与以往的研究工作有什么不同。因此，引言必须交代研究工作的背景，概括性地论述所研究问题的现状。对研究现状的论述，不仅是考查作者对资料的占有程度和熟悉程度，更重要的是从资料的全面程度和新旧程度可以判断研究工作的意义和价值，以及研究结果的可信度。

5. 引言笼统、缺乏论证

引言笼统无法让人明白论文研究的背景，不能清楚地判断该项研究的创新性：是理论、方法或技术的创新，还是有部分改进；是填补某些空白，还是重复研究或是抄袭剽窃。不能清楚地判断研究的实用性：是实用性好，还是有区域特色，或是缺乏实用价值。不能判断研究方法是否有改进：是前人研究方法的验证，还是模拟，是合理还是有缺陷。总之，不分层次，没有实质内容的笼统性的引言，是学术论文"引言"失败的情形之一。

缺乏论证具体表现在两个层面：第一个层面是对本研究自身内容逻辑的论证；第二个层面是对本研究相对于已有研究的边际贡献的论证。第二个层面是关键也是难点，这也是最突出的。因为一项研究的核心就是，创新及其重要性。顺带提及的是，有的论文引言尽管对创新也有论证，但论证采用的思路是，别人没有，我有。显然，这种论证思路既缺乏深入、具体的阐述，也没有与同行研究进行比较与挖掘。

6. 不介绍同行工作，不介绍已有成果

如果不介绍同行工作，不介绍已有成果，读者就无法在短时间内判断该研究领域其他研究者正在做哪些方面的研究，该领域的研究热点或难点问题在哪里，哪些问题已经突破，哪些问题尚在研究之中，哪些问题有待于继续研究。对于正在研究之中的问题，其他人分别采用何种研究思路、采用哪些研究方法，遇到的障碍在哪里等。通过介绍同行工作，介绍已有研究成果，可以使读者清楚地判断该研究领域的研究现状，以及目前存在的亟待解决的现实问题。

三、引言写作要点和步骤

（一）引言的结构

好的引言应按一定的逻辑结构书写，以便读者在阅读引言后，能了解论文关心的问题是什么、清楚问题的来龙去脉与重要性，并知晓论文余下部分的安排。除此之外，引言还需要为读者准备一些包括关键术语定义在内的基本知识，以便读者能顺利进入全文的阅读。

标准的引言主要由背景问题、需求问题、剩余问题和本文研究问题四部分构成，这四部分之间以及本文研究问题与论文余下部分之间还需要一些衔接内容，以此方式书写的引言最方便读者了解问题的来龙去脉并为阅读全文做好准备。

1. 四个问题之间的衔接与关系

背景问题是所研究的问题的广义来源或应用对象。大多数情况下，背景是横向的，以覆盖面来衡量广度，一般以应用领域作为背景。也有一些背景是纵向问题的延续，以深度或久远来衡量背景的广度，往往以更基础的问题作为背景。需求问题是背景问题中的一个值得研究和需要解决的问题。剩余问题是为了满足需求，还遗留了哪些需要大家一起做的问题。本文研究问题是指本文研究要解决的属于剩余问题的问题。

相邻两个问题之间应有一些过渡内容进行衔接。对于需求问题，需要指出其在背景问题中的重要性。在剩余问题和需求问题之间植入研究现状分析，用于从现有研究牵引出本文研究内容。在剩余问题和本文研究内容之间呼应需求，指出本文研究内容对实现需求有何意义。除此之外，本文研究内容之下还需要介绍研究思路、研究目标以及本文安排，以便过渡到论文余下部分。

四个问题之间存在明显的逻辑关系：第一，倒金字塔关系。背景问题、需求问题、剩余问题和本文问题这四个问题涉及的范围由宽到窄。第二，从属关系。本文问题属于剩余问题的一个子集，剩余问题属于需求问题的一个子集，需求问题是与背景问题相关的问题。第三，承前启后关系。按顺序，论文引言先交代背景，接着是需求，需求后是遗留问题，最后才是本文研究问题。虽然在成文后有以上顺序关系，但本文研究问题才是论文的核心。

2. 具体逻辑结构

（1）背景问题要从研究主题与背景中梳理

引言一开始可以从比较宽泛的视角交代研究主题所在的领域，以由宽到窄、由通俗到专业的方式切入主题，以主题在更宽领域的重要性收尾。需要注意的是，无论何种情况，研究主题是比往下介绍的具体内容更宽的东西。这种结构是所谓的倒金字塔结构。一般读者会理解更宽的领域。通过一级一级地收窄，让读者进入对主题的理解之中。

（2）需求问题要从研究现状与需求产生

本文研究内容是研究现状分析中指出的剩余问题，研究现状分析是围绕需求展开的。所谓需求，就是人们的期待，是更大的人群、行业甚至社会期望有什么突破。这种期待的特征对背景问题有重要意义。

在引言的第一部分引入研究主题，接下来需要围绕研究主题介绍针对该主题的研究现状。这是介绍已有工作，指出作者能看到的尚有遗留的空白的地方。通过描述现状和人们期望的理想情况有何差异来暗示进一步工作的必要性。接下来的研究内容往往是这些遗留的空白的一部分。

其中，介绍研究现状有三种方式：第一种方式是以已有研究问题、研究结果或研究结论为导向，介绍一个个已经涉足过的研究问题、得到的重要研究结果或结论。不同问题、结果或结论之间应有某种顺序，如前后顺序、因果顺序等。引用文献时，可以以被引用作者为主语，也可以以工作（问题、结果、结论）为主语，而将被引文献放在括号里（具体格式与出版物有关）。第二种方式是按时间节点介绍过去的工作。一般以里程碑节点划分时间段。表面上是按时间顺序交代，实际上在强调里程碑工作。第三种方式是以作者贡献为导向，介绍不同作者完成了哪些工作。在这种情形下，引用文献时以被引作者为主语。

介绍研究现状也可以是以上三种方式的一种混合形式。哪个方面重要，就以哪个方面为重点。在介绍研究现状时，要求准确和强调重要性，即不能曲解文献工作，不能专注于介绍别人的不重要工作，不要介绍别人工作的细枝末节。可以使用"但是""然而""不幸"等词语强调现状和人们期望的理想情况的对比或遗留的问题，作为这一部分的结尾。

（3）剩余问题要向前呼应需求、向后牵引本文研究问题

剩余问题是指还有哪些问题值得研究。对剩余问题的介绍本来是在研究现状之下，是通过梳理研究现状指出的需要人们进一步开展研究的问题。

为什么要呼应需求呢？因为，不管前人做了多少工作，可能的剩余问题的数目是无法想象的，你无法穷举哪些东西可做，尤其不知道别人还会认为有哪些问题值得进一步研究。如果呼应需求，那么就能找到对剩余的问题的数目的合理限定。可以使用"显然，为了解决……（需求问题），现有研究现状遗留了如下问题"或者"不难看出，目前的研究结果离实现……这一需求还有距离，需要进一步开展……等问题的研究"。当然，如果一些之前的文献指出了还有哪些问题需要研究，而你正好就可以研究这些被指出的问题，那么就只需要明确研究是谁指出的问题。

在指出剩余问题时，除了向前呼应需求，还要向后牵引本文研究问题。向后牵引本文研究问题的方式很直接，可以在介绍完剩余问题后，简单陈述"本文考虑其中的……问题，具体研究内容为……"。

（4）本文研究问题的提出和具体研究的内容

本文研究问题包括以下两个方面。

一方面是作者准备解决的问题，即问题的提出。问题的提出，是引言组成的必备要素，也是引言结构内在逻辑的关键一环，它上承背景介绍，下与研究价值相连。引言写作过程中，尤其应当注意避免以下问题：第一，未揭示问题或提出的问题是一个伪命题；第二，问题的提出不是建立在背景分析基础之上，而是作者凭空想象的"神来之笔"；第三，问题的提出不聚焦、不集中。

另一方面是作者的研究思路和准备采用的方法，即具体研究的内容。如何启动研究内容的介绍呢？这就需要向上衔接剩余问题。例如"依据研究现状分析，我们知道尚需解决……等问题，而本文将考虑其中的……具体而言，我们的研究内容是……"。

（二）引言的内容

1. 研究背景

（1）社会大环境

在研究背景中，为了阐述社会大环境，研究者可以通过新闻报道、政策、开放数据集等渠道了解到的正在发生或已经发生的事。

（2）行业大环境

在研究背景中，为了阐述行业大环境，研究者可以利用行业报告作数据支撑。以行业、学科或方向作为大背景，站在第三者的角度，缩小到人们所关心的研究主题，即需求。接着指出实现这一需求对促进背景问题的发展有何意义，比如可以指出研究主题对世界或社会的重要性，可以指出研究主题对学科的重要性，可以指出研究主题本身的重要性。在内容组织上，可以按如下顺序：宽的问题、重要性、窄的问题，需求及其重要性、术语的解释，目前离需求的距离，研究主题，研究主题对宽问题的价值，导航到研究现状。

2. 研究意义

（1）理论意义

理论意义是指你的研究结果对现有研究具体影响作用，可以是正面的建设性作用（如验证、深化作用等），也可以是反方面作用（如推翻、颠覆、革新等作用），还可以是作为理论研究基础对研究对象或者同行业的借鉴作用。可以这样写："国内外研究学者对××（研究对象）在××方面的研究尚少。通过本文结合××理论等理论，对课题深入研究，提出××，为丰富当前××理论起到一定的借鉴作用"。简单来说，就是讲讲你的这篇文章解决了什么问题，丰富了什么研究，弥补了什么不足。

（2）实践意义

实践意义指某种研究结果对现实生产实践等活动产生积极或消极作用，也就是实践经验对研究对象或者同行业的实施方案有借鉴参考作用。可以这样写："通过对××分析，本研究提出了其在××方面存在的××特点，提出更具针对性与实操性的××策略，有利于××。"

3. 国内外研究现状

国内外研究现状就是要写出你的研究综述，写出关于你做的课题的国内研究的现在和国外目前的研究现状。可以这样写："在 A 问题上，××在××年针对××问题，通过××方法研究，发现了××。在 B 问题上，××在××年针对××问题，通过××方法研究，发现了××。"

研究现状评述主要是对前面的文献综述的总结归纳。参考写法通过对以上的国内外研究现状分析可以看出，国内外研究学者针对××问题的研究问题主要集中在××方面，对（你写的领域）的研究较少，或者是还不够深入。

4. 研究内容和方法

研究内容就相当于扩充版的目录，也就是讲述本篇论文都有哪些内容。一般采用总—分方式进行写作，首先总的介绍自己的论文研究什么，然后分段介绍每一章节中的主要研究内容。

常用的研究方法有以下几种。

（1）调查法

调查法是科学研究中最常用的方法之一。它是有目的、有计划、有系统地收集有关研究对象现实状况或历史状况的材料的方法。调查法中最常用的是问卷调查法，它是以书面提出问题的方式收集资料的一种研究方法，即调查者就调查项目编制成表式，分发或邮寄给有关人员，请其填写答案，然后回收整理、统计和研究。

（2）观察法

观察法是指研究者根据一定的研究目的、研究提纲或观察表，用自己的感官和辅助工具去直接观察被研究对象，从而获得资料的一种方法。

（3）实验法

实验法是通过主支变革、控制研究对象来发现与确认事物间的因果联系的一种科研方法。

（4）文献研究法

文献研究法是根据一定的研究目的或课题，通过调查文献来获得资料，从而全面地、正确地了解掌握所要研究问题的一种方法。

（5）实证研究法

实证研究法依据现有的科学理论和实践的需要，提出设计，利用科学仪器和设备，在自然条件下，通过有目的有步骤地操纵，根据观察、记录、测定与此相伴随的现象的变化来确定条件与现象之间的因果关系的活动。主要目的在于说明各种自变量与某一个因变量的关系。

（6）定量分析法

在科学研究中，通过定量分析法可以使人们对研究对象的认识进一步精确化，更加科学地揭示规律，把握本质，厘清关系，预测事物的发展趋势。

（7）定性分析法

定性分析法是对研究对象进行"质"的方面的分析。具体地说，就是运用归纳和演绎、分析与综合以及抽象与概括等方法，对获得的各种材料进行思维加工，从而去粗取精、去伪存真、由此及彼、由表及里，达到认识事物本质、揭示内在规律的目的。

（8）跨学科研究法

跨学科研究法是运用多学科的理论、方法和成果，从整体上对某一课题进行综合研究的方法，也称"交叉研究法"。

（9）个案研究法

个案研究法是认定研究对象中的某一特定对象，加以调查分析，弄清其特点及其形成过程的一种研究方法。个案研究有三种基本类型：个人调查，即对组织中的某一个人进行调查研究；团体调查，即对某个组织或团体进行调查研究；问题调查，即对某个现象或问题进行调查研究。

（10）功能分析法

功能分析法是社会科学用来分析社会现象的一种方法，是社会调查常用的分析方法之一。它通过说明社会现象怎样满足一个社会系统的需要（即具有怎样的功能）来解释社会现象。

（11）数量研究法

数量研究法也称"统计分析法"或"定量分析法"，是指通过对研究对象的规模、速度、范围、程度等数量关系的分析研究，认识和揭示事物间的相互关系、变化规律和发展趋势，借以达到对事物的正确解释和预测的一种研究方法。

（12）模拟法（模型方法）

模拟法是先依照原型的主要特征，创设一个相似的模型，然后通过模型来间接研究原型的一种形容方法。根据模型和原型之间的相似关系，模拟法可分为物理模拟法和数学模拟法两种。

（13）探索性研究法

探索性研究法是高层次的科学研究活动。它是用已知的信息，探索、创造新知识，产生出新颖而独特的成果或产品。

（14）信息研究方法

信息研究方法是利用信息来研究系统功能的一种科学研究方法，根据信息论、系统论、控制论的原理，通过对信息的收集、传递、加工和整理获得知识，并应用于实践，以实现新的目标。

（15）经验总结法

经验总结法是通过对实践活动中的具体情况，进行归纳与分析，使之系统化、理论化，上升为经验的一种方法。总结推广先进经验是人类历史上长期运用的较为行之有效的领导方法之一。

（16）描述性研究法

描述性研究法是一种简单的研究方法，它将已有的现象、规律和理论通过自己的理解和验证，给予叙述并解释。它是对各种理论的一般叙述，更多的是解释别人的论证。它能定向地提出问题，揭示弊端，描述现象，介绍经验。它有利于普及工作，它的实例很多，有带揭示性的多种情况的调查，有对实际问题的说明，也有对某些现状的看法等。

（17）数学方法

数学方法就是在撇开研究对象的其他一切特性的情况下，用数学工具对研究对象进行一系列量的处理，从而做出正确的说明和判断，得到以数字形式表述的成果。数学方法主要有统计处理和模糊数学分析方法。

（18）思维方法

思维方法是人们正确进行思维和准确表达思想的重要工具，在科学研究中最常用的科学思维方法包括归纳演绎、类比推理、抽象概括、思辨想象、分析综合等，它对于一切科学研究都具有普遍的指导意义。

（19）系统科学方法

以系统论方法、控制论方法和信息论方法为代表的系统科学方法不仅突破了传统方法的局限性，而且深刻地改变了科学方法论的体系。这些新的方法，既可以作为经验方法，作为获得感性材料的方法来使用，也可以作为理论方法，作为分析感性材料上升到理性认识的方法来使用，而且作为后者的作用比前者更加明显。它们适用于科学认识的各个阶段，因此，我们称其为系统科学方法。

（三）引言的写作技巧和检查要点

写好引言的要诀，归结起来有以下四点。

1. 扣题宜"紧"

引言是阅读文章的入口，最大作用是为读者打开一扇门，推开一扇窗，指引读者领略沿途"风景"。无论是开篇叙背景、说意义、讲故事、引经典，还是说目的、列依据、作总结，都必须围绕主题、紧扣主题、直击主题，不能偏离主题。最忌云山雾绕，下笔千言，离题万里。

2. 节奏宜"快"

引言是通向大厅的"过道"，谁都不想过道太长。因此，引言要短小精悍，以最少文字、最快速度切入主题，简洁明了、一针见血。不能"千呼万唤始出来，犹抱琵琶半遮面"。

3. 引力宜"强"

在审美上，好文章的开头如同"凤冠"，生动有趣、饶有韵致。开头写好了，能得一个"头彩"，吸引读者继续阅读，如同磁石般吸引着读者的注意力。好的引言善于创新方式，捕捉声、色、味、形、意、情，给读者端上一盘色香味俱全的美味佳肴，令读者胃口大开，勾起读者"品尝"的欲望，进而"大快朵颐"。

4. 黏性宜"好"

引言是处于标题和正文之间的一段文字，它有畅通文意、贯通思路、理清脉络、承上启下的功效。好的引言如同一剂强力胶、一座桥梁、一个榫卯，能让不同意义单元紧密结合起来。好的引言向前与主题呼应，向后与正文链接，环环相扣、黏连紧密、顺畅通达，让读者读到上文，便预知下文。

写好引言的"检查标准"，归结起来有以下几方面：检查是否把基本事实交代清楚；检查是否提出或讲清楚所研究的科学问题是什么；检查是否有力论证了该研究的价值；检查行文上是否做到逻辑通顺；检查内容上是否重复。

第四讲

如何写文献综述

一、什么是文献综述

（一）文献综述的定义、特点、种类

1. 文献综述的定义

文献综述（revien）是作者在收集大量有关文献的基础上，通过综合分析与评价，整理概括而成的专题性学术论文。从字面上理解："综"即综合，要求对文献资料进行综合分析、归纳整理，使材料更精练明确，更有逻辑层次；"述"即评述，就是要求对综合整理后的文献进行比较专门的、全面的、深入的、系统的论述。总之，文献综述即对文献的综合与评述，是作者对某一方面问题的历史背景、前人工作、争论焦点、研究现状和发展前景等内容进行评论的科学性论文。一篇好的文献综述，应有较完整的文献资料，有评论分析，并能准确地反映主题内容，还要有发展预测。

2. 文献综述的特点

（1）综合性

综述要"纵横交错"，既要以某一专题的发展为纵线，反映当前课题的进展，又要从本单位、省内、国内到国外，进行横向的比较。只有如此，文章才会占有大量素材，经过综合分析、归纳整理、消化鉴别，材料更精练、更明确、更有层次和更有逻辑，进而把握本专题发展规律和预测发展趋势。

（2）评述性

评述性是指比较专门地、全面地、深入地、系统地论述某一方面的问

题，对所综述的内容进行综合、分析、评价，反映作者的观点和见解，并与综述的内容构成整体。一般来说，综述应有作者的观点，否则就不成为综述，而是手册或讲座了。

（3）先进性

综述不是写学科发展的历史，而是要收集最新资料，获取最新内容，将最新的信息和科研动向及时传递给读者。

综述不应是材料的罗列，而是对亲自阅读和收集的材料，加以归纳、总结，做出评论和估价，并由提供的文献资料引出重要结论。一篇好的综述，应当是既有观点，又有事实，有骨又有肉的好文章。由于综述是三次文献，不同于原始论文（一次文献），所以在引用材料方面，也可包括作者自己的实验结果、未发表或待发表的新成果。

综述的内容和形式灵活多样，无严格的规定，篇幅大小不一，大的可以是几十万字甚至上百万字的专著，参考文献可数百篇乃至数千篇；小的可仅有千余字，参考文献数篇。

3. 文献综述的种类

（1）背景式综述

这是文献综述中最常见的一种，通常在文章的开头部分出现。背景式文献综述介绍某一研究问题的意义、背景情况，将该研究问题置于一个大的相关的研究背景下，让读者了解到该研究在整个相关的研究领域中所占的比重和位置。读者可以从背景式综述中看到该研究问题与前期研究的相关性，并了解到前期研究中存在的问题和不足。

（2）历史式综述

历史式综述是一种介绍性的综述，主要用于追溯某一思想或理论形成和发展的来龙去脉。研究者们往往对某一领域中最重要的问题作历史式综述，历史式综述对介绍某一学科领域具有重要的作用。读者通过阅读历史式综述，会对某一学科的全貌有一个基本的了解和认识。

（3）理论式综述

理论式综述是对解释同一现象的不同理论进行综述，分别介绍不同理论，比较各理论的优势和劣势，并评价它们对该现象的解释力。当研究者需要整合两种理论或拓展某一理论时，往往会作理论式综述。

（4）方法式综述

方法式综述是研究者对研究成果的方法部分进行综述，评价相关研究中研究方法使用是否正确、得当，指出不同的研究设计、不同的样本、不同的测量方法可能会导致不同的研究结果等。

（5）整合式综述

整合式综述是研究者整合某一研究问题相关的论文和研究报告，为读者展现出该研究问题的研究现状。

（二）文献综述的目的、意义

1. 文献综述的目的

①通过评估分析已有的研究贡献和局限，凸显自己研究问题的价值。

②寻找自己的专业（问题）定位——它和理论传统的关系，以便阐明自己的研究在这一领域中的位置。

③寻找自己不同于前人之处，阐明其研究的进展和特点，让其研究发现尽可能具有原创性。进一步说，文献综述的目的可以表述为：概述"大问题"；选择适合研究的文献；总结其他人的研究；评估他人的研究；提供作研究的语境；发现研究中的空白；加强对理论和方法的理解等。

任何研究都不是凭空产生的，而是在前人研究的基础上从某个方面进行深化，都具有一定的传承性。因此，文献综述是研究的第一步，其目的在于了解前人说过些什么，而这实际上也决定了我们能够说些什么。具体地，对于要研究的问题，我们必须弄清以下问题。

第一，前人是否说过。要知道前人是否说过，关键是要进行充分的文献检索。互联网的出现以及在线数据库的广泛应用为文献检索提供了前所未有的方便。目前，各大专院校和科研机构的图书馆都购买了非常齐全的中、英文数据库。目前，国内高校图书馆中的 Jstor、Science Direct、CNKI 等都是极佳的在线数据库。如果文献搜索结果表明自己拟做的研究别人已经做过，那么就没有必要做无谓的重复，而应该及时调整自己的思路，改换研究角度、重点或方法。

第二，前人说过什么。要想知道前人说过什么，就必须解答以下几个问题。首先是前人研究的对象或问题是什么（what），前人是如何（how）

阐述研究问题的，以及为什么（why）这样阐述；然后是前人观点的异同点是什么，这些观点是否可以分类、如何分类，观点之间的前后时间关系和逻辑关系是什么。搞清楚别人是否说过、说了什么，是我们进行学术创新的重要基础。

第三，前人是怎么说的。在文献综述时不仅要综述观点，还要综述研究方法（即别人是怎么说的）。方法的发展和进步会在很多方面改变已有的观点。例如，产业组织理论中博弈论研究分析方法的引入就改变了 SCP 框架（即市场结构 structure—市场行为 conduct—市场绩效 performance）下产生的很多观点。随着数据获取途径的增多和获取技术的改进，总的来说，针对某一研究对象所使用的研究方法会越来越多。因此，当我们发现某类文献主要以使用某一种或某几种研究方法为主，而对其他研究方法应用较少时，就应该考虑能否采用其他方法特别是比较新的研究方法，以便通过方法创新来实现观点创新。

第四，何人、何时、何地说过。这组问题主要反映相关观点演化过程的影响因素，包括观点在不同地域、不同时间上的变化。例如，总体上看，受社会经济发展阶段性以及文化差异性的影响，不同国家、不同时期的消费者对服务质量的要求会出现较大的差异，并且在很大程度上影响消费者对服务质量的感知及满意度。另外，了解"是谁说的"，对于我们认识相关观点的产生和发展过程也有帮助。例如，战略管理研究定位学派的"五力模型"是波特于 1979 年提出的，当我们知道波特是哈佛商学院和哈佛经济系联合培养的博士之后，就能更好地理解这一模型与哈佛老一代经济学家提出的 SCP 框架之间的传承关系。

实际上，如果我们能够在文献综述的过程中回答好以上四个方面的问题，就可以基本确定我们要做的研究或要写的论文的创新点、主要思路和拟采用的方法。可以说，做好文献综述，研究工作就完成了一大半，剩下的问卷设计、实地调查、数据分析、论文写作等工作便水到渠成。

2. 文献综述的意义

文献综述最重要的作用是高度浓缩了几十上百篇、上千篇，有时甚至是上万篇的相关文献。如何将杂乱无序的同类文献整理好并进行归纳使其条理化和系统化，是一个问题。好的文献综述，不仅可以为科研工作者完成科研工作的前期劳动节省时间，而且还非常有助于科研人员借鉴他人成果、把握主攻方向以及帮助领导者进行科学决策。

从现实角度看，以文献综述形式发表的文章，转载率、下载率通常都比较高，因为科研工作者的研究，习惯于先检索是否有类似文献综述。综述性的文章一般会将代表性的人物、代表性的著作或者论文进行介绍，这就为下一步阅读提供了方便。要从成千上万篇文章中选择文献很不容易，一般的研究都会走这种近道，但是只阅读一篇文献综述可能不合适，综述类型的文章需要多参考几篇。

文献综述的写作过程，对于研究是很有意义的。通过科学的文献查找方法和资料的积累方法，可以在查找的过程中扩大相关的知识面。实际上，在查找论文的过程中，所涉及的知识在不断地延展和扩展。

查找资料本身是科研的第一步，学习文献综述的撰写可以为今后的科研打下基础。通过写作过程，有助于提高对学术概念的归纳分析与综合能力，有利于培养独立工作能力和科研能力。

做文献综述的一个基本目的，是让读者熟悉现有研究主题领域中，相关研究的进展、困境。通过阅读，了解与所研究的主题相关的研究发展到什么程度，遇到什么样的困难。几乎所有的课题申报，都要对可能遇见的重点、难点作出预测。实际上，难点主要是从文献综述的研究中发现，过去的研究遇到的瓶颈在哪里，能够提供给后续研究者思考的路径，有助于为后续的研究找出更有意义的或者更显著的结果；还可以对各种理论的立场进行说明，提出不同的概念架构作为新假设提出和研究理念分析的基础；通过对某种现象和行为进行可能的解释，识别概念间的前提假设，从而理解并学习他人如何界定与衡量关键概念。从别人的界定中发现可以改进与批判的方面，填补现有研究的不足，推出另类研究，从而发掘出新的研究方法与途径，验证其他相关研究。文献综述最重要的不仅仅是要学习别人的研究，更要学会批判、批评前人的相关研究。

（三）文献综述要解决的问题及其包含的内容

1. 文献综述应该为读者勾勒出一幅纵观所选研究领域的全景图
①该领域是怎样发展演变至今的？

②该领域是否存在某种发展趋势？

③该领域是否存在某种争议，又是否达到过某种共识？

④该领域的发展历程中，哪些书籍或者文献被誉为经典，又有哪些具有里程碑式的意义？

2. 文献综述应该点明以往研究与当下研究的关系

①该领域是否存在明显的研究空白？

②该领域是否有尚待修正的错误？

③该领域的某些方面是否还缺少进一步的研究工作？

3. 文献综述应当为我们的研究问题、研究假设作铺垫、作论证

①前人的研究理论是否存在矛盾之处？

②前人的研究方法与研究设计是否正确得当？

③前人的论证是否存在一定的缺陷或者局限？

4. 文献综述应指出以往研究所选取的方面，以避免重复

①该领域的哪些方面做得已经很充分、成熟的研究？

②哪些方面还未被充分检验？

③哪些方面还没有引起足够的重视？

④哪些方面还有待改进？

⑤哪些方面还需要进一步的摸索？

（四）文献综述的内容、结构、要求

文献综述＝综什么＋述什么。"综什么"的前提是读什么以及读了什么，否则，都是空中楼阁；"述什么"的工作其实包含三个方面：概括总结"综"的内容，评述，提出问题并论证。

文献综述不仅仅是对前人作品的简单复制，更是对相关问题的一种积极回应。一个文献综述应该包括以下主要内容：对于这个主题，我们已经了解些什么？对于已经获知的东西，你有什么想要批判的？有没有什么人做过完全一样的研究？有没有什么人做过相关的研究？你的工作在既有的研究当中，处于什么样的位置？在已有研究的情况下，为什么你的研究值得一做？

另有研究者提出，文献综述要求研究者加以回答的问题主要有：这个

问题为什么重要？还有谁认为它是重要的？此前谁做过此项研究？谁做过与我将研究的内容相似的研究？我可以改进什么来适合我自己的研究？研究中还存在哪些空白？谁将利用我的材料？我的研究项目将有什么样的用途？我将作出什么样的贡献？我将回答哪些特定的问题？以上这些都是文献综述的重要内容和研究者要力图加以解答的问题。一个好的文献综述不仅要对文献资料进行分析和综合，还应该达到以下要求。

①比较和对照不同的作者对某一问题的观点。

②把持有相同结论的作者放在一起。

③对方法论部分进行批判。

④留意观点之间的分歧。

⑤突出经典研究。

⑥突出研究中的差距。

⑦说明自己的研究与以往的研究之间的联系。

⑧说明自己的研究与文献之间的整体关系。

⑨总结文献，得出自己的结论。

总之，文献综述就相当于一幅地图，它能够将文献中的相关研究都纳入这张图中。在这里，研究者能够清楚地描绘出每一个研究在文献中所处的相对位置和与其他研究的距离以及关联性。

（五）文献综述的内容

1. 文献综述的内容是分析

①造成提出和论证问题失败的原因在于文献综述的内容没有发挥其应有功能，换言之，是分析不够。

②文献综述里的"分析"，是指在某个研究领域，针对某个研究对象的相关研究文献进行分析。

③分析的目标对象是两个假说：第一个假说是"X是关于某个事物已有理论认识的分歧点"（简称为"假说1"）。第二个假说是"Y是改善这个理论认识不足的可能方向"（简称为"假说2"）。

④文献综述中最大的失败就是在分析过程中未能抓住上述两个假说。

2. 分析是什么

①面对同一领域的研究文献，首先对结论进行分类，然后对影响结论的"研究设计"元素进行分类，通过比较分析结论及其影响因素的不同，"猜想"导致认识分歧或不满意的原因。

②分析是归纳、分类和比较、评价和验证。

3. 分析的步骤

①分析的思路：第一步，收集和整理相关的研究文献；第二步，对"数据""研究思路""主要结论"进行初步分类；第三步，在此基础上，围绕研究目的比较这两类方法所存在的不足。

②得出分析的结论。

③提出新的研究思路。

（六）文献综述的结构

1. 文献综述的几种结构安排

（1）按照综述对象的不同构成部分

这种类型的综述对象一般是某个研究领域及其组成部分。例如，波特（Porter）在综述有关产业组织理论的经验研究时，就把文献综述的主体分成生产、技术和产业结构，不完全竞争市场计量分析，进入、退出与产业演进，规制产业研究，拍卖市场，技术变化、创新与组织等六个部分，它们涵盖了产业组织研究的主要内容。舍兰斯基（Shelanski）和克莱因（Klein）在综述交易费用经济学时，按照交易紧密程度把相关文献分为纵向一体化、复杂缔约及"混合"模式、长期契约、非正式协议、特许经营协议五个部分。再如，汉娜菲（Hannafey）在综述企业家与伦理问题时，也把相关研究分为与企业家本人有关的伦理问题、与组织和环境有关的伦理问题、与创业过程相关的伦理问题三个部分。

（2）按照综述对象自身的发生、发展顺序

有些时候，综述所涉及的研究领域各组成部分之间存在明确的发生、发展顺序，按照这样的顺序进行文献综述，可以使我们更好地认识各组成部分之间互为因果的逻辑关系以及影响这种关系的因素。例如，在服务质量管理研究中，研究对象有如下发展顺序：服务消费—服务质量感知—满意度—未来消费倾向。不同研究者的研究重点可能各不相同，有些侧重于研究前两者之间的关系，有些侧重于研究中间两者之间的关系，还有些侧重于研究后两者之间的关系，我们可以按照不同的侧重点和研究对象发生关系的先后顺序来进行综述。

（3）按照主要的研究

按照主要的研究范式（paradigm）、学术流派（school）、研究视角（approach）或观点（viewor perspective）。许多学科在发展过程中会出现不同的研究范式、学术流派，针对同一研究问题或研究对象也会形成较多的研究视角和学术观点。例如，产业组织理论研究就有新旧两种研究范式（NIO 和 TIO），新范式与传统范式在研究重点、研究方法、实证研究基础等方面都存在较大的差异。再如，服务管理研究存在北美和北欧两个主要的学术流派，两者在研究思路和研究方法上也有较大的差异。因此，我们在做文献综述时，可以根据不同的范式、流派、研究视角或观点来梳理现有文献。例如，伦尼克－哈尔（Lengnick－Hal）等在综述战略人力资源管理研究文献时，就基于不同的研究视角把现有文献分为人力资源规划与评价、人力资源管理与战略匹配以及人力资源与组织结构契合三个方面。明茨伯格（Mintzberg）和兰佩尔（Lampel）在综述战略管理研究进展时把研究者及其成果分成 10 个学术流派分别进行述评。

（4）按照研究阶段（时期）

随着研究对象自身的演进、研究需要的变化以及研究方法的改进，同一研究领域在不同时期的研究思路和重点会出现较大的差异，按照研究阶段（时期）对文献分类并进行综述，可以帮助我们勾勒出文献综述所涉及领域不同发展阶段的清晰轮廓。例如，格玛沃特（Ghemawat）主要按照综述对象—企业竞争战略—被研究的时间顺序来回顾和综述这方面的已有文献。从竞争战略研究的早期文献到 SCP 框架，然后到战略定位，最后到资源观和动态能力观，把竞争战略研究数十年的发展脉络梳理得一清二楚。

（5）其他结构安排

除了上述几种比较常见的结构安排外，还有一些文献综述类文章以主要人物、研究方法等为线索来进行综述。例如，阿奇布基（Archibugi）在对创新及技术变革经济学研究历史沿革进行综述时，专门对埃德温·曼斯菲尔德（Edwin Mansfield）和内森·罗森伯格（Nathan Rosenberg）两位著名学者的研究成果、研究特色和学术贡献进行了述评。艾森哈特（Eisen-hardt）在综述代理理论时，主要从理论研究和经验研究两个方面讨论了相关文献的贡献。还有一些文献综述类文章同时采用以上提到的多种结构安排。

不管我们采用哪种结构，一篇好的文献综述类文章必须有明确的展开逻辑和顺序，应该清晰地告诉读者为什么采用这种或这些结构安排。而且，当我们率先提出一种或几种结构安排（其实质是分类）时，实际上已经在做某种程度的整合工作。更进一步地，这些结构安排还可以被看作"因"，我们准备评论或在综述基础上提出的一些新观点可以被看作"果"，因果之间也必须有严密的逻辑关系。无论采用哪种或哪些结构，在综述文章的第一节（也就是"引言"部分），应该介绍文章的主要内容、大致结构，并事先初步交代作者的原创性观点，随后各节可以按照引言所交代的思路来进行文献述评。

二、文献综述写作常见问题

写文献综述实际上是一个"温故而知新"的过程，回顾前人的研究，探寻新的方向，可以反映出写作者的学术态度与研究水平。但很多人在写文献综述时，容易落入以下几个误区，从而削弱了文献综述的作用。

（一）文献搜索与梳理方面的问题

1. 文献收集不全，遗漏重要观点

有些人做文献研究时，由于资料收集范围或方法不当，未能将有代表性的资料完全纳入研究的范围，或仅仅根据自己的喜好选择材料，结果便是不能系统全面地把握研究现状，或片面理解他人研究结果，从而盲目地认为某问题或领域尚未被研究，使得自己的研究变成一种重复性的劳动。因此，在撰写综述前一定要全面收集资料，通过多途径、多平台检索最新文献和最经典文献。

（1）文献要新

一般而言，近 3~5 年的重要文献都要关注到，通过泛读发现重要文献，进而精读重要文献，发现研究的最新进展。

（2）文献不怕旧

旧的文献并非都是没有用的，对于一些可能十年前发表的文献，但是引用率非常高的，往往是该领域的经典文献，阅读这些文献，对于了解该领域的发展演进作用很大，切不能忽视。

（3）文献要全面

文献以期刊论文为主，但是也不能忽视学位论文和会议论文以及报纸文字。学位论文尤其是博士学位论文的文献综述部分是非常重要的资源，对于快速了解该领域的发展脉络十分有利。会议论文尤其是一些知名学者和机构主办的会议，往往会有新的观点出现，平时也要关注到。报纸文章尤其是重要的大报，一些文章的观点都是纲领性的，具有"定调"的作用，尤其要重视。

2. 文献的选择太随意

在搜索文献时，需要一定的选择，有的是知识性的，不能放在文献综述里面，但是知识性的材料也是需要找的资料。比如，要做一个地方的研究，这个地方的一些背景知识，如年鉴、方志这一类资料，不一定要放到文献综述里面去，因为它是知识性的，不是研究性的。一般来说，文献综述主要放入研究性的著作。

3. 没有紧扣主题

相当一部分人在准备文献综述的过程中，没有围绕论文的主题筛选文献，评述的不是对特定专题作出贡献的研究，而是四面出击，回顾了与专题相关的整个领域的发展，导致文献综述部分漫无边界，冗长而不能给论文的价值增彩。写作的随意性导致综述部分反映不出论文的特色，同一篇文献综述可以在多篇学位论文中相互套用。甚至有时为了拉长篇幅，就在文献综述部分"添枝增叶"，以至于文献回顾曲折萦回，真正进入正题的文字却不多。这就反映出，作者还不知道如何去筛选合适的文献资料，对自己相关领域还不够熟悉。引用一些不相干的文献，就会使得文献综述的某个语段显得格外"别扭"，与其他部分内容格格不入，阅读起来会让人感觉拗口难懂。所以，文献综述甚至全文撰写的文献引用，要注意做到合适引用、引用重点文献。

（二）文献撰写方面的问题

1. 文献综述缺乏权威性

此为研究生论文写作中最常见的现象。不少的研究生学位论文虽然有文献综述存在，但只是简单地罗列出一些缺乏权威性和经典性的算不上学术文献的所谓文献。此种文献综述表明作者阅读的文献层次太低，其阅读远没介入应有的学术前沿。同时也表明作者尚没有辨识文献质量的能力。从作者引述文献材料的数量和质量当中，完全可以准确观测出作者治学的阶段和高度。低水平的文献综述必然制约学位论文的写作水平。

2. "综"而不述

"综"而不述，指的是仅局限于对已有文献的一般性介绍，缺乏自己的观点和见解，缺乏批判性的分析与评论，难以体现自己对研究的贡献。撰写综述必须充分理解前人的研究观点，并用合理的逻辑（或是时间顺序，或是观点的内存逻辑、相似程度等）将它们准确地表述出来。如果综述仅仅是将前人的观点罗列出来而未进行系统分类、归纳和提炼，那么内容就会十分杂乱，缺乏内在的逻辑，这样不利于厘清已有研究结果之间的关系，难以认清某问题研究的发展脉络、深入程度、存在的问题等，更不必说走到问题研究的前沿了。如果是"综"而不"述"，那么，即便是内容有一定的系统性，充其量也只是陈述了他人的观点，达不到通过分析、评说而发现和确立论文选题的目的。

3. "述"而不综

"综"而不"述"和"述"而不"综"都是文献综述中容易出现的问题，但是"述"而不"综"的隐蔽性更强，很多人写文献综述时注意不到这个问题。由于文献综述部分是较容易出现语句重复的地方，也就是最容易增加重复率的部分，因此很多人在撰写文献综述时，往往为了规避查重，选择将别人的观点一带而过，自己的评价性语句"往上堆"，用大量的篇幅进行评述，进而提出自己的研究设想，结果将文献综述写成了评论或研究计划。

文献综述主要是梳理相关学科领域的研究现状及动态，厘清研究现状进展与困境，为后续的研究提供参考。因此，综述的重点在于"综"，即其主要部分应是对前人观点的客观阐释和分析；综述还应适当"述"，可以起到点睛式的评论或启示的作用，但不应是主体。另外，综述提炼的观点必须以原始文献为依据，不能把观点强加给原作者；如果有不同的观点，可对原作者的观点进行评议，但论据必须充分，并能使读者分清哪些是原作者的观点，哪些是综述者本人的观点，不能混杂在一起。

4. 避重就轻故意突出自己研究的重要性

这个问题的根本还在于文献阅读不到位。写综述的目的是寻找研究的切入点和突破点。切入点是指研究的视角，突破点是指这个视角下前人研究未尽之处。比如，要研究乡村振兴，那首先要寻找一个视角，这个视角就需要去检索文献。比如，确定"乡村振兴中的文化振兴"，那就要检索这方面的高质量文献，通过阅读发现当前关于乡村文化振兴的研究进展、脉络、主要观点等。在阅读文献后，发现学界对乡村民俗文化的发扬振兴关注不多，那么就可以围绕乡村民俗文化振兴开展研究。

有些人在做完综述之后，还是难以发现问题，便认为该领域已经无问题可以研究，为了完成论文便故意在综述中漏掉或弱化某些研究成果，或者放大已有研究的不足，以便突出自己研究的价值和意义。这样做的结果只能是重复研究，其创新性是可想而知的。其实，未能发现问题的原因是多方面的：可能是自身的学术积累不够或思考不深入；可能是选题不当，过大或过小；也可能是学科发展处于"高原阶段"。但未能发现问题不等于没有问题，更不能随便拿一个研究过的问题敷衍了事。尤为注意的是，不能故意"贬低"前人研究，故意"凸显"自己研究的创新性或重要性。

5. 与背景描述相混淆

有些论文将"文献综述"和"背景描述"等同起来。如对存在主义文学的研究，需要收集整理"存在主义的发展历程""代表人物及作品"等资料，但这些内容属于"背景描述"。严格地讲，资料本身不是"文献综述"，真正的"文献综述"应该是对学术观点和理论方法的梳理与评论。

6. 文献综述和研究问题错配

此问题常见于当今比较时髦的"基于 A、B、C、D 的 E 研究"或"A 时期的 B 研究——基于 C、D、E、F 的分析视角"这类题目。本来，"基于 A、B、C、D 的 E 研究"，其研究重心是"E"而不是"A、B、C、D"，但作者的文献综述却是"A、B、C、D"；"A 时期的 B 研究——基于 C、D、E、F 的分析视角"，其研究重心是"B"而不是"A"或"C、D、E、F"，而作者的文献综述却是"A"或"C、D、E、F"。显然，此种文献综述是完全错误的，是自己给自己制造不必要的困扰。要研究"E"或研究"B"，尽可以直接写成"E"研究或"B"研究即可，完全没有必要将 A、B、C、D 或 A 与 C、D、E、F 贴在题目上，这不是作茧自缚、自寻烦恼吗？

当然，有些作者或许会认为这样做能够限制论文的写作范围，使论文写作思路更清晰些，更进一步说会回避论文题目过大的指责。这是可能的，但并不存在必然性，弄不好反而徒增困扰，引起不必要的混乱，致使自己手忙脚乱，顾此失彼。无论如何，文献综述和研究问题的错配，明显违反文献综述写作的"服从主题"原则。同时会导致两种结果：一是将论文写作基础建筑在不应该建筑的错误的基础上；二是论文写作重心会发生偏转，形成研究主题与论文结构的混乱。

7. 多个文献综述并存

与文献综述和研究问题不匹配紧密相连的另一个值得关注的问题是，有些学位论文存在多个文献综述并存的不合理写作情况。这完全是由选题的发散化造成的。由于选题的发散化，非常容易造成多个文献综述并存的困难格局。比如，"基于 A、B、C、D 的 E 研究"这样的题目，常常会形成文献综述中 A、B、C、D、E 并存的事实。其实，基于 A、B、C、D 的 E 研究，其研究重心是 E，文献综述仅有 E 就足够了，写 A、B、C、D 完全是画蛇添足。当然，这是选题发散化造成的问题。进一步的讨论溢出了文献综述的研究范围，这里姑且存而不论。

8. 文献综述过多或过少

文献综述的规模大小也是研究生论文写作中令人头疼的事情之一。一方面，不少研究生苦于研究文献太少，文献综述写作不符合学校规定的数量要求；另一方面，又有研究生痛感研究文献太多，被淹没在浩如烟海的文献中无所适从、不能自拔。对于前者，是扩大文献阅读量问题；对于后者，则是文献的选择问题。扩大阅读量需要继续进一步积累材料，文献的选择则需要作者根据服从主题写作原则，对所积累的大量文献材料去粗取精、去伪存真。自然，文献综述的多少在符合学校的明确数量要求的前提下，就没有严格的、标准的数量限制了，其规模大小或多与少，作者完全可以根据选题的研究目标的需要酌情把握。

（三）如何处理好文献综述中的逻辑问题

1. 按照所涉及的问题来安排文献

为了避免文献的重复，较好的解决方法是按照所涉及的问题来安排文献。在涉及一个话题的时候，比如 A 学者进行了相关研究，对学术不端的定义、危害、治理措施进行了研究；B 学者对学术不端的定义和防治做了研究；C 学者对研究生的学术不端进行了研究。那么，这个时候按照所涉及的问题来行文会比较好。

2. 文献的顺序问题

切记不要一上来就给结论。正确的做法是作者应该先对国内外学者的研究加以分析，最后在这个基础之上给出一个结论性的观点。

此外，作者在得出一个复杂结论的时候，能够结合文献给出一些重要的数据和事实，将对读者理解相关问题的复杂性有所帮助。

3. 以什么线索来编排文献

切记不要以作者为线索进行文献罗列。要以关注的问题为线索，在每一个问题下对国内和国外的研究成果进行回顾和比较。

4. 行文的衔接与过渡

案例：本文的第一部分介绍了高校的财政危机问题研究的必要性和重要性。第二部分对财政危机的相关研究进行综述。本文主要从现代大学制度、国外高校财政危机研究经验的借鉴、高校财政来源渠道、财政拨款体制、财政支出绩效评价体系五个角度，研究导致高校财政危机的原因。

案例点评：文章在这里需要解释为什么从这几个角度就可以很好地对高校的财政问题进行研究，例如文献综述的相关研究是从哪些角度进行的？是不是有研究认为从这几个角度来进行高校财政危机的分析可以对这个问题有深刻的了解？

5. 文章的总结和归纳：看例子

这一阶段是 1986—1991 年，"调整土地所有制关系"就成了这一阶段理论界所讨论的热点问题。对如何调整土地所有制关系却众说纷纭，主要形成了"以国有制代替土地所有制""以私有制代替集体所有制""在坚持集体所有制基础之上进行完善"这三种代表性的观点及相应学者：首先，主张土地国有化的学者；其次，主张土地私有化的学者；最后，坚持完善土地集体所有制的学者。

三、文献综述写作要点和步骤

（一）文献搜索

1. 文献检索的步骤

（1）发现需要审阅的文献

主题决定研究的方向和范围，以主题陈述为路标，你需要不断问自己如下的问题：你的研究对象是什么？了解研究对象需要哪一些文献资料？与此同时，你需要完成另外一个任务，那就是提炼初步主题。在写文献综述的起始阶段，主题要具有灵活性且是可变的。在思考研究课题的时候，需要思考三个问题：文献都告诉了你关于研究的哪些知识？你对研究课题的理解发生了怎样的变化？你的研究课题应该如何陈述？

（2）进行文献查询

在这一步，三种方式可以帮助你完成查询任务：浏览文献；快速阅读文献，并掌握主要内容；用图表来组织研究所需的资料。在这个时候你需要注意两个问题：你的研究对象是什么？关于研究对象的哪些文献是你必须要参阅的。

①浏览文献。不同的信息需要从不同的参考资料中获得。我们不能从行业性杂志中寻找某一主题的理论基础，也不能通过查找理论性文章来发现当前问题或者实践问题。在浏览的时候，你应当考虑到自己需要何种类

型的信息，以及在哪些数据库中能够找到此类文献。

②资料的管理。随时做好记录。阅读文献进行分类，记录文献的信息和藏书地点。用读书笔记或者文献管理软件都是可以的。文献管理主要是记录文章中的重要观点或者自己阅读文献时的启示、体会和想法。这样一步一个脚印地把文献的精髓记录下来，不仅为文献综述真正开始写的时候提供大量的"干货"，而且对于训练自己的表达能力和阅读水平都有好处。

2. 文献检索要注意的问题

（1）检索文献的标准：什么样的文献是好文献

如果说选题是文献收集的前提，那么文献的质量是一篇文献是否可以称为文献的前提或者是决定性因素。我们怎么去辨别文献质量的高低呢？方法层面上，我们要做到以下两点，高级的文献搜索总是要经过两道筛选程序：第一道筛选的程序主要是从实用的角度，用来寻找那些与主题相关的，以能听懂的语言写成的和发表在受推崇杂志上的研究；第二道筛选程序是从方法学质量的角度，用来查找那些最符合科学家和学者赖以收集良好证据的方法的研究。你必须同时使用两种筛选方式才能保证综述的相关性和准确性。

（2）文献检索要遵循的标准

第一，论述是否可信有条理。

第二，研究的思路是否富有影响力并且经过他人认可并追随。

第三，研究成果在多大程度上被引用。

第四，结论是如何一步步被分析出来的。

第五，此项研究的发展前景如何。

第六，此项研究的意义或者重要性如何。

第七，此项研究背后的假定条件是否可行以及如何实现。

第八，此项研究所使用的方法论是否是当前公认的研究此项成果最恰当的方法。

（3）文献不足的解决办法

事实上很有可能在我们初步确定选题并开始查阅文献资料的时候发现，文献资料的数量少得可怜或者根本不足以支撑我们所要研究的论题，尽管我们已经尽了种种努力去查阅资料。此时可能出现以下几种情况：或许你所研究的论题是一个学术前沿，因此对于文献资料的欠缺不要过于惊讶；或许你所选择的学术视角过于狭窄，以至于材料不够健全；最后一个不太乐观的问题就是你所选择的论题根本没有学术价值，此时要做的工作就是及时和导师沟通，以便做好下一步的修正工作。

3. 如何查找、整理、阅读外文文献

现在各大图书馆里的数据库都比较齐全，即使不齐全也可以通过网络上多种手段获取文献。文献的获取不是问题，问题在于查找什么样的文献。

（1）本领域核心期刊的文献

不同的研究方向有不同的核心期刊，这里不可能一概而论。当然，首先你要了解所研究领域的核心期刊有哪些。

（2）本领域牛人或主要课题组的文献

每个领域内都有几个领军人物，他们所从事的方向往往代表目前的发展主流。因此，阅读这些组里的文献就可以把握目前的研究重点。怎么知道谁是"领军人物"呢？这里提供两个小方法：第一，在 ISI 里检索本领域的文献，利用 refine 功能找出论文数量较多的作者或课题组；第二，先要了解本领域有哪些规模较大的国际会议，登录会议主办方的网站一般都能看到关于会议的特邀报告人（invited speaker）的名字，作为邀请报告的报告人一般就是了。

（3）高引用次数的文章

一般来说，高引用次数（如果不是靠自引堆上去的话）文章都是比较经典的。多读这样的文章，体会作者对文章结构的把握和图表分析的处理，相信可以从中领悟到很多东西。

知道了查什么样的文献后，那么具体怎么去查文献？

通过关键词、主题词检索：关键词、主题词一定要选好，这样才能保证你所要的内容的全面。因为，换个主题词，可以有新的内容出现。

通过检索某个学者：查 SCI，知道了某个在这个领域有所建树的学者，查找他近期发表的文章。

通过参考综述检索：如果有与自己课题相关或有切入点的综述，可以根据相应的参考文献找到那些原始的研究论文。要注意文章的参考价值：刊物的影响因子、文章的被引次数能反映文章的参考价值。但要注意引用这篇文章的其他文章是如何评价这篇文章的。

（二）文献梳理

（1）如何筛选

查找文献并进行存档之后，下一个必须解决的就是文献的选择和处理问题。面对数量众多的文献，进行全面细致的阅读可能会令研究者力不从心，实际上也无必要。研究者必须进行筛选，确定哪些文献应列入文献目录，哪些文献只需浏览，哪些文献必须加以研读。

这里的关键之处在于，研究者通过判断文献对于相关研究的重要性来进行合理的文献选择和取舍。有学者提出了三条判断的标准：①根据文献的相似性来选择；②根据发表的时间来选择；③根据研究者在该领域中的学术影响以及是不是权威来选择。

文献资料的年代信息十分重要，我们最好从最新发表的文献开始着手，然后按时间逆序来进行查找。这种选择近期（时间）研究的原则来源于科学的累积性质。通常情况下，在其他方面相差不多时，时间越近的相关研究应该更加具有价值和学术典型性。

随着网络资源的日益丰富，研究者日益重视从这一渠道获取各种有价值的文献，同时也会不可避免地忽视了文章的学术质量。在文献查找过程中，我们要特别注意相关研究成果在思想性、严谨性和系统性等方面的表现和价值。

（2）如何确定查到的文献粗读还是精读

检索和收集到文献后，就要进行阅读。一般分为粗读和精读。粗读重点是阅读摘要和结论，了解该文献的大概情况，看文献内容的相关性、可靠性、代表性如何，决定是否可用。对于选用的文献，要进行精读，了解其目的、方法、结果、结论和主要观点，并做好文献摘录卡（包括作者、题名、期刊名称、年、卷、期、起止页、摘要及主要结果等，注意作者要姓前名后，写出三位）。那么如何确定文献粗读还是精读？

①视文献引用量决定。无论与自己的论文是否直接相关，出现在搜索

结果中的绝对高引论文都可以精读；高度相关的高引论文，应搜索同作者其他论文延伸阅读，或将其作为母文献扩展。

②视文献发表平台决定。顶级或者较好期刊的论文，质量有一定保障，可根据发表年份和相关性，选择精读或粗读。

③视文献发表年份决定。发表年份要结合文献引用量和发表平台共同判断文献阅读价值：非优质期刊发表的老文献，引用量较低可舍弃阅读；优质期刊发表的新文献，无论引用量多少，都要引起重视。

④视文献与自己研究的相关性决定。通过快扫文献题目和摘要判断论文相关性；对于特别高引论文，即使并非直接相关，也可精读，有学习可取之处。

⑤视文献质量决定。如果发现论文引用量不高，但同一作者反复出现，这个作者可能是个灌水达人，可全部舍弃；不排除有特别高产的学者，可挑选一两篇看看文章开头结尾，判断论文质量再做取舍。

⑥视读的感受决定。某些论文越读越有趣，某些越读越不知所云，要不断调整阅读策略。

（3）阅读文献时的关注要点

①每一项研究的理论框架和研究背景。

②该研究的方法，包括研究对象、研究方式、抽样设计、样本特征、资料分析方法等。

③该研究的主要成果，包括它在讨论部分所提出的观点，所作的推论等。

④自己对该研究的评价。

研究者在对全部文献进行了比较系统的阅读后，需要对头脑中的认识进行梳理和分析，对所回顾的全部文献进行总结和归纳。阅读文献的另一个要点是要具有"批判性"，即研究者应以科学批判的角度来阅读论文和其他文献。

（4）阅读文献时应着重阅读的内容

①读摘要和结论。很多经验研究文献有较大的重复性，量表、研究方法都没有改进或改进较少，写作的主要目的是测试不同情境下的理论适用性，有时结论大同小异。对于这类学术价值不大的文献，读摘要和结论

即可。

②读摘要、引言、发现和结论。大部分文献在方法、模型构建或者样本选择方面会有一些独到之处。对于这些文献，应该认真阅读介绍文章主要贡献的摘要、引言、发现和结论四个部分。在阅读过程中，要重点思考文章的创新之处与我们自己的综述对象之间的关系。

③通读全文。上述两种方法主要用来阅读次要文献。对于我们在前面提及的代表性文献，就应该认真阅读全文，包括引言、方法、数据、发现、结论各个部分。这类文献通常是经典文献，有时字字珠玑，需要认真体会、揣摩作者的观点及其提出的过程。在以后阅读次要文献时，还应该不时与代表性文献进行对照。打个比方可以说明上述两类文献的关系。代表性或重要文献展示相关研究领域大致的发展方向和脉络，是"人体的骨骼"；而次要文献则是对重要文献提出的问题进行更多视角、更多方向、更多层次的挖掘和补充，它们是"人体的血肉"。可以说，在代表性文献的基础上，那些不很经典、重要的文献能帮助我们把综述类文章写得更加全面、充实。因此，我们不应低估次要文献的综述价值。

无论采用哪种阅读方法，在阅读文献时应该做好读书笔记，把篇名、作者、出处、发表时间、页码等信息记录下来。笔记应包括以下两方面的内容：一是对文章观点、方法等方面的总结；二是自己的感受和思考。读完足够多的文献，在对笔记进行分类、汇总、分析、删减和组合以后就可以得到文献综述的基本素材，并且能够列出相应的参考文献。不做笔记，就不可能高效率地写好文献综述类文章，而且还会平添成文后整理参考文献的烦恼，对此不可小视。

（三）文献撰写

1. 论文文献综述的写作原则

（1）尊重文献

我们不仅是新知识的创造者，也应是旧知识的保护者和传递者。一心一意地研究自己的题目，不应该导致对较早研究的不尊重，或者切断自己的研究跟所处其中的、更为广泛的讨论之间的关联。所谓"学术性"，就是既要"尊重"前作，也要提出自己的东西。

（2）焦点明确与批判性

学术知识意味着对知识的推进。只有以明确的焦点和批判的眼光处理所读文献，才可以做到知识推进。也就是说，在对文献的欣赏与推进之间，应该寻求适当的平衡。

（3）避免仅作描述

写文献综述的时候，要避免写成不带有任何深刻批判性的文献大意，而这种批判可以使你以另一种方式看待世界。有学者进一步区分了定性、定量与混合研究中文献综述的异同之处。在不同研究中，文献服务于不同的目的。在定性研究中，文献有利于证实研究问题，但是它并不限制参与者的观点。在定量研究中，文献不仅有利于证实问题，而且还提出了应当被论及的可能的问题或假设。在定量研究中，通常能找到单独的"文献综述"部分。在混合研究中，文献的运用将依赖于研究策略的类型和研究中定性研究或定量研究所占的分量。

（4）"5w"写作原则

"5w"原则即按照什么人（who）、什么时候（when）、在什么地方（where）、为什么（why）、提出了什么学术观点（what）的写作方式撰写文献综述的原则。真正富有价值的文献综述能够让读者依据文献综述迅速查阅原始文献，作进一步的考证和研究。"5w"原则既是文献综述的写作原则，也是标准的学术规范。遵循"5w"原则进行文献综述写作，进而从事严肃的学术研究，方有利于学术成果的积累和科学发展的进步。

（5）经典性原则

所谓经典性写作原则，就是指文献综述的内容必须是所研究问题的经典作家的经典论著。诚然，任何一个研究课题都有其所处研究领域所独有的经典论著。研究生论文作者必须下苦工夫，系统地阅读并深入挖掘自己所研究领域经典论著的真正学术内涵，以便为自己后继的研究打下坚实的理论基础。当然，我们强调文献综述最好是经典人物的经典论著，丝毫没有轻视无名作者的有价值的论著的意思。我们列示权威人物的权威论著，也不是挟名人以自重，不尊重非权威人物。在学术研究中理所当然必须坚持学术标准，而不能有学术标准以外的其他因素参与其中。

（6）古今中外原则

古今中外原则就是要尽一切可能最大限度地全面占有理论材料，要"搜尽奇峰打草稿"。本质上讲，"现状"只是"历史"的延续，没有"历史"，何来"现状"？不弄清"历史"，如何能够知道研究问题"从哪里来"？又如何准确判断研究问题"向何处去"？只有同时弄清"历史"和"现状"，才能深切地把握研究对象。没有"历史"，研究是平面的，没有纵深感和立体感；没有"中外"，研究缺乏横向比较，就没有开阔的视野。坚持古今中外原则，方可对所研究对象的理论材料"一网打尽"，为选题研究打下坚实的理论基础。硕士特别是博士论文不同于 MBA 论文。MBA 论文的写作特点是应用所学理论解决实际问题，最后推导出一般性结论，最好提出对某一个具体研究问题的完整解决方案。MBA 论文甚至可以不要求撰写文献综述。硕士特别是博士论文则不然，它要考查作者是否具有本学科领域扎实的理论基础，没有文献综述的硕士、博士论文，算不上硕士、博士论文。

（7）"文献树"原则

"文献树"原则也就是"学术谱系"原则。意在强调文献的"班辈""血脉"，即次第演进关系。作者在撰写文献综述时必须系统梳理研究文献的演进历程，具体地说就是必须采用历史方法，按照"由远到近""由前到后"（时间上）"由大到小"和"由宽到窄"（空间上）的方式写作。

强调文献综述的"文献树"写作原则的唯一目的，无非是弄清楚研究文献的内在逻辑和演进规律，为自己后继的研究打下不可缺少的坚实理论基础。

（8）"顶天立地"原则

"顶天立地"原则中的"顶天"要求作者从理论继承上逼近国内外学术研究前沿；"立地"则要求作者通过学术研究，理论联系实际解决中国现实问题。如果文献综述不能接近和逼近国内外学术前沿，作者的研究就难逃平庸或重复研究的命运。自然，"顶天"是继承问题，没有真正的继承就难有真正的创新，不"推陈"就绝难"出新"。

（9）述评结合原则

文献综述写作必须述评结合。只有"述"没有"评"，文献是一盘散沙，也失去了撰写文献综述的目的性；只有"评"没有"述"，研究问题则持之无据，游学无根，难有说服力。需要强调说明的是，"述"要尽可能对研究文献"一网打尽"，所谓"搜尽奇峰"是也。在详尽占有已有研究文献前提下，则要敢于归纳，解析出已有研究文献的"贡献"与"不足"。通过进一步解析"不足"，从"不足"中导出自己的研究课题也就是要研究某一个"不足"甚至研究某一个"不足"的某一个方面。这样，研究问题的逻辑起点和理论起点就清楚了。文献综述中"述"与"评"的关系，见表4-1。

表4-1   文献综述中的"述"与"评"及其关系

分类	重要地位	撰写内容	撰写目标	撰写方法
"述"	"承前""继往"	研究问题"从哪里来"？	澄清所研究问题的历史演进及其规律，逼近、抵达理论前沿	历史方法
"评"	"启后""开来"	研究问题"向何处去"？	导出自己的研究问题	逻辑方法

（10）单数原则

文献综述写作的"单数原则"就是"一篇学位论文，一个文献综述"。理由很简单，一篇学位论文只需要系统而集中地研究某一个问题或某一个问题的某一个侧面。由此，学位论文的研究对象必然是"单数"而不是"复数"。如果是"复数"，则说明学位论文选题不集中。无数写作实践表明，此必然导致文献综述和论文结构的复杂化，不可避免地对论文写作带来无穷无尽的令人烦恼的严重困扰。文献综述写作的"单数原则"是由学位论文研究对象的"单一性"决定的。

（11）服从主题原则

综述须围绕论文研究创新点来进行。学习前人的成果，为自己的论文服务。文献综述是对自己所研究问题的已有成果的回顾和梳理，由此，所综述文献必须与自己研究的问题相匹配，而不能脱离自己所研究问题的主题。否则，就会破坏研究论文内在逻辑上的一致性，造成不必要的混乱。更进一步讲，文献综述要为自己的研究问题服务，是"六经注我"而非

"我注六经"。基于此，作者在撰写文献综述时，心中一定要常怀自己所撰写论文的主题和假设，围绕主题和假设来选择文献。这里，仅将文献综述写作原则予以简单总结，见表4-2。

表4-2　　　　　　　　文献综述写作的原则及其重要作用

写作原则	重要作用
"5w"写作原则	决定于研究论文的科学性和继承性；保证研究论文的开放性
经典性原则	决定研究论文继承的高度；为研究论文的真正创新奠定理论基础
古今中外原则	决定研究论文的理念基础；保证继承的深度和高度
"文献树"原则	决定研究文献内在演进的轨迹
"顶天立地"原则	决定研究论文的继承是否介入学术前沿；为理论创新和解决现实问题奠定必要的理论基础
单数原则	决定研究问题的单纯性；保证研究论文内在逻辑上的一致性
服从主题原则	决定研究问题的前后一贯性；保证研究论文内在逻辑上的一致性
述评结合原则	"述"的最高境界是"顶天"，厘清中外学术前沿；"评"的最终目的是"立地"，推导出自己所要进一步研究的问题。述评结合原则的本质是"承前启后""推陈出新"，精确导出研究问题

2. 文献综述撰写框架

文献综述的格式与一般研究性论文的格式有所不同。这是因为研究性的论文注重研究的方法和结果，而文献综述要求向读者介绍与主题有关的详细资料、动态、进展、展望以及对以上各方面的评述。因此，文献综述的格式相对多样，但总的来说，一般都包含以下四部分：前言、主体、总结和参考文献。撰写文献综述时可按这四部分拟写提纲，再根据提纲进行撰写。

（1）前言

说明写作的目的和意义，介绍有关概念、定义和综述范围，说明资料来源，扼要说明所选择主题的历史背景、发展过程、现状和争论焦点、应用价值和实践意义等，使读者对正文主体有一初步的印象。篇幅300字左右。

（2）主体

（综述的核心部分）内容包括：研究意义；概念、定义和理论基础；起源、背景、现状、问题；研究方案、技术、结论以及相关问题的比较分析；发展趋势；值得深入研究的方向；应用前景预测。

①主体的三种写法：历史发展、现状分析、取向预测。

历史发展：说明这一课题的提出以及历史阶段的发展情况，体现各个阶段的研究水平。

现状分析：介绍国内外对本课题的研究现状以及各派的观点，包括作者本人的观点。

趋向预测：肯定所综述课题的研究水平，提出存在的问题，分析不同的观点，提出展望性意见。（多层次结构，篇幅5000字以上）

②拟定主体大纲。

首先，明确写法（纵式、横式、纵横结合式）。

·纵式：（历史发展纵观）适用于动态型综述。

围绕某一主题、按照时间或者专题自身发展的顺序，对其历史演变、目前的状况趋势预测作纵向描述，从而勾画出某一专题的来龙去脉和发展轨迹。要求：脉络清晰，对阶段的发展动态做简明扼要的描述（问题、成果、趋势），详略得当（着重创造性、突破性成果，省略一般材料）。

·横式：（国际国内横揽）适用于成就型、争鸣型综述。

对专题在国内和国际的各派观点、各家之言、各种方法、各自成就等加以描述和比较。分辨出各种观点、见解、方法、成果的优劣利弊，比较区域间或者机构间的差异，起到借鉴、启示和指导的作用。

·纵横结合式：写历史采用纵式，写目前状况采用横式。

全面系统地认识某一专题及其发展方向，作出比较可靠的取向预测，为新的研究工作选择突破口或者参考依据。（学位论文的综述多采用此写法）

其次，层次分明、合理组织。将准备综述的主要内容以简要的形式列出主要标题和小标题，在相应的标题下列出拟叙述和讨论的问题以及应准备的文献，使得文章有一个大概的轮廓。

（3）结语

阅读全文进行总结式概括，力求简明扼要、重点突出，强调作者最希望读者了解和接受的内容；或是提出自己的取舍褒贬，指出存在的问题及解决问题的方法和所需的条件；或是提出预测及今后的发展方向，还可提出展望和希望。述评型文献综述，结语中更多的是建议。结语的作用是突出重点，结束整篇文献。字数以 200～300 字为宜。

（4）参考文献

尽管是最后一部分，但的确是文献综述的重要组成部分。因为它不仅表示读者对被引文献作者的尊重以及引用文献的依据，而且为读者深入探讨该问题提供了文献查找线索，因此，应该认真对待。参考文献的编排应该条目清楚、查找方便、内容准确无误。参考文献部分是指本文献综述引用和参考的文献。一般以 30 条以内为宜，以最近 3～5 年的最新文献为主。应当详细列举并注明篇目、著者、出处等。

参考文献格式如下。

①专著：［序号］作者．书名［M］．版本（第 1 版不著录）．出版地：出版者，出版年：起止页码．

②期刊：［序号］作者．题名［J］．刊名，年，卷（期）：起止页码．

③会议论文集（或汇编）：［序号］作者．题名［A］．编者．论文集名［C］．出版地：出版者，出版年：起止页码．

④学位论文：［序号］作者．题名［D］．学位授予地址：学位授予单位，年份．

⑤专利：［序号］专利申请者．专利题名［P］．专利国别（或地区）：专利号，出版日期．

⑥科技报告：［序号］著者．报告题名［R］．编号，出版地：出版者，出版年：起止页码．

⑦标准：［序号］标准编号，标准名称［S］．颁布日期．

⑧报纸文章：［序号］作者．题名［N］．报纸名，年 – 月 – 日（版次）．

⑨电子文献：［序号］主要责任者．电子文献题名［电子文献及载体类型标识］．电子文献的出处或可获得地址，发表或更新日期/引用日期（任选）．

3. 文献综述写作方法——"倒三角形法"

文献综述的写作方法自然很多。不同的研究者有不同的写作方法，不同的学者甚至有自己不同的写作风格。笔者则认为，文献综述的最佳写作方法甚至唯一正确的写作方法就是"倒三角形法"。

所谓文献综述写作的"倒三角形法",就是撰写文献综述要由宽到窄（空间上）、由远到近（时间上）次第推进,最后聚焦到一个"点"上,找到自己研究问题的逻辑起点,也就是自己所要研究问题的出发点。

至于空间幅度和时间长度的具体界限,应由作者根据研究工作的实际需要而定。一般应该以紧密围绕主题、有利于阐明主题为原则。对于硕士特别是博士论文而言,文献综述的空间幅度要尽可能宽些,时间长度要尽可能长些,规模要尽可能大些,文献综述的写作要尽可能详尽些,最好能够有能力系统地梳理所研究问题的学术史。撰写文献综述的"倒三角形法",如图4-1所示。

图4-1 文献综述的写作方法:"倒三角形法"

文献综述撰写的"倒三角形法"的科学之处在于能帮助作者逐步逼近自己所要研究的问题,为进一步研究找到理论起点和逻辑起点。由此,"倒三角形法"也可以称为"逐步逼近法"。简而言之,是从"研究领域""主要问题""热点研究方向"再到"尚未解决的问题",逐步抽象、提炼出自己所要进一步深化研究的问题或某一问题的某一个方面。自然,文献综述撰写的"倒三角形法"或"逐步逼近法"完全是等价的。易言之,"倒三角形法"或"逐步逼近法"是"一种观点,两种表述",如图4-2所示。

图4-2 文献综述的写作方法:"逐步逼近法"

显而易见，文献综述绝不可简单罗列，写成"平行线"（A 说、B 说、C 说……），也不可写成"平行四边形"（没有着力点，无法导出问题），更不可写成"正三角形"，从一点出发，信马由缰，越写越多，不可收场。

撰写文献综述，其实质是梳理所研究课题的学术史。对此，著名历史学家李剑鸣教授有过清晰的说明："在选取研究方向和确立课题方案的过程中，就本课题做一番学术史的梳理，就成了一项不可缺少的工作"。

第五讲

如何写研究设计

一、什么是研究设计

（一）研究设计的概念

研究设计是指论文作者将采取什么样的策略或者通过什么样的路径，来回答研究问题或检验假说。具体而言，在界定清楚所研究的问题之后，通过研究设计介绍实证检验的大致思路，同时重点阐述将要使用的研究方法。研究设计是整篇论文的"骨架"，观点、论证及材料就是论文的"血肉"。这个骨架由三个图组成：分析框架图、研究设计图和研究技术路线图。

狭义研究设计的含义是指研究方法和技术，包括研究对象的选取、变量的测量方式、资料的收集途径和分析方法等。

广义研究设计的含义不仅包括上述内容，还包括提出假说、构建分析框架等。广义的研究设计对研究目标以及整个研究的部署与安排应考虑得更加周全和细致。

（二）为什么需要研究设计

研究设计因研究目标而存在。一项研究设计的三个具体任务包括：明确所要研究的问题和假说；准备研究方法和资料，以解答问题、验证假说；列出与开展研究有关的具体计划内容，包括工作方案、时间进度、任务安排等。

一项研究设计有三个方面的作用：指导性作用，研究设计可以提供检验假说的总体部署和具体的研究步骤；论证性作用，研究设计能够呈现并论证该研究的研究过程以及研究思路的合理性和创新性；工具性作用，针对所要检验的假说，研究设计可以提供相应的经验材料（如样本或案例等）和手段工具。因此，我们需要研究设计完成以下工作。

第一，通过研究设计来回答研究问题。研究问题的回答通常是以研究假设的形式出现，此时研究设计的目的就是通过数据收集和分析，为假设中所涉及的变量关系提供有效的验证，从而判断研究者的理论预期是否得到了观察数据的支撑。

第二，通过严谨的研究设计满足实证研究效度的要求。严谨的研究设计可以合理安排研究过程，确保研究结论的可靠性，提高研究质量。严谨的研究设计基于变量的操作化质量、数据类型的选择、样本的确定等。

第三，好的研究设计要控制研究中所涉及的各种变异量。研究设计需要根据研究问题选择合适的研究方法，从而有效地控制造成因变量发生变化的各种变异量。

（三）研究设计的关键

研究设计有两个关键阶段：第一个阶段是思考阶段，第二个阶段是写作阶段。研究设计的三层含义分别对应了这两个阶段：含义一是指初步的全局筹划，这个阶段对应的是思考阶段；含义二是指在写作中如何更好地交代和呈现研究设计，它对应于写作阶段，即交代清楚该文的研究设计是什么；含义三是指在具体写作实证分析等研究内容时应对研究设计有所"留意"。

另外，研究设计的关键注意事项还包括以下四点。

第一，不能单靠观察去判断研究价值。很多论文作者在研究准备阶段观察到了一个现象后，就直接在"知网"或者其他的网站中检索这个现象，发现没有人研究过，就觉得自己找到了一个值得做的课题。这种做法是非常不规范的，因为我们所发现的某一个问题本身可能没什么人关注，但这件事背后的理论其实已经有很多人做过研究了。或者说，这件事的本质已经有很多人关注到了。简单来说，当我们去定位自己的研究对象所具有的研究价值的时候，千万不要只以自己观察到的事实作为判断依据。如果这样就"有价值",那么,我们所发现的每一件事可以说都是有意义的,这显然很荒唐。也即,找到或没找到某一具体现象对应的论文,并不能直接证明研究的意义和创新性。

第二,提出新的检验假说思路。研究设计的关键在于,在界定清楚问题和待检验假说的基础上,提出一个新的检验假说的思路,这个"新"有几种表现,如视角新、数据新和理论新。满足上述三者,就可以说一个研究设计新颖和有创意。研究设计是检验假说在思维上的抽象体现,它首先是一种思维活动。一篇论文的水平很大程度上取决于作者研究设计的水平,看一个研究设计的水平,其实就可以预见到研究最终成果的水平。

第三,明确具体的研究类型。如果做研究,我们需要明确自己做的到底是一个演绎性研究,还是一个归纳性研究。前者检验理论,而后者则是发展理论,二者是相辅相成的。定量和定性研究在研究资料上同样存在区别。如果研究资料是以结构化的信息大样本为主,那我们就要以定量为主。而样本量比较少,可能只是一些个别的案例,那么我们就去做定性研究。就研究设计环节而言,如果研究设计包含明确的研究假设和变量间关系,这时就要以定量研究为主。但如果它有明确的分析框架和分析指标,但要素间的关系需要我们自己去提炼,那么这个时候要以定性研究为主,也即我们是去发展理论而不是去检验理论。可以看到,两种研究的侧重点是不太一样的。

第四,文献综述一定要有"述"。这里所说的文献综述不是观点的罗列,文献综述最重要的不是"综",而是"述",也即我们要将前人的观点按照一定的逻辑框架总结出来。比如,"已有研究已经从以下若干层面推进了我们关于某一个领域的认知。其中,第一个层面是什么,有哪些相应的观点……"。对于这些观点,我们要将其整理成一段完整的话,而不是一条一条地罗列文献。判断这一点是否做到位的标准,就是我们将这些作者的信息隐去之后,文献综述读起来是否还是一段完整的话。在此基础上,文献综述应增加我们自己的分析。最后,还要提出现有研究仍然存在的不足或局限,并且自己的研究希望通过什么方法或数据去检验某些关系,以此弥补已有研究在某些方面的不足。如果我们的文献综述里没有这段话,那么,这个文献综述就是不合格的,因为它只有"综"而没有"述"。

（四）研究设计与研究内容

研究设计与研究内容之间有联系也有区别。联系主要体现在：第一，从内容呈现顺序来看，研究设计与研究内容的关系是先有研究设计，后有研究内容，研究设计是蓝图和设想，而研究内容是实施的结果；第二，研究内容是研究设计的具体体现，如果按照研究设计的步骤去执行，将其实施的过程和结果记录下来就是研究内容；第三，研究内容与研究设计关注的焦点都是问题或假说。区别主要体现在：第一，研究设计更在意的是研究这个问题的分析框架、具体思路以及需要关注的细节等；第二，研究内容更在意的是涉及这个问题的理论和概念、产生来源、具体表现形式及该问题的理论含义等；第三，研究设计强调的是对整个研究的安排，而研究方法针对的是某个具体的研究目标；第四，研究设计是全面的考虑和部署，而研究方法则关注其中的某个重要方面；第五，研究设计涵盖研究方法，前者范围大，后者范围小，单讲研究方法恐怕难以交代清楚作者对研究设计的整体考虑。

二、研究设计常见问题

研究设计的内容主要有研究背景、研究目的与意义、国内外研究文献综述、研究方案和材料文件格式，常见的问题也主要体现这几个方面。

（一）研究背景的常见问题

研究背景包括工程背景、技术背景、生产背景、实验背景、企业背景、行业背景和社会背景等现实背景与理论背景。为了避免对"研究背景"的理解出现歧义或过于宽泛，也有人将此部分定义为"问题的提出"，意指为什么会提出这个课题，或者说提出这个课题的依据究竟是什么么，包括实践依据、理论依据、政策依据等，主要从现实与理论角度阐述课题的来源，强调对课题"来龙去脉"的客观呈现。"研究背景"作为研究设计全篇的逻辑起点和立足点，若未真正搞清楚课题"从哪里来"（研究的出发点）或者含糊不清，后续"要到哪里去"（研究的目标）以及

"如何去"（方法与途径）也就失去了根基或基础不扎实而难以为继，故其重要性不言而喻。

研究背景部分须避免的主要问题包括三个方面：呈现的问题过大不收敛或与主题不切合；研究背景虚化与滥竽充数；只停留现状描述与无问题落脚。

（二）研究目的与意义的常见问题

研究目的是课题研究想要达到的境地或想要得到的结果，是研究动机的延续。研究目的预设了问题求解的范围，表达研究的总体意图，是对问题的尝试性回答，既体现出总领纲要和指明方向的作用，又反映出研究是否有价值与意义。如果对要研究的问题没有提出明确的研究目的，而只是陈述一个事实，那么该问题没有落脚点。如果说研究背景（问题的提出）是研究的"起点"，那么研究目的就是本课题研究的"终点"，只有"起点"和"终点"清楚了，才可能勾画从"起点"到"终点"的"连线"，即明确研究的"路径"（研究方法与手段途径）。"研究目的"是一段精确简要的叙述，应明确地陈述研究者意图研究的主题，通常需要指出某些值得探究的重要理论知识范畴或实践议题要得出的成果。研究意义包括实践意义和理论意义，即课题研究对指导实践具有哪些帮助和对理论研究有哪些贡献或参考借鉴价值。一般以现实需要特别是行业企业一线的需求导出研究的实践意义，然后涉及理论及学术价值，要求具体、客观且具有针对性。若能将研究的实践意义和理论意义阐述清楚，说明研究设计作者对课题研究有较好的把握。

研究的目的与意义部分须避免的主要问题包括研究的目的与意义描述不清晰、研究目的与意义概念混乱或混用、研究目的与意义内容泛化。

（三）文献综述的常见问题

文献综述旨在整合有关此研究特定领域中已经被研究过的信息，并将此议题的研究者所做的工作进行系统展示、归纳和评述。具体目的，一是提出论文要研究的问题，二是论证论文的研究思路。在论文研究（包括选题环节）之前，通常必须关注的几个问题是：研究对象所属的领域或者其他领域，对这个问题已经知道多少；已完成的研究有哪些；以往的建议与对策是否成功；有没有提出新的研究方向和议题。这些问题都可为确定研究视角、进行研究设计以及选取研究方法提供借鉴和参考，同时发现有待进一步研究的问题，从而确定本研究的平台（起点）、特色或突破点，避免无价值的研究。文献综述以查阅、整理和分析文献为前提，所查阅的文献应与研究相关，但又不能过于局限性而无视学科交叉渗透的事实，使得思维窒息而自缚手脚。简而言之，文献综述是一切合理研究的基础。

文献综述部分须避免的主要问题包括参考文献选择不当、在文中无引注、文献堆砌罗列和杂乱无章、有"综"无"述"、未展示已有研究的不足。

（四）研究方案的常见问题

研究方案是在正式开展研究之前制订的整个研究的工作计划，它初步界定了研究的具体内容和步骤，也是整个研究设计的核心构成要素，主要包括研究目标、研究内容、研究方法、研究大纲等。

研究目标须避免的主要问题包括不写研究目标、目标扣题不紧、目标不明确或过高过大。研究内容须避免的主要问题包括研究内容不具体不明确、把基本理论概念介绍作为研究内容、研究内容偏离主题。研究方法须避免的主要问题包括研究方法堆砌罗列、只见研究方法不见对应的研究内容、研究方法不可行或不适用、忽视了研究方法是为验证假说服务的、忽视了研究方法应具备的可复制性、可沟通性和可检查性、忽视了研究方法是可比较并有优劣之分。研究大纲须避免的主要问题包括没有进行变量界定、研究假设应该用陈述句的方式表达而不应采用疑问句式、不写研究大纲、研究大纲内容过粗或逻辑混乱、研究大纲与研究内容和方法不匹配或匹配度不够。

（五）材料文件格式的常见问题

文字材料格式不规范且错漏较多，个别研究设计甚至错别字连篇，这都是不认真、不规范、不严谨的表现。格式规范的问题主要表现在行文开头与标点序号两个方面。行文中另起一段空两格，标点序号的层次顺序一

般 "一、" → " (一)" → "1." → " (1)" → "第一,"。较为普遍的现象是概念表述差错,同一概念在全文的前后表述不一致。

三、研究设计要点和步骤

(一) 确定研究问题

在确定研究问题之前,首先要有一个初步的研究领域。对研究领域进行划分,一方面是因为伴随研究进程的深入,以往研究者已进行了蔚为可观的知识积累,研究日益呈现出精细化和专业化的趋势,另一方面是因为我们所处时代的研究者大多培养于大学制度和学院体系,研究者自身的精力和阅历相对有限,若研究范围过于博杂可能会不利于新知识的积累与突破。因此,对某个相对固定的学术领域进行长期关注与耕耘,构成了我们进行学术研究的起点。

1. 研究问题的标准

作为研究者,研究和思考是一种生活方式。研究者在面对文本和现实世界时,每天会产生各种各样的问题。这些问题,可以划分为 "是什么" "为什么" "怎么样" 型问题。"是什么" 主要致力于了解研究对象的基本性质、内容等要素;"为什么" 多致力于探索未知领域或与常识不符合之处,很多学者将其称为 "问题意识";"怎么样" 多聚焦于知晓问题成因后提出有针对性的对策建议。

严格意义来讲,一个真正的或好的研究问题,必须是一个可以化约为以 "为什么……" 进行提问的问题,比如说 "为什么在经济等基本状况差异不大的村庄,一些村庄的公共产品如道路、水井、祠堂等基础设施很完备,而另一些村庄则大相径庭?" 也就是说,"为什么" 型问题中包含了对比和对已有研究所未知的困惑,这种困惑,构成了我们进行理论思考和实证探索的起点。

2. 研究问题的来源

在研究过程中,我们首先要有一个具体而明确的研究问题。这类研究问题,一方面可以来源于经典的理论文献与理论对话,另一方面可以来源于我们在日常经验世界中的观察与发现。

就理论和文献路径而言，一个好的研究问题的形成，首先要求我们要对某一研究领域内的文献有非常熟练的掌握；其次，在研究过程中，我们要对每一立场的观点时刻保持警惕，尤其关注各类研究"针锋相对"的部分。以复旦大学唐世平教授开授的《社会科学研究设计》这一课程中关于族群战争爆发成因的研究为例：对于族群战争何以发生，以往的定量研究多侧重于探讨某一因素与族群战争爆发这一结果之间的统计性关系，其中大多缺乏这一因素究竟通过何种机制或情境导致族群战争爆发这一过程的分析。在定性文献中，一些经典研究通过案例比较的方式对族群精英的动员策略、心理因素（贪婪、荣誉、利益）等进行分析。通过检阅这两类研究，我们可以发现，在回答族群战争何以爆发这一在理论和现实层面皆具重要性的研究问题时，两类研究往往存在着厚此薄彼的倾向。因而，如何将以上结构性视角与包含政治行为者的能动性视角进行综合，便构成了唐世平教授对族群战争爆发这一研究问题的新的理论解释。通过安全困境/螺旋模型和群体间—群体内互动这两大核心机制，并整合了情绪、利益、能力和机会四个主宰性的诱因，唐世平教授形成了解释族群战争何以爆发的一个广义理论，进而扭转了族群冲突研究领域内的碎片化趋势。需要指出的是，就笔者经验而言，从理论脉络中探寻新的研究问题这一路径，往往需要研究者在该领域具有非常扎实的知识积累。对于初入研究之门的研究生，一开始便从文献中探寻研究问题，这一路径笔者并不是非常推荐。

另一条好的研究问题形成的路径源于研究者对周边经验世界的敏锐观察。这种观察需要我们对某一领域的知识具有一定的储备，同时要求多关注现实世界，尤其是现实与理论观点相"背离"的部分。比如说，"为什么意大利统一后，北方意大利与南方意大利的民主绩效会差异巨大？为什么在中国单一制的国家结构形式下，长三角、珠三角的发展模式差异巨大？为什么在浙江省内部，温州的民营经济发展状况与金华相比大相径庭？"在面对以上现实情况之时，我们要重点关注现实发展与以往理论预设不同的部分。当发现现实与理论不符之处时，往往意味着可能产生新的理论增长点和知识增长空间。

3. 确定研究主题

确定研究主题，即研究的内容和领域。研究主题应该与研究者的兴趣和专业背景相关，具有一定的学术价值和实践意义。首先，研究者需要选择自己感兴趣的主题，这样才能保持研究的热情和动力。在选择研究主题时，研究者可以从自己的专业背景、工作经验和兴趣爱好等方面出发，选择与之相关的研究主题。其次，研究主题应该具有一定的学术价值，即能够对学术界产生一定的贡献，填补研究领域的空白。最后，研究主题应该具有一定的实践意义，即能够为实际问题提供一定的解决方案和参考意见。在选择研究主题时，研究者需要了解实际问题的需求和痛点，找到解决问题的方法和途径，从而确保研究的实践意义。在确定研究主题的过程中，研究者需要进行前期调研和文献综述，了解相关领域的研究现状和前沿，找到研究的空白和研究的方向。同时，需要考虑研究主题的可行性和局限性，避免研究过程中出现无法解决的问题。在确定研究主题后，研究者需要明确研究问题和研究目的，制订研究计划和研究方法，从而进行后续的研究设计和实施。

4. 确定研究的假设或问题

研究问题是研究过程中需要回答的问题，可以指出研究中需要关注的变量、因素和现象等，并对其进行详细描述。研究问题通常需要具备以下特征：具体明确、有意义、可行性高和适当的范围。假设是关于变量之间关系的一个假定，需要进行研究设计和数据收集和分析来验证其真实性。研究假设需要具备以下特征：具体明确、可验证性高、与现有研究联系紧密。在确定研究问题或假设时，需要考虑到研究的目的和意义、研究对象和范围、可行性和资源等因素，并使用合适的方法和工具进行研究设计和数据收集与分析。在研究过程中，需要不断审视和调整研究问题或假设，以保证研究能够回答问题并达到预期目标。

5. 确定研究对象和范围

确定研究对象和范围是至关重要的一步。在确定研究对象和范围之前，需要明确研究领域、审视现有文献等因素。在确定研究对象时，需要明确你所关注的事物或现象，例如人类、组织、文化、社会现象等，并对其进行详细描述。在确定研究范围时，需要明确你所关注的事物或现象的范围，例如某个国家、某个地区、某个群体等，并确定研究范围的大小和限制。通过明确研究对象和范围，可以更好地指导研究方法和数据收集与分析。

（二）收集文献

收集与研究问题或假设相关的文献，并对文献进行阅读、整理和归纳，以确定前人对研究问题或假设的研究现状、存在的问题和未解决的问题。通过文献综述，可以为研究设计提供理论基础和方法支持，从而避免重复或低效的研究，并为研究问题或假设的进一步探究提供思路和方向。

收集文献可以通过文献检索、文献库搜索、专家咨询等方式进行。在收集文献时，需要注意文献的质量和适用性，选择具有权威性和可信度的文献，并根据研究问题或假设的不同，选择不同类型的文献，如理论性文献、实证性文献、案例研究等。

文献检索是指根据一定的方法，从已经组织好的大量有关文献集合中，查找并获取特定的相关文献的过程。通过文献检索，可以快速、有效查找图文信息，把握专业的最新成果和科研动态，开阔眼界，拓宽思路，提高科研能力。收集文献的时候应当注意年代，一些与最新的研究就需要从近期的文献着手，一般先了解近 3～5 年的文章，然后逐渐扩展至早期的文献。而一些经典的概念和结论则要追溯到很早以前的文献，这就需要查阅这些概念和结论的原始出处。

（1）文献检索常用途径

第一，中文文献常用检索途径及网址：中国知网（https：//www. cnki. net）；维普资讯（http：//data. whhib. cn/）；万方数据库（http：//www. wanfangdata. com. cn/）；Open Access Library（https：//www. oalib. com）；超星读秀（http：//www. duxiu. com）。

第二，英文文献常用检索途径及网址：Web of science（https：//www. Web of knowledge. com/）；PubMed（https：//www. ncbi. nimnih. gov/pubmed/）；Springer（http：//www. springer. com/cn/）；High Wire（http：//home. highwire. org/）；Wiley Online（http：//onlinelibrary. wiley. com/）；PLOS（https：//www. plos. org/）。

（2）论文文献检索常用方法

第一，常规法。通过不同的检索工具，以主题、分类、作者等途径，输入要查找内容的关键词进行检索，要注意通常这样检索出来的数据有很多，如果需要精准检索，需要使用高级检索功能进行分类检索。以PubMed文献检索为例：首界面输入关键词进行检索，也可以输入人名进行检索，如果是外文名，最好输入全名。PubMed比较好用的地方就是通过Similar articles能够检索到相似的文章，如果进行高级检索，选择Advanced，注意布尔运算符号的选择，所有检索到的文章可以按照素材类型进行保存和下载，很方便。PubMed主界面有最新更新文献的期刊，最新关注度高的文献，最新文献评价，给素材的查找和使用提供了便捷。以临床查询（clinical queries）为例，在疾病类型中输入获得性免疫缺陷综合征，就会出现临床研究、系统回顾、医学遗传学这样的分类内容，既清晰又快捷。

第二，浏览法。可以关注本专业或本学科相关的核心期刊或者影响因子比较高的期刊，每出一期就进行浏览阅读。

第三，追溯法。查到一篇参考价值大的文献之后，以后面附带的参考文献为线索查找更多的文献，通过追溯法，可以查到更多的文献。

在进行文献综述时，需要根据研究问题或假设的不同，选择不同的文献综述方法，如传统文献综述、系统文献综述、Meta分析等。通过文献综述，可以对前人研究的贡献和不足进行评估和总结，进而为研究设计提供参考和指导。

总之，收集文献并进行综述是研究设计中的重要一步，需要注意文献的质量和适用性，并根据研究问题或假设的不同选择不同类型的文献和文献综述方法，以为研究设计提供理论基础和方法支持。

（三）确定研究方法

研究方法是指在研究中发现新现象、新事物，或提出新理论、新观点，揭示事物内在规律的工具和手段。这是运用智慧进行科学思维的技巧，一般包括文献调查法、观察法、思辨法、行为研究法、历史研究法、概念分析法、比较研究法等。研究方法是人们在从事科学研究过程中不断总结、提炼出来的。由于人们认识问题的角度、研究对象的复杂性等因素，而且研究方法本身处于一个在不断地相互影响、相互结合、相互转化的动态发展过程中，所以对于研究方法的分类目前很难有一个完全统一的认识。在研究方式层面，我们将研究分为实证研究和非实证研究（思辨研究），实证研究又分为质性研究、定量研究和混合研究等类别。

思辨研究主要用于解决"应然"问题，而实证研究主要用于解决"实然"问题。思辨研究更加关注厘清概念，梳理理论和观点，通过逻辑推理的方法解决概念与概念之间的关系问题。实证研究更加擅长于收集数据、分析数据的解决实际问题的方式，往往通过对研究对象的观察、调查和实验，以事实为依据，揭示并探讨事物本质的属性及其规律性的特征。

1. 定量研究方法

（1）问卷法

问卷法是研究者通过书面或网络方式以问题的方式向受访者收集数据的方法。基本原理是根据特定理论提出假设，将理论假设转化为可操作的测量指标，并将指标转化为受测者容易理解和回答的问题，从而实现对两个变量或多个变量之间关系的预测。问卷一般涉及六个类型的数据：当前行为、过去行为、对承担较大责任议题的态度、对承担义务责任较低议题的态度、未来的行为以及未来的态度。此外，问卷还包括一些与受访者人口统计特征方面的信息，如年龄、性别、地区、职业、婚姻状况、受教育程度等。一般来说，问题越敏感效度就会越低。过去的事情一般来说效度较高，未来的事情因不确定性很大从而效度较低。

第一，问卷调查法的类型。按照问卷填答者的不同，可分为自填式问卷和代填式问卷。代填式问卷包括电话问卷与访问问卷调查；自填式问卷包括个别发送法、集中填答法、邮寄填答法和网络调查法。值得一提的是，随着计算机技术和互联网的迅速发展，网络调查成为越来越多研究者采用的资料收集方式。每种问卷调查类型都有自己的优缺点、需求和局限性，因此，研究者需要考虑不同类型问卷调查法的特殊性，根据研究需要选择合适的问卷调查类型，以保证研究结果的可信度和有效性。

第二，问卷调查法的特点。问卷调查并不是社会科学研究中收集数据的唯一工具，也不是所有的社会研究都适合进行问卷调查。为更加规范地应用问卷调查法，研究者应清楚地了解问卷调查法的优缺点。

问卷调查法具有以下几项优点：首先，问卷法节省时间、经费和人力。从问卷调查方法的实施程序来看，它比传统的调查方法具有更高的效率。一方面，由于问卷调查可以采取邮寄的方式进行，所以，它可以由很少的调查者在很短的时间内，同时调查许多人的情况。另一方面，可使调查不受地理条件的限制，可以同时调查地域上相隔千里的人们。其次，具有很好的匿名性。由于社会调查的对象是现实生活中有思想感情的具体人，所以在收集资料的过程中，常常会遇到一些特殊的困难。比如，在面对面的访问调查中，人们往往难于同陌生人谈论有关个人隐私、社会禁忌或其他敏感性问题。这样，研究者就难以得到真实的社会资料。但在问卷调查中，由于被调查者在回答这类问题时，并没有其他人在场，问卷本身又要求匿名，所以，问卷调查的方式可以减轻被调查者心理上的压力，便于他们如实地回答这类问题。从这一方面看，问卷法对于客观地反映社会现实的本来面貌、收集真实的社会信息很有好处。再次，问卷法可以避免主观偏见，减少人为的误差。在问卷调查中，由于每个被调查者都是以同样的方式在大致相同的时间内得到问卷，并且这些问卷在问题的表达、问题的先后次序、答案的类型、回答的方式等方面是完全相同的，所以，无论是在哪个方面，他们所获得的信息都是一样的。这样就能很好地避免由于人为原因所造成的各种偏差，减少主观因素的影响，得到较为客观的资料。而在访问调查中，常常由于访问员的不同（如性别、年龄、经历、能力、态度等方面的不同）、访问环境的不同、访问进展情况的不同、被访问者回答结果的不同等原因产生各种访问偏见，形成一定的误差。最后，问卷资料便于定量处理和分析。社会研究向定量方向的发展，是当前社会研究的一大趋势。在用计算机作统计分析工具的条件下，问卷调查法是一种大容量、高效率的定量调查方法，这也是其他调查方法所不具备的。正因为如此，问卷调查法在需要进行定量研究领域中的应用范围越来越广泛。

尽管问卷调查法有诸多优点，并不能说明问卷调查是一种完美的研究方法，问卷调查也存在一定的缺点。首先，问卷调查收集的答案往往比较简单和肤浅，由于问卷调查容易得到表面信息，不适合对某些问题进行深入探究；其次，问卷对填写人员的文化水平有一定要求，例如在针对 10 岁以下儿童这个群体，由于他们阅读能力有限，问卷法就会有很大的局限性；再次，需要被调查者的高度配合，问卷调查数据的质量可能因受访者的不同而不同，这取决于他们投入的时间和精力；最后，环境因素不可控制，特别是采用邮寄问卷调查和网络调查，调查者不在现场，无法控制被调查者填答时候的环境，可能会造成结果的偏差。

第三，问卷调查法适合的研究议题。一是描述总体情况。作为调查群体总体情况的有力工具，最典型的调查就是我国每隔十年进行的人口普查，反映了人口和社会发展的总体状况，包括人口总数、各阶段人口结构、性别比例、民族分布、家庭数量、教育程度等人口统计学指标。二是不同群体之间的比较。如果采用相同测量工具对不同群体进行调查，那么问卷调查法还可以进行跨地区、跨样本、跨时间比较，以发现同一主题随时间发展而出现的动态变化或不同群体之间的变异。三是探索变量关系。行为科学研究中，问卷调查更适用于探索变量之间的关系，包括相关关系和因果关系，如适合于调查个体或群体行为（你多久去操场锻炼一次？你一般在哪里运动？）、态度（你喜欢踢足球吗？你认为网络有什么危害？）、动机（你为什么参加乒乓球培训班？你认为足球的最大乐趣是什么？）、知识（你认为什么是问卷调查法？请说出健康的标准）、特征（你多大年龄？你有什么宗教信仰？你有什么爱好？）等内容。

（2）实验法

一种研究方法，参与者被随机分为接受处理的实验组和不接受处理的对照组，然后在后测中研究者对两组进行比较。许多类型的科学研究使用的都是实验研究法（experimental research method）。这种研究设计的最简单形式是，将研究参与者随机分为接受某种处理的实验组（experimental group）和不接受任何处理的对照组（control group）。由于参与者被随机分为实验组和对照组，因此，假设两组在实验前没有差异是合理的。

一项实验研究包含自变量和因变量。自变量（independent variable）是实验组和对照组存在差异的变量。因变量（dependent variable）是用以评估实验结果的变量。例如，在一项研究中，11～16 岁非裔美国青少年被随机分为观看说唱视频的实验组和不观看说唱视频的对照组。在实验组接受实验处理（观看说唱视频）后，两组参与者对一则关于青少年约会暴力的故事做出回应。结果发现，在后测中实验组女孩（而非男孩）比对照组女孩对约会暴力表现出更高的接受度。

实验研究法还经常被用于另一个领域——干预（interventions）。干预是旨在改变参与者的态度或行为的计划。例如，目前人们已开发出各种防止青少年吸烟的计划，方法包括促进对香烟广告的批判性思考，或者尝试改变将吸烟与同龄人的接受度联系起来的态度。参加这类研究的青少年被随机分为接受干预的实验组和不接受干预的对照组。实施干预后，研究人员对两组参与者的相关态度和行为进行评估。如果干预有效，那么实验组在吸烟方面的态度或行为应当不如对照组积极。

实验研究法的优点是，研究者可以对参与者的行为进行严格控制。研究者不是对自然发生的行为进行监视，而是试图通过把一些人分到实验组，把另一些人分到对照组，来改变行为的正常模式。与正常的生活相比，这种设定使我们可以更清晰、更明确地衡量特定变量的影响。但是，实验法的优点也是其缺点：由于参与者的行为已因实验操作而发生改变，因此很难说研究结果是否适用于正常生活。

（3）内容分析法

内容分析法最早在传播学领域产生，18世纪就出现了对赞美歌中包含的宗教象征符号的数量统计，从而实现对宗教典籍的定量分析，19世纪末，学者开始对报纸进行定量内容分析，以此发现报纸内容从宗教、科学和文学转向到休闲体育和丑闻等的关注。在传统的传播学领域中，内容分析法主要用来描述某一时间段内媒介内容和媒介再现手段、推断传播者的特征和态度、与受众调查结合在一起估计特定媒介内容的传播效果等。内容分析法最早应用于报纸的分类研究，后来被广泛地应用于广播、电视、杂志乃至互联网领域。

内容分析具有研究对象不受干扰、过程可重复、定量研究范式以及非结构化程度较高的特征。首先，研究对象不受干扰。与传统的问卷法、实验法不同的是，内容分析研究对象不会受到测量活动的影响（此种测量误差能够避免）。换句话说，内容分析法能够避开研究对象所造成的抽样和测量误差，研究结果相对精确。其次，研究过程具有可重复性。内容分析存在一定的研究规范流程，研究者的个人偏见和喜好不会影响研究结果，并且与问卷法、访谈法相比，重复进行内容分析，成本和代价都较低，也就是说内容分析法具有相当高的信度。再次，定量化的研究范式。内容研究的对象是文字、图片、视频等媒介内容转化为数字，后期的数据处理用到的是数理统计的相关方法。最后，非结构化程度较高。与问卷法、实验法等传统定量方法不同的是，研究者在设计编码表时无法预测到所有的分类类别，只有在对媒介内容进行分类时才能确定是否进行增加、删除及合并更改类目。

2. 定性研究方法

（1）观察法

一般来说，社会调查研究中的观察法是指观察者根据所要研究的问题及所要了解的事实，有目的、有计划地运用人的感觉器官或借助科学观察工具对研究对象进行考察，以获得所需资料的一种方法。也就是说，观察法是观察者用客观的眼光去观察社会现象，并将其忠实记录、加以分析的一种社会调查方法。

①观察的类型。观察法可以根据是否参与到观察活动中去被定义为参与性观察和非参与性观察，按照是否借助仪器可以进一步分为直接观察和间接观察。

参与性观察是指观察者为深入了解社会事实，加入到某一社会群体或单位之中，以内部成员的角色参与他们的各种活动，在共同生活中进行观察，收集与分析有关的资料。如一项关于清水江苗族独木龙舟的文化传播的研究自述采用观察法，通过熟人介绍的方式自然并迅速地进入社区，研究者亲自参与了苗族独木龙舟活动的踩鼓与接龙活动，赢得了当地被研究群体的信任，促进了观察者与观察对象感情的交流，这种观察就属于典型的参与性观察。非参与性观察就是观察者不加入被观察的群体，完全以局外人或旁观者的身份进行观察，如大学生利用假日到工厂、农村参观。非参与性观察冷静客观，但是观察时间短，范围有限，往往只能获得某些表面现象或公开行为的信息，而且这种观察对被观察者的干扰最大，容易使观察结果失真。

直接观察就是观察者直接运用自己的感觉器官进行观察，即通过眼看、耳听、鼻闻、舌尝、手摸等感性认识活动直接感知外部的事物。直接观察具有强烈的实感，但观察结果往往因人而异，带有一定的主观色彩。间接观察是指观察者通过对物化了的社会现象进行观察，即对自然物品、社会环境、行为痕迹等事物进行观察，以便间接认识调查对象的状况和特征。间接观察能突破人类感觉器官的局限，获取更客观、更准确的观察材料，但往往缺乏真切的实感。如一项关于雪上技巧项目专项体能训练内容体系的研究就是借助索契冬季奥运会雪上技巧比赛的录像资料，运用专业动作分析软件 Dartfish，对女子雪上技巧决赛前六名的优秀运动员以及我国一名优秀运动员的竞技表现分阶段进行视频二维解析和时间序列分析，这一观察方法因借助录像资料可以归为间接观察法。

②观察法的规范性流程。观察法类型较多，不同类型的观察采取的步骤也不一样，但从整体上看，可将观察法的规范性流程分为三个步骤：观察前的准备工作、观察的实施以及对观察的反思。

观察前的准备工作步骤如下。第一，明确观察目的。明确观察目的就是确定观察问题，通过观察活动收集材料来回答什么问题，把握住研究问题的性质和内容。一般可以通过查阅相关文献资料、拜访相关领域专家以及与同行交流的方式了解意欲观察的问题背景，从而使观察者对研究背景的了解更加明晰和透彻。第二，确定观察内容。确定观察内容是整个观察活动的核心，也是观察活动能否取得成功的重中之重。董琦曾提出，一个好的观察内容必须具备两个条件：其一，能够"准确、全面、具体、开放"地反映观察目的；其二，能够被准确观察到。第三，制订观察计划。确定了观察的目的与观察内容以后，需要制订初步的观察计划。在观察计划中，要明确观察的内容、对象和范围，观察的地点，观察的时间点、频率以及时间长度，观察的方式和手段，提高观察效度的方法以及在观察过程中应遵循的伦理道德问题等。第四，设计观察提纲。观察提纲是对观察计划的"具体化"，实现对回答观察问题有实际意义的事情进行观察。如观察者要观察什么，观察的人物是谁，观察的地域性有什么特点，观察的时间性是怎样的，事物之间有没有关系，并且研究者要对这种关系寻求解释。

观察的实施步骤如下。观察者在进行观察时，要借助眼睛、耳朵等感觉器官，还可以借助一些录音及摄像设备等。除此之外，还有一项重要的工作就是用笔将观察到的内容进行记录。关于记录的必要性，陈向明曾提出，由于人的记忆能力有限，虽然可以采用多种记忆策略，但是记住所有观察到的内容是不太可能的。记录可以加深对观察到内容的印象，并且记录的本身也是"理清脉络，组织思路"的过程，换句话说，记录即是思考。此外，记录本身对于后续的研究来说也是一类非常有价值的资料来源。关于记录的程序需要包括绘制现场图、按时序对观察活动进行记录，观察内容的非结构性决定了记录的全面性。观察者要训练个人笔录能力，在研究的后期要以摘要记录的方式将重要内容保留下来。

对于记录的格式，应至少包括事实笔记和个人思考。更为详细的记录格式包括实物笔记、个人笔记、方法笔记以及理论笔记。

关于记录的语言，首先应注意三个方面，即具体、实在并清楚以及命名准确。具体要求表述的语言不能是概括性的、抽象的或者是总结性的。实在并清楚是对记录的最基本保证，不能在记录过程中掺杂本人的想法、思考。如有，可以放在本人的个人笔记中。命名是要充分考虑三方面的原因：研究者群体、被观察者代表的文化群体以及读者。其次是观察策略的使用，下面是在教育心理学领域中主要观察策略的使用方法。

观察的反思要点如下：研究者在做观察研究时，除了要对所见所闻进行描述，还需要反思自己是如何看到或听闻这些"事实"的，研究者本人在观察的过程中走过了一段怎样的心路历程，这些性质的资料可以以笔记或备忘录的方式保存。首先是观察者的推论，任何的观察活动都需要研究者本人的深入思考，也必须经过观察者推论的过滤。在对观察对象进行记录时，尽量将观察到的事件与自己的推论分开。当然，这在做观察笔记的时候非常困难，如观察者除了对观察对象动作的描述以外，还经常会夹杂一些对观察对象意图的推测，而这些推测往往是不客观的。为了提高推论的正确性，研究者需要在给出推论的同时，提供相应的证据，并对自己的前设进行检查，详细说明自己是如何得到这个推论的。其次是观察者的心情，在进行观察研究时不但研究者的思维方式、推论方式会影响对观察对象行为的解读，研究者的心情也同样会产生影响。因此，研究者在进行观察时要时刻注意自己情绪的变化，并在方法笔记中记录出自己的情感反应。最后是观察者的叙述角度，一般来说，观察者的笔记包括实地笔记和个人笔记。实地笔记用来对观察到的"事实"进行如实记载，而个人笔记部分可以用来记录那些观察者对观察到的现象心存疑惑的事件或细节等。当然，观察者如果是以"局内人"的身份进入观察现场，也会引发一个问题，即观察者会以个人的"先前经验"对观察到的现象或细节进行先入为主的理解。因此，在实地笔记中要杜绝这种"局内人"的叙述角度。

（2）访问法

访问法是指通过与被访问者进行交流和沟通，获取相关的信息和数据的一种数据收集方法。"访"是探望、寻求的意思；"问"是指询问、追究。访问法又称访谈法、谈话法，是指调查者通过有计划地与调查对象进行交谈，收集所需资料，了解有关社会实际情况的调查方法。这个定义包括以下含义：第一，访问的性质是有计划的，具有很强的针对性；第二，访问的方式是交谈，这种交谈是一种调研性的交谈，也就是两个人（或多个人）之间一种有目的的谈话；第三，访问的目的是了解某些具体情况，调查者通过询问引导被调查者回答，以此了解被调查者的行为、态度和所知晓的情况，最终达到调查目的。

①访问法的类型。根据不同的标准，可以把访问法划分为不同的类型。划分访问法最常用的标准有下列三种。

第一，按照调查者对访问的控制程度不同，可以将访问法划分为结构性访问、非结构性访问和半结构性访问。结构性访问是一种有计划、有目的地对被访者进行提问的方式。在结构性访问中，研究者需要提前准备好一系列的问题，按照预定的顺序进行提问。这种方式可以使得研究者获取到更为准确和可比较的数据，但是可能会限制被访者的自由发言，被访问者的回答也缺乏弹性。非结构性访问是一种没有预定问题的对被访者进行提问的方式。在非结构性访问中，研究者可以根据被访者的回答进行追问和深入探讨。这种方式可以使得被访者更加自由地表达观点和想法，但是可能会导致数据难以进行定量分析。半结构性访问是一种结合了结构性访问和非结构性访问的方式。在半结构性访问中，研究者可以提前准备好一些问题，也可以根据被访者的回答进行追问和深入探讨。半结构性访问兼有结构性访问和非结构性访问的优点，它既可以避免结构性访问缺乏灵活性、难以对问题做深入探讨的局限，也可以避免非结构性访问费时、费力，难以做定量分析的缺陷。

第二，按照访问者和被访问者的接触情况，可以将访问分为直接访问和间接访问。直接访问又叫面对面访问，就是访问者和被访问者面对面的访谈。它包括入户访问、拦截访问和计算机辅助面访（computer assisted personal interviewing，CAPI）三种形式。入户访问是指访问员按照调查项目规定的抽样原则，到被调查者的家中或工作单位，找到符合条件的受访者，直接与受访者进行面对面的交流，获取受访者对于特定事物、现象的意愿或行为等方面的一手资料与信息的调查方法。拦截访问是指通过在商店大堂或商业街上拦截被调查者从而寻求交谈机会、收集信息的调查方式，其操作简便，成本不高，但有非随机抽样的缺点，且交谈时间不宜过长。计算机辅助面访是一种现代化程度较高的面访调查方式，在欧美地区应用较多，近年来在我国也逐渐开始普及。间接访问是调查者通过电话、网络、书面问卷等中介工具对被访问者进行访问，它包括邮寄访问、电话访问、网络访问等形式。邮寄访问是指将问卷寄给事先选择好的、可能的调查对象，调查对象完成问卷之后将问卷寄回给访问员的一种调查方法。电话访问是访问员通过拨打电话对受访者进行的访问，包括传统电话访问和计算机辅助电话访问（computer assisted telephone interviewing，CATI）两种形式。网络访问又叫计算机辅助网络访谈，就是以互联网为沟通平台，受访者在某个设定的站点或通过 E - mail 的方式填写问卷并发送给调查机构的一种调查方法。

第三，按照调查对象的数量不同，可以将访问分为个别访问和集体访问。个别访问是指调查者对每个被访者逐一进行单独访问。这种方法有利于被访者详细、真实地表达其看法，双方有更多的交流机会，被访者更易感到受重视，安全感更强，访谈内容更易深入。个别访问是访问法中最常见的形式。集体访问又叫团体访谈，或者叫开座谈会、调查会，它是指由一名或数名调查者亲自召集一些调查对象，就需要调查的内容征求意见的一种调查方式。集体访问可以集思广益、互相启发、互相探讨，能够在较短的时间里收集到比较广泛和全面的信息，也是社会调查常用的一种方法。

②访问技巧。

建立良好的关系：在访问过程中，研究者需要与被访者建立良好的关系，让被访者感受到研究者的诚意和尊重。

提问技巧：研究者需要掌握一些提问技巧，包括开放性问题、封闭性问题、过渡性问题等，以便获取到更加准确和有意义的数据。

倾听技巧：在访问过程中，研究者需要倾听被访者的回答，尽可能地理解被访者的观点和想法，并进行适当的追问和深入探讨。

引导技巧：在访问过程中，研究者需要适当地引导被访者的回答，以便获取到更加有价值的信息和数据。

③访问法的特点。访问法提供质性（qualitative）数据，这与问卷调查法提供的量化（quantitative，即数字化的）数据正相反。质性数据具有启发性，信息量丰富。质性数据是非数字化数据，不仅包括访谈数据，还包括通过其他非数字化方法（如描述性观察、录像或照片）获得的数据。但是，与问卷调查法一样，访问法也有局限性。由于访谈通常不像问卷那样能够提供一系列具体的回答，因此研究者必须根据某种分类方案对受访者的回答进行编码。例如，如果你在访谈中问处于成人初显期的成人这一问题："你认为一个人达到什么标准才算一个成年人？"你得到的回答可能五花八门。但是，要弄清楚这些数据的意义并以科学的方式将其呈现出来，你需要在某个阶段把这些回答编码归类——法律上的标志、生物学上的标志、个性品格等。只有通过这种方式，你才能弄清楚样本中的回答呈现出什么模式。对访谈数据进行编码会耗费很多时间、精力和金钱。之所以使用问卷调查法的研究远远多于使用访问法的研究，这便是其中一个原因。

（3）个案研究

个案研究是通过对研究对象进行面对面的访谈和定时入户观察，总结访谈内容，整理观察记录表，汇集研究对象各方面的资料，从而描述对象行为发展的状况和变化，分析、挖掘其影响因素，提出改进策略。

在进行个案研究之前，研究者要回答至少三个问题：其一，本人所做的研究是否具有个案研究的适用情境，进一步确定研究的目的，明确本研究是探究性、描述性还是解释性研究；其二，在本人的研究中，何时、何地使用个案；其三，本研究为什么要使用个案。

在个案研究设计阶段中要有两个重要部分：如何处理理论对话以及如何处理研究对象与研究问题的关系。在理论对话方面，是可以提出新的理论假设还是可以提出新的理论主张；在研究对象与研究问题的关系方面，要明晰研究问题的类型是本质性个案研究、工具性个案研究还是集合性个案研究。研究对象的确定原则是本着典型性还是代表性。如果是典型性个案，需要对个案进行进一步深描；如果是代表性个案，就需要对研究总体的界限有一个明确清晰的表述。

①个案研究的适用情景。个案研究主要适用于探索性问题、描述性问题和解释性问题三类问题。其中，探索性研究设计的目的是用来熟悉情况，发现问题，获得对问题的基本认识，并为后续的研究工作的开展提供视角和思路。如一项关于大众体育政策执行效果评估的研究，以《上海市全民健身实施计划（2011—2015）》为个案，揭示其执行情况，为后续制定效果执行评估指标体系奠定基础。描述性研究设计往往对单个或多个案例进行深描，从中确立变数之间的关系，建立假设（假说），能够清晰地呈现出案例的"5W1H"特性，即 who、when、where、what、why 和 how much。如一项关于我国政府购买青少年公共体育服务研究中采用描述性研究设计，通过对北京市"高参小"、上海市政府购买青少年三大球公益培训服务和长沙市政府购买中小学生暑假游泳服务作为典型案例，从背景描述、基本状况、购买模式与过程、基本经验和主要问题等方面对政府购买公共服务的机制进行深入讨论，旨在检验政府购买公共服务理论的合理性及其应用于青少年公共体育服务领域的有效性，力争强化、修正或拓展既有理论在该领域的解释力。解释性研究设计的目标是明晰构念之间的因果关系，确定一个变量对另一个变量的影响。

②个案的类型属性。个案类型属性可以分为三种：本质性个案、工具性个案和集合性个案。三种不同的个案研究设计具有自身不同的研究目的和旨趣。

本质性个案设计也叫经典单个案设计，首要兴趣是深刻理解一个特定的案例。常常应用于探究性研究中，研究者通过尝试深入研究单个案例来理解不为人知的现象。本质性个案研究的优点是研究者可以将所有的时间、精力都投入到该案例中，可以保证研究的深度。但是缺点就是对单个案例进行推论是有风险的。本质性个案设计在本研究样本中被广泛使用，约有三成的样本使用了单案例设计。如样本中一项关于裁判员执裁的正义性研究选取裁判史上著名的"松焦油案例"展开主题讨论，对两种执裁路径的各自特点进行深入讨论。

对于工具性个案设计，研究者的兴趣是理解一般情境而不是特殊情境，因此这种设计倾向于较少的特殊性和更多的普遍性。解释是工具性个案的主要目的。使用工具性个案的学者的兴趣是在涉及各种主题的研究文献上推广和拓展研究结论。工具性个案设计在样本中很少见，仅有一篇。该样本的研究主题为体育纠纷及其法律解决机制，选取了美国、英国、加拿大关于体育纠纷的解决实践案例，并提出三个体育发达国家关于解决方式的共性特征。

集合性个案设计，也叫多案例设计。一般来说，如果对每个案例进行深入分析但是囿于资源有限，可以选取两三个案例。如果无须深度研究并且资源相对丰富，那么对十个左右的案例进行分析也是十分常见的。但是，集合性个案设计的缺点也是显而易见的，往往会出现深度对广度的妥协。也就是说，由于资源有限，研究者往往在"深度与详情""广度与比较性信息"中做出选择。集合性个案设计在本研究样本中占比最高，七成的个案研究都采用了这种方式。一项关于大众体育政策执行效果评估的研究，以美国、法国和日本作为多元评估、一元评估及发展评估模式的典型案例。对大众体育政策执行效果评估做出多案例分析，找出公平效率兼顾、法律法规保障及社会各界重视的共性特征，并以此作为优化我国大众体育政策评估的有效依据，为我国大众体育政策执行效果评估提供建议和指导。

③个案的选取标准——代表性或典型性。任何一项社会科学的研究，都会有两个方面的诉求，即求"真"和求"全"。"真"是探寻生活中真实的社会存在；"全"是希望自身的研究能够说明社会全体的脉络和逻辑。由于研究者对求"全"的期待，个案研究就不得不面对"代表性"的诘问。正如当今社会复杂性和异质性的程度远远超出先前对社会形态的

研究范畴，少量、微观的个案研究越来越不能作为认识社会的基本方式。研究人员总是希望突破个案研究只见"树叶"不见"森林"的限制，试图通过对个别有限系统的研究，获得对更大范围事实的认知以及更具一般性的理论概括。王宁指出，"代表性"的概念本身预设了定量研究中的抽样逻辑，个案并不与总体发生关系（只有与总体发生关系才有代表性的问题），而是与"类型化一般"发生关系。如果说个案有代表性的话，它的代表性在于典型性，并认为个案的代表性是一个虚假问题。

④个案研究的价值。关于个案研究的价值，绝大多数的研究者认为该方法的主要优势包括方法论独特、问题的真实性、资料来源的广泛性以及适用范围的界限性等。笔者认为个案研究的价值具有递进性的特征：第一个层次仅为描述性质，仅对研究对象的特征、构成要素、结构以及个案发展的变迁等展开探究；第二个层次是在理论指导下的探究活动，经过对个案的分析，应具有同类事物的解释力，即享有个案的超越性；第三个层次是通过将个案研究所获得的结论与其他相关理论观点进行互相参照，证实或证伪或完善或发展某一现存的理论观点。

（4）历史研究

仅从表面来看，传统的调查、实验和哲学研究比历史研究更具现实意义。但是，历史研究具有自身独特的魅力。与哲学研究相比，哲学研究止于思辨，而历史研究因叙述历史事实而显得更加"深切著明"。同时，与调查或实验研究相比，历史研究的对象是更加稳定的文本，而不像实验研究那样容易受到无关因素的干扰，也不像调查研究那样涉及总体限定、抽样误差等自身性限制。

历史研究是为了解释过去所发生的事情而系统地审视过去的事件或事件组合的过程。历史的陈述远不只复述过去发生的事实，而是流动的、动态的叙述，以此来抓住那些影响了事件的复杂细节，人物的性格和思想。历史研究者通过对历史事件不同参与者的视角来传达对事件的理解，从而重构、表现这些史实与数据。关于历史研究的价值，伯格（1998）曾经表述为：揭示未知、回答问题、发现过去与现在的联系、记录和评价个人、组织和机构的成就以及增进我们对生活中的文化的理解。而历史研究的资料包括文件、文字记录、照片、文物以及口述史等。

笔者将历史研究归纳为三个主要部分：确定研究的类型、获取历史研究的资料和文字的撰写工作。

①确定研究的类型。一般来说，可以将历史研究分为：历史的考证研究、叙事研究以及解释研究。刘良华认为历史的考证研究和历史的叙事研究都是历史的调查研究，引申为历史的实证研究。解释研究的重点是研究者面对历史文献时，更多地依赖研究者个人的判断的视角，以至于不同的研究者对同一历史事件的理解就各不相同，使得结果的"客观性"降低。但是，从另一方面来讲，历史的解释性研究也强调解释的理由和证据，使自己的解释能够得到同行的信服，因此，解释性研究也具有实证的精神，而不是随意、任意地自由发挥。

历史的考证研究主要的方法是比较，主要的比较方式包括校勘法、二重证据法和三重证据法。如当研究者面临文献有不同的版本、译本、修订版的时候，要采用校勘的方式做出选择。校勘法常被解释为"用古书研究古书"。在校勘法的基础上可以采用二重证据法，这种方法能够实现地下考古资料与地上文献资料的相互印证，或从不同的哲学视角尤其是西方哲学的视角实现与历史文本的验证。二重证据法的提出者是历史学家王国维，因他本人的外语水平有限（只会两三种不同国家的语言，如日语和英语），很难完美做到"以异族之故书与吾国之旧籍互相补证"。而陈寅恪精通包含"梵语"之内的十六七国语言，他还开创了"史诗互证"。在二重证据法的基础上，又发展出了三重证据法，这种方法在结合文献学和考古学资料的基础上，加上了民俗学的因素，这种方法逐渐发展成之后的历史人类学。当然，需要注意的是，考据的重要性无须置疑，但是考据仅仅是为"义理"提供材料或工具。

历史的叙事研究具有三大特点：关注个人的生活史、重视个人的心理体验以及重视讲故事的技巧。历史的叙事研究包括思想史、制度史以及学术史。研究者根据自身的研究主题选择适合叙事研究类型，如要做某一学派思想的叙事研究就可以采用思想史的方式，如要对体育教育改革及其制度设计的研究就可以采用制度史的方式，如果对体育思想、体育制度的发生、发展及其错综复杂的谱系分析就可以采用学术史叙事的方式。历史的叙事形式也有多种，如纪传体、编年体和纲目体。

历史的解释研究包括历史传统解释研究，如对史料的简述、述评以及翻译。隐微的解释学关注的视角包括：内与外的区别、整体与部分的区别以及早期与晚期的区别。历史的比较研究注重在看似存在差异的背后寻求"相同"，或是在看似"相同"的背后寻求"差异"。

②获取历史研究的资料。在这一阶段要确定资料的来源以及完成对资料的评估。资料的来源包括与议题相关的文件与其他文字记录、照片与视频记录、出土文物以及口述史的访谈转录资料等。当然，研究者在获取这些资料之后，要对资料的质量进行评估，如对手写笔记等的外在鉴定，以及通过"确认""溯源""情景化"的内在鉴定。

③文字的撰写工作。当确定了研究类型、获取了研究资料并对资料做以明确的鉴定之后，就可以展开文字的撰写工作。陈阳（2012）提出，在撰写的过程中引用了著名历史学家陈寅恪提出的历史研究的态度是"同情之理解"而非"不同情的理解"，也反对"不理解的同情"。换句话说，做历史研究不应该强调客观性，也不应该追求客观的研究结论，而是应该将研究的人物、事件融入当年的历史文化背景中去，从他们自身的角度思考并解决问题，而不是做出一个按照现实标准对历史的人物或事件给出一个"看似公允"的评价。

3. 混合研究方法

混合研究方法是指在同一研究中，定量研究方法和定性研究方法相结合的研究方法。具体而言，混合研究方法可以被定义为研究者将定量和定性研究技术、方法、概念或语言混合或结合到单个研究中的一类研究。混合方法研究作为研究信息系统（IS）领域的一种方法，已经获得了广泛的欢迎和关注。虽然近年来，混合研究方法引起了学者的注意，但是却很少付诸实践，在信息系统领域的出版物中，混合研究方法发表的文章只占3%左右。

混合方法研究的核心是使用多种方法的研究设计，即包含一种以上的研究方法或一种以上的世界观。混合研究方法是多重研究方法的一种，是第三次方法论运动。多重研究方法包含两种主要形式，即混合研究方法和多元方法。两者既有交叉，也有不同。混合研究方法和多元方法的区别在于多元方法中，研究者使用两种及以上的研究方法，但是可能局限于同一种世界观。例如，采用定性研究的两种数据采集和分析方式，或者采用定量研究的两种数据采集和分析方式。相反，混合研究方法必须包含定性和定量研究两种世界观，其中定性研究和定量研究可以同时进行，也可以有先后顺序。因此，混合研究方法一定是多元方法，但是多元方法不一定是混合研究方法。

混合研究方法具有很多优势。第一，混合方法研究具有同时回答验证性和探索性研究问题的能力。定性研究方法提供了一种进行探索性研究的有效方法，以加深对现象的理解，构造命题，识别和表征复杂机制之间的结构和相互作用，并产生新的理论见解；定量研究方法在验证性研究中对检验理论和因果关系具有明显优势。第二，混合研究方法能够提供比单一方法或世界观更强的推论。混合研究方法可以利用定性和定量方法的互补优势，并对一个现象提供更深刻的见解，而这些见解是这些方法单独不能提供的。例如定性研究需要研究人员具有很深厚的学术素养和理论知识，并且对研究的情境具有相当的经验，研究结果受学者个人学术素质的影响较大。同样的数据，不同的学者分析得到的结论很可能不同，因而具有一定的主观性。而定量研究多根据以往经验进行推断，面对相同的数据和数据集，不同学者分析得到的结果应该一致，但是在新的研究情境中无法充分识别具有情境特色的内容。定量研究方法和定性研究方法的结合可以将主观性和客观性结合起来，将挖掘具有情境的内容和验证新情境下的假设结合起来，弥补两种单一的研究方法可能具有的缺点和不足。第三，混合研究方法为不同观点和/或互补观点提供了更多的融合机会。定性研究和定量研究中可能会发现矛盾的或者相互补充的结果，这些不仅丰富了我们对某种现象的理解，而且帮助我们评价所研究现象的边界条件或其组成部分之间的关系，并为未来的研究开辟新的途径。

目前较主流的混合研究方法具有以下七个主要用途：第一，互补（complementarity），对相同的现象或关系获得互补的观点。第二，完整（completeness），研究人员使用混合方法研究，以确保他们获得一个现象的完整画面。第三，发展（development），一个研究的研究问题来自上一个研究的推论，或者一个研究提供假设以供下一个研究测试。以发展为目的的混合研究方法一般是有先后顺序的设计。第四，扩展（expansion），混合方法的使用是为了解释或扩展在前面的研究中获得的理解。以扩展为目的的混合研究也常使用有先后顺序的研究设计。第五，证实（confirmation），混合方法用于评估从一种方法得到的推论的可信性。第六，补偿（compensation），通过使用另一种方法来弥补一种方法的缺点。第七，多样性（diversity），希望对同一现象得到不同的看法，丰富对某一现象的理解。

也有研究提出另外的分类。例如，混合研究方法还可以分为以下九类：第一，预测（predict），通过混合研究方法发现一般规律。第二，补充知识库（add to the knowledge base），通过混合方法，证实以前的研究发现，重复前人的工作，重新解释先前收集的数据，澄清结构和意识形态之间的重要社会过程，并加强知识库。第三，对个人、社会、机构和/或组织产生影响（have a personal，social，institutional，and/or organizational impact），通过混合研究方法，解构/重建权力结构，调和矛盾，反驳主张，设定优先次序，反抗权威，影响变化，并制定政策。第四，测量变化（measure change），通过混合研究方法，测量实践的结果，测试治疗效果，并测量结果。第五，理解复杂现象（understand complex phenomena），通过混合研究方法理解现象、文化、变化和人。第六，测试新想法（test new ideas），通过混合研究方法测试创新、假设、新想法和新解决方案。第七，产生新想法（generate new ideas），通过混合研究方法，探索现象，产生假设，构建理论，发现关系，揭示文化，理解文化。第八，通知选区（inform constituencies），通过混合研究方法告知公众，增强意识，描述现在，并遵守权威。第九，审视过去（examine the past），解释/重新解释过去，承认过去的误解，重新审查默契，并审查当前社会问题的社会和历史根源。

对比以上两种对混合研究方法用途的分类，我们认为：第一种分类更加清晰，直接可以指导研究设计；第二种分类更加抽象，且针对研究情境，但是对研究设计的指导不清晰。我们将混合研究方法设计定位为发展（developmental）的目的。

混合研究方法的设计策略主要有两种：第一种是并行式（concurrent）。在并行的混合研究方法设计中，定量和定性数据被并行地收集和分析，然后合并，以对一个现象有一个完整的理解，或者比较，对比个别的结果。第二种是有序式（sequential）。在有序的混合研究方法设计中，定量和定性数据收集和分析是在不同阶段进行的，每一阶段都是单独的。这两种设计各有优劣，应当根据研究问题、研究目的进行选择。

（四）制订研究计划

研究计划是研究设计的核心，也是研究过程中最重要的一步。它是研究过程中的指南，可以帮助研究者按照既定的目标和方法顺利完成研究。研究计划应该包括以下几个方面。

（1）明确研究时间和资源

研究者需要考虑自己可以用于研究的时间和资源，以确定研究的时间范围和可行性。研究时间的长短取决于研究问题的复杂性、研究方法的种类以及数据收集和分析的时间。研究资源包括人力、财力、物力等方面，这些都会影响到研究计划的制订。

（2）确定研究方法和技术

在制订研究计划之前，研究者需要选择研究方法和技术。在确定研究方法时，需要考虑不同方法的优缺点，以及采用该方法所需的时间和资源。例如：如果采用定量研究方法，需要考虑问卷调查或实验的时间和费用；如果采用定性研究方法，则需要考虑访谈或观察的时间和费用。选择合适的研究方法和技术可以帮助研究者更好地完成研究。

（3）制订样本选择方案

在制订样本选择方案时，需要考虑样本的数量、特征和来源等方面。需要明确样本的选择标准和方法，以确保样本的代表性和可靠性。样本的选择对于研究的结果有着非常重要的影响，研究者需要认真考虑。

（4）确定数据收集和分析的步骤和工具

研究者需要确定如何收集和记录数据，并选择合适的统计方法和工具来分析数据。这需要研究者有一定的研究方法和数据分析的知识和技能。

（5）编制详细的研究计划

最后，研究者需要将上述所有内容整合起来，编制出一份详细的研究计划，包括研究时间表、数据收集和分析的步骤、样本选择方案等，以确保研究的有效开展。

（五）抽样方法的选择和数据采集

抽样方法的选择和数据采集是研究过程中非常重要的一步，它直接关系到研究数据的准确性和可靠性，对于研究结论的正确性和科学性具有重要的影响。不同的抽样方法具有不同的优缺点，研究者需要根据研究问题和研究方法的要求，选择最合适的抽样方案。

抽样技术是一种非全面调查方法，它按照一定的抽样过程，从总体对象中抽取一部分样本进行调查，根据抽样数据对总体对象进行估计。通过抽样可获得与总体中的样本结构相同，但数据量很小的一个子集，在抽样数据上做数据分析速率快，效率高，效果更直观，因此被广泛应用于社会调查的各个领域中。

总体：即所要调查研究目标的全体对象，它具有大量性、同质性和差异性。

样本：从总体中选取部分对象，用来反映总体特性，选取部分对象的集合即为样本。

样本量：样本中个体的数量。

抽样方法：从调查研究的目标总体中选取部分样本反映总体特性的调查方法，分为概率抽样和非概率抽样。非概率抽样是调查者根据自己的主观判断或者根据自己的方便来抽样，没有明确的抽中概率；概率抽样又叫随机抽样，按一定的概率选取样本，所抽取的样本具有很好的代表性，并对抽样所引起的误差进行估算，因此，大部分情况下抽样调查采取概率抽样的方法。

1. 概率抽样方法

概率抽样是一种科学的抽样方法，它可以保证样本的随机性和代表性，从而减少样本误差，提高研究数据的准确性和可靠性。概率抽样又称随机抽样，即在抽样时，总体中每个抽样单位被选为样本的概率相同。随机抽样具有健全的统计理论基础，可用概率理论加以解释，是一种客观而科学的抽样方法。一般而言，概率抽样调查的基本组织形式分为单阶段抽样和多阶段抽样两大类。单阶段抽样是指只需一次抽样的过程。它包括简单随机抽样、系统抽样、分层抽样等。多阶段抽样是指将总体分层，再逐层抽取样本的过程。多阶段抽样在总体特别大时使用。

（1）简单随机抽样

简单随机抽样是概率抽样中最基本的方法，能够最直观地反映抽样的基本原理。它不仅是其他抽样方法的基础，而且其他概率抽样都可以视为由简单随机抽样派生而来的。简单随机抽样方法具有等概率抽样的特点，即总体中每一个个体都具有同等被选中的机会，并且样本中每一个个体都是单独被选出来的，是一种元素抽样。简单随机抽样分为重复抽样和不重复抽样两种。在重复抽样中，已经被选中的个体会被放回到总体中，因此同一个样本中，某一个个体可能会被选择多次。而在不重复抽样中，被选为样本的个体不再放回，因此在同一个样本中，每个个体只会被选择一次。理论上，重复抽样比不重复抽样更加完善。但是，当总体足够大时，使用不重复抽样所得出的结果和重复抽样相差并不大。因此，在大规模社会调查通常使用不重复抽样。

简单随机抽样总体中，以完全符合随机原则的特定方法抽取样本，它不分组、不排列，使得总体中的每一个个体都有同等的被抽取的机会，即不偏不倚地对待任何一个个体。为了保证每个个体平等地进入样本，首先要确保抽样框的充分性，即在抽样过程中每个个体都能被列入抽样框中。如果某些个体被重复列入抽样框，则它们被选入样本的机会就会增大，而如果有些个体被漏掉，则它们将无法被抽取，这就打破了原则。因此，在进行简单随机抽样时，抽样框的构建需要精心设计，并要认真考虑总体中每一个个体的特征和规模，避免重复或漏掉。只有这样，才能确保所得到的样本能够代表总体，具有科学的可靠性。需要指出的是，在总体规模足够大的情况下，重复抽样和不重复抽样得到的结果基本一致，因此，在进行大规模社会调查时，通常采用不重复抽样的方法。

常用的抛硬币、抽签等方法都是简单随机抽样。但社会调查中的简单随机抽样通常是使用随机数字表进行。比如，需要从一家公司的员工中抽取 100 人进行调查，该公司共有 1000 名员工，我们可以先建立一个员工名单作为抽样框，然后使用随机数表或随机数生成器随机抽取员工的名字，这样就得到了一个简单随机样本。在抽样过程中，每个员工都有同等的概率被选中，因此样本具有代表性，能够反映该公司员工群体的一些特点和情况。

（2）系统抽样

系统抽样是一种常用的抽样方法，也称为等距抽样或机械抽样。在系统抽样中，将总体中全部的个案按照一定顺序排列编号，再按照设定的抽样比例分成间隔，从第一个间隔内选取第一个个案，然后每经过一个间隔就选取一个个案，这样就能选出需要的样本。和简单抽样一样，系统抽样需要有完整的抽样框，而样本的抽取也是直接从总体中抽取个体，没有其他环节。

系统抽样一般要遵循以下具体步骤。

第一步，定义总体。首先需要定义总体，确定需要进行抽样的总体范围和特点。例如一家公司的所有员工、一部分产品等。

第二步，确定抽样框。建立一个总体成员的名单作为抽样框。名单可以是由总体中所有成员构成的，也可以是由相似特征的成员所构成的子总体。

第三步，确定抽样的样本大小。确定需要抽取的样本量，即所需个案数。

第四步，确定间隔数。计算公式为总体规模（N）/样本大小（n），得出间隔数（k）。

第五步，确定抽样起点。通过随机数表、随机数生成器等方法确定抽样起点。起点应该随机选取，以避免人为的主观干扰。

第六步，进行系统抽样。从抽样起点开始，依次按照取样间隔取样，取样的间隔是由总体的规模与样本的规模之比决定的，即取样间隔 = 总体规模/样本大小。例如，总体为900，样本为150，取样间隔就等于6。也就是说，每隔6个人选出1个人，直至达到样本大小为止。

系统抽样是一种简单随机抽样的变体，适用于同质性较高的群体。如果总体内各类别的个体数目存在极大的差别，使用这种抽样方法可能会导致样本的代表性不理想。比如，如果工厂内工人的数量远多于技术人员，那么使用等距抽样可能会很难或者完全无法抽中技术人员，此时应当使用更为合适的方法，如分层抽样。通常在复杂样本的最终抽样阶段使用系统抽样能够显著简化抽样过程。

（3）分层抽样

分层抽样是一种抽样方法，是将总体按某些特定的特征或属性（如性别、年龄、职业或地域等）划分为若干层，然后从每一层中随机抽取一定数量的样本，每层的样本数量成比例地反映总体的分层结构。分层抽样的主要优点是可以保证样本的代表性和减少抽样误差，并确保每个层级都能够得到足够的样容量，同时可以提高抽样效率和减小成本。这种方法常用于总体分层程度较高的情况，如人口普查、企业调查、市场调研等领域。

分层有以下三个标准。

第一，确定调查所要研究的主要变量或相关变量，并将它们作为分层的标准。例如，如果要了解居民的消费状况和消费趋向，可以以居民家庭人均收入作为分层标准；要调查不同职业人士对经济改革的看法，则可以将人们根据职业类别进行分层。

第二，选取同质性强、异质性强、突出总体内在结构的变量作为分层变量。例如，在对工厂进行调查时，可以将工作性质作为分层标准，将全厂职工分为干部、工人、技术人员、勤杂人员等几类进行抽样。

第三，使用已存在明显层次区分的变量作为分层变量。例如，在社会调查中，性别、年龄、文化程度、职业等都是很常用的分层标准，而在学生调查中，可以按年级、专业、学校等因素进行分层。

通过以上标准进行分层抽样，可以提高研究结果的准确性和代表性，减少样本的误差，并且可以有效控制成本和时间。

分层抽样的具体步骤如下。

第一步，确定总体并确定需要控制的变量或特征。

第二步，将总体分成若干层。这个划分必须基于与控制变量或特征相关的因素。每个层级应尽可能表示总体中的所有变量或特征，即每个层级中的元素应该尽可能地相似。

第三步，从每一层中随机选择一定数量的样本。选择的样本数量可能会根据层级大小而不同。在每个层级中选择的样本数量可以在所有层级中保持相同的比例，即从每个层级中抽取相同的样本比例。

（4）整群抽样

整群抽样是一种概率抽样方法，它先将总体分成若干个类似群组的部分后，从每个群组中随机地选择一个或多个群组，再将群组中所有个体纳入样本中进行研究。整群抽样适用于总体分布不均、分层复杂的情况，同时也减少了样本抽取和调查成本。整群抽样的过程是先将总体划分为若干个相似的群组，再从中随机选择少数群组作为样本群组，然后把这些样本群组中的所有个体都列为样本，进行研究和调查。整群抽样的原则是同一组内的个体彼此相似，不同组之间的个体则不同。整群抽样有很多应用场景，包括对某一区域、某一机构或某一领域的人或事物进行调查。在实际中，整群抽样可以结合其他抽样方法一起使用，例如在进行民意调查时，可以先将城市按照某一属性分为若干区，再从每个区中抽取一个社区进行调查。

2. 非概率抽样方法

（1）偶遇抽样

偶遇抽样也称方便抽样或便利抽样，是指研究者根据现实情况，以自己方便的形式抽取偶然遇到的人作为调查对象，或者仅仅选择那些离得最近的、最容易找到的人作为调查对象的抽样方法。例如：在街头路口拦住过往行人进行调查；在图书馆阅览室对当时正在阅览的读者进行调查；在商店门口、展览大厅、电影院等公共场所对进出往来的顾客、观众进行调查。在非常时期，调查者为了了解公众对一些刚刚发生的事件的反应，往往借用这种方法。

需要指出的是，方便抽样存在明显的偏差，因为样本并不能严格地代表整个总体，从而可能导致结果的不确定性和可靠性降低。因此，在进行研究时，最好采取概率抽样方法，以确保研究结果的准确性和可靠性。

（2）配额抽样

配额抽样也称"定额抽样"，指研究人员根据对总体结构的了解在取样时加以利用，按一定标志分类或分层，确定各类（层）单位的样本数额，在配额内任意选取样本的抽样方法。该方法与分层抽样有相似之处。分层抽样是在分层或分组后，用随机的方法抽取样本；而配额抽样是在分层或分组后，用方便的方法抽取样本。

定额抽样旨在代表总体，因此必须深入了解总体特征，如不同性别、年龄、教育水平的人在总体中各占多大比例等，以此按比例分配应抽定额。定额抽样假定：第一，只要类型划分较细，那么同一个类型中的每一个个体都是同质的，因而无须采用随机抽样；第二，只要类型划分合理，且分配给各类的名额符合总体中各类人员的分布，那么，样本就可以准确地反映总体。这两个假定在理论上是成立的，但在实施过程中很难做到。一方面，由于总体存在众多属性，无法同时兼顾所有属性，只能考虑其中几种，导致分类无法精细；另一方面，最新的有关总体分布变化的信息很难获得，因而配额的合理性难以保证。这些因素都会对定额抽样的样本代表性产生影响。

在具体实施抽样之前，依据研究的目的与要求，根据调查范围、调查对象、各种抽样方法的特点以及其他有关因素，决定具体采用哪种抽样方法。除了抽样方法的确定外，还要根据调查的要求确定样本的规模及主要目标量的精确程度。一个完整的抽样方案应包括以下内容：第一，确定抽样调查的目的、任务和要求；第二，确定调查对象（总体）的范围和抽样单位；第三，确定抽取样本的方法；第四，确定必要的样本量；第五，对主要抽样指标的精度提出要求；第六，确定总体目标量的估算方法；第七，制订实施总体方案的办法和步骤。

3. 数据采集

在确定好研究方法和抽样方法后，下一步就是进行数据采集。数据采集是研究中至关重要的一步，因为研究的结论和分析都基于采集到的数据，而采集到的数据的质量和数量直接影响研究的可靠性和有效性。在进行数据采集前，首先要确定研究所需数据的种类和来源。数据种类包括定性数据和定量数据。定性数据是指非数字化的数据，如文字、图片、音频等。定量数据是指可以量化和统计的数据，如数字、比率、百分比等。以上数据是通过之前选择的研究方法来获取。

确定数据种类和来源之后，需要制订数据采集的具体方案。数据采集方案应该包括以下几个方面。第一，数据采集的目标和问题：明确数据采集的目的和所要解决的问题，以此来指导后续的数据采集过程。第二，确定数据采集的方法和工具：根据研究的目标和问题，选择合适的数据采集方法和工具。例如，如果要采集定量数据，可以使用问卷调查或实验法；如果要采集定性数据，可以使用观察法或采访法。第三，制定数据采集流程：确定数据采集的流程和时间表，包括采集的时间、地点、样本规模、数据处理方式等。第四，设计数据采集工具：根据所选的数据采集方法和工具，设计相应的数据采集工具，如问卷、实验流程等。第五，培训和招募采集人员：对于需要人员参与的数据采集，需要对采集人员进行培训和招募，并确保他们理解和掌握采集流程和工具的使用。第六，实施数据采集：按照设计好的数据采集方案进行数据采集，并确保数据的完整性和准确性。第七，数据清理和处理：在数据采集结束后，需要对数据进行清理和处理，包括数据格式转换、缺失值处理、异常值处理等，以确保数据的质量和可靠性。

在进行数据采集时，还需要注意一些具体问题，如样本选择、问卷设计、数据记录等。样本的选择要遵循随机性和代表性原则，以确保样本的代表性和可比性。另外，在进行数据采集时，还需要考虑数据的可靠性和有效性。可靠性指的是数据的稳定性和一致性，即在相同的条件下进行多次测量，得到的结果应该是相似的。在实际操作中，可以采用多种方式来保证数据的可靠性，比如在同一时间、同一地点、同一环境下进行测量，以及使用标准化的测量工具等。

而有效性则是指数据能否反映出研究问题的本质。为了保证数据的有效性，研究者需要选择合适的测量工具和采集方法，并在实际操作中尽可能减少误差和干扰因素的影响，以获得真实、准确、客观的数据。例如，在进行问卷调查时，需要确保问卷问题的准确性和清晰度，同时还需要注意样本的代表性，避免因为样本不足或样本偏差导致数据失真。

最后，在数据采集完成后，还需要进行数据清理和整理的工作，将数据进行分类、编码、输入电脑，并进行初步的数据分析，以保证数据的准确性和完整性。数据清理和整理是一个耗时、耗力的过程，但是这个过程的重要性不容忽视，因为任何一个错误或疏漏都有可能影响研究结论的准确性和可信度。总之，数据采集是研究设计中至关重要的一步，需要研究者在进行前充分考虑，并严格按照设计方案实施，以获得准确、可靠、有效的数据，为后续的数据分析和结论推导奠定坚实的基础。

（六）数据分析

通过对收集到的数据进行分析，可以得到结论并验证假设或回答研究问题。在进行数据分析之前，需要确定分析的目标和问题，并选择合适的分析方法。

首先，确定分析目标，即根据研究目的和问题，明确所需分析的内容。例如，如果研究目的是了解两种不同产品的市场需求情况，那么可以分析客户对这两种产品的反馈和购买行为。另外，确定分析问题也是十分关键的，可以帮助研究者更准确地分析数据，回答研究问题。例如，如果研究问题是"这两种产品哪个更受欢迎"，那么可以分析两种产品的销售情况、客户满意度等方面的数据。

其次，选择合适的数据分析方法。数据分析方法的选择应根据研究问题和数据类型进行。常用的数据分析方法包括描述性统计分析、推论性统计分析、回归分析、聚类分析、因子分析等。例如，如果想要了解两种产品的销售情况，可以采用描述性统计分析来分析销售数据，了解两种产品的销售额、销售数量、销售增长率等信息。如果要确定两种产品的市场份额，可以采用推论性统计分析，通过样本数据推断出总体情况。

再次，在进行数据分析时，需要注意数据的质量和可信度。数据的质量直接影响到分析结果的准确性和可靠性，因此，需要进行数据清洗和验证。数据清洗可以帮助研究人员识别和纠正可能的数据错误、缺失或异常值，以确保数据的准确性和可靠性，例如去除异常值、缺失值等。数据验证可以帮助研究人员确定所使用的分析方法是否适当，并检查结果是否正确。另外，也需要注意数据的可信度，即数据的来源和真实性。为了保证数据的可信度，可以采用多种数据源、多角度收集数据，并在分析过程中进行交叉验证和对比分析。

最后，研究者应该根据分析结果，对研究目的和问题进行评估和解释，并对结论进行说明。需要注意的是，在进行结论解释时，应该充分考虑研究方法和数据分析方法的局限性，避免对结果过度解读和武断下结论。同时，也应该在结论中提出一些启示和建议，为后续研究和实践提供参考。

第六讲

如何写实证分析

一、什么是实证分析

科学理论的形成与发展受益于实证分析的支持与推动。实证分析的研究范式具有重要价值，在人文社会科学的各个学科中都有不同程度的应用。无论实证的具体方式、应用领域如何，其产生动因、本质特征、基本类型、内在逻辑及适应性、可信性条件和局限性等基本问题都需要有明确的、系统的论述。

（一）实证分析的基本含义与构成要素

实证研究其实是感性与理性、具象与抽象以及理论与经验之间双向沟通的过程。作为一种研究方法，它包括三个基本构成要素：替代性、程序性与还原性。

1. 替代性

实证分析所强调的客观性和可信性，要求其能够以某种形式"重现"研究对象，这对于经济学研究尤为重要。由于受认知和技术实现手段的局限，需要根据研究的问题选择合适的实证方法，对研究对象进行替代，或将原型转换为可供检验的形式。合理且真实地替代或转换，能够提升实证分析的科学性和说服力。

2. 程序性

实证分析是由若干步骤构成的一个完整的过程：从数据调查、收集和整理，发现问题，到建立理论假设、构建和选定理论框架、识别和分析模型及参数估算、演绎推理，最后对实证得到的结论进行解释分析。当然，规范性不仅仅是指实证分析需要依据标准的研究范式进行表述，也需要能够反映客观现实的规范化，包括数据采集的科学性与真实性。程序的客观、清晰和可复制，可减少实证分析主观倾向性，以保证科学研究结论的可信度和应用的有效性。

3. 还原性

实证分析的目的是通过科学的工具和手段，还原理论研究成果并应用于实际，实现理论联系实际。一方面，通过理论研究解释现实现象，并进行推测预见。另一方面，基于现实现象对理论研究进行检验并发展理论，让理论回归实践；然后，根据理论与实践之间的差别完善理论，如逐步放宽理论假设、修改约束条件，以检验、反馈和改进理论。所以，在人文社会科学中，往往是通过实验模拟、计量模型等实证分析方法，使理论与实证、定性与定量的结合更为紧密。

（二）实证分析做什么

实证研究是基于观察和试验取得的大量事实、数据，利用统计推断的理论和技术，并经过严格的经验检验，而且引进数量模型，对社会现象进行数量分析的一种方法，其目的在于揭示各种社会现象的本质联系。实证分析是借助对经验事实的描述来解决经验事实中所遇到的问题，注重人的现实功利要求，追求结果的时效性。

相比规范研究方法，实证研究方法主要进行定量分析，依据数据说话，使其对社会问题的研究更精确、更科学。规范研究从某些假设出发，通过逻辑演绎得到理论。两者的主要区别是：规范研究采用的是演绎法（deduction），侧重逻辑而脱离现实，往往用来提出纯理论；实证研究采用归纳法（induction），侧重经验贴近现实，用来验证已有理论或由观察总结新理论。

（三）实证分析的发展历程

实证分析是科学研究中常常见到的一个术语、一种方法，特别是在人文社科类的研究中，它的基础则是科学主义当中所流行的实证主义。

实证主义（positivism）是强调经验、排斥形而上学传统的一个西方哲学派别，又称实证哲学。其创始人是法国哲学家、社会学始祖孔德。孔德于1830年开始陆续出版了6卷本《实证哲学教程》，系统地提出了实证主义哲学。英国的密尔和斯宾塞对实证主义也有所贡献。实证主义的基本特征是将哲学的任务归结为现象的研究，以现象论观点为出发点，通过对现象的归纳来得到科学定律。

实证主义作为一种哲学流派在欧洲已经基本瓦解，但它所倡导的实证研究方法在北美的社会学、心理学、经济学、管理学等诸多社会科学中扎下根来，成为这些学科的主流研究方式。

1. 实证主义研究方法的基本内涵

实证主义是科学主义在哲学中的一种表现形式。实证主义反对形而上学，认为现象界是人类知识的唯一合法领域，主张实证科学知识就是关于现象的知识。实证主义的创始者孔德认为社会研究应该向自然科学研究看齐。他用实证方法（观察、实验、比较和历史的方法）来研究社会，创立了社会物理学，成为社会学的创始人。在社会学研究的方法体系中，实证主义研究方法的特点主要体现在方法论层面。社会学研究的方法论主要是指社会学研究的哲学基础和研究过程的逻辑，它是规范社会学这一门科学学科的原理、原则和方法的体系。实证主义研究方法的哲学基础就是自然主义精神。在它看来，社会学研究应该对社会世界中的现象及其相互联系进行类似于自然科学那样的探讨，并且通过具体的、客观的观察，加以经验概括得出结论。同时，这种研究过程还应该是可以重复的。主张实证主义研究方法的学者们认为，社会现象与自然现象没有实质的区别，倡导用自然科学的概念和方法去建立一门与自然科学具有同样研究法则的社会科学。

2. 实证主义研究方法的历史演变

实证主义研究方法的历史演变主要可以概括为经典实证主义、逻辑实证主义和后实证主义三个阶段。

经典实证主义者认为，如果一种社会学说是用实证的方法开展研究，那么它就是科学的学说；否则，它就不是科学的学说。

逻辑实证主义者认为，凡是不能被经验证实或逻辑证明的陈述和理论都是没有意义的。它们要么是诗歌之类的文学艺术作品，要么是企图伪装成科学的形而上学。

后实证主义者认为，科学思维是在经验环境和形而上学环境之间的科学连续体上运行的。换言之，科学研究是两种研究双向运动的结果——从立足于经验环境的研究方法出发，对经验世界进行归纳概括的经验研究，与以一般性理论分析为出发点，从一般性理论分析过渡到具体的经验研究是同等重要的。

二、实证分析写作前期准备

（一）确定研究选题及方法

选题是按一定价值标准或条件对可供选择的课题进行评价和比较并对研究方向、目标、领域和范围作出抉择的过程，是解决"研究什么"的问题，是决定论文内容和价值的关键环节。做好论文选题工作，其论题确定、论证角度选择、材料取舍、篇章结构安排等问题就会迎刃而解。选题要考虑必要性、科学性和可行性等，应扬长避短，在主客观最佳焦点上，选择难易适中、符合自己实际能力的论题。

1. 根据研究目的选题

根据研究目的，可以分为描述性研究、解释性研究和探索性研究三类。

描述性研究的目的是系统地了解某一科学现象的状况及发展过程，通过对其一科学发展现状的准确、全面描述，解答"是什么"的问题。解释性研究则试图对科学发展现象作出普遍因果解释，以解答"为什么"的问题。探索性研究是对某一课题或某一现象进行初步了解，既可以作为一项独立研究，又可以为进一步周密深入研究做准备。

换言之，探索性研究的目的是发现问题、提出问题，而描述性研究和解释性研究则是解答问题。描述性研究和探索性研究事先没有明确的理论假设，一般都从观察入手，了解和说明研究问题，而解释性研究则要求事先提出一些明确的研究假设，主要运用假设检验逻辑构成相关模型或因果模型。

2. 根据研究类型选题

从论文类型和领域角度，可以分为基础理论研究、应用理论研究、开发理论研究三类。这三类课题本身价值有所不同。基础理论研究重在学术理论价值；应用理论研究重在社会实践价值；开发理论研究重在经济价值。

基础理论研究旨在建立和发展理论体系，以系统阐述并检验各种假设、原理、法则为最终目标。对于基础理论研究，往往先有某种设想或假设，然后找出其本质规律予以确立和验证。其成果一般表现为发现新领域、新规律，提出新学说、新理论和新观点。

应用理论研究是运用理论知识，探寻有实用价值的新知识、新途径和新措施以解决实际问题的研究，即如何把科学理论知识转化为技能、方法和手段，使科学理论知识与实际衔接，是联结理论和教育、教学实际的中间环节和桥梁，具有承上启下的作用。例如，美国教育家布卢姆为代表的应用认知学派的基础理论研究提出教育目标分类方法，建立了应用模型。凡是与现实需要联系紧密的专题研究，都属于应用研究。

开发理论研究以明确、具体的技术形式使研究成果得以推广，直接应用于实践。例如有关提高教学质量成果的推广研究就属于开发研究范畴。与应用研究相比，开发研究探求理论研究成果的推广应用形式和途径，是基础研究和应用研究的成果在实践中的可行性、适用性研究。从一定意义上说，开发研究不是为了获得知识，而是展开知识，是将研究成果与经验加以推广和普及。科研成果价值只有通过开发研究，才能得以真正实现。

基础研究、应用研究和开发研究各有不同特点和作用，但又相互关联、相互渗透、相辅相成。基础研究是应用研究、开发研究的依据和指导；应用研究、开发研究又是对基础研究的验证、丰富和发展。基础研究是否科学，是否具有真理性，需要在实践中加以验证；通过应用、开发研究可以对基础理论加以鉴别、选择。基础理论也正是通过应用、开发研究而不断发展、逐渐完善的。

3. 根据实力选题

研究者在选题前，应确定主攻方向，明确专业目标，了解自己的研究实力，用古希腊的话说："认识你自己"，用中国俗话说："人贵有自知之明"。研究实力分绝对实力和相对实力两种。绝对实力由研究者的知识结构、智能结构、研究经验等构成。相对实力则是研究者与同一领域的其他研究者实力比较而得出的判断和结论。如有工作经历的研究者，如果具备理论修养和创造性思维能力，就具有应用性研究优势；而相对于基础理论研究，其研究实力较弱。

4. 根据"小题大做"原则选题

学术论文写作，宜小题大做，忌讳大题小做。著名学者胡适主张从小题目做起。他说："题目越小越好，在小题大做上可以得到训练。千万不可做大题目。"王力先生也是这个主张，他在《谈谈写论文》一文里，首先认为："论文选题范围不宜太大。范围大了，一定讲得不深入，不透彻。"接着他又强调说："应该写小题目，不要搞大题目。小题目反而能写出大文章，大题目倒容易写得肤浅，没有价值。"研究者易犯"大题小做"毛病，究其原因，是"大题小做"容易凑数，而"小题大做"难做。初入科研之道的研究者应培养刻苦钻研的学术作风，从"小题大做"培养起，脚踏实地、勤学苦练，点点滴滴水成洲，砖砖瓦瓦盖成楼。

5. 根据时效性和应用空间选题

科学研究并非一次性研究行为，研究者应根据选题时效性和应用空间大小等标准选择具有扩展性的课题。候选题目可以分为下列四种状态。

①无效状态。是指那些已经被研究透了、无论在理论还是在实践上都不可能有所创造和发现的课题，如同一座废弃的金矿遗址，不再有研究价值。

②潮尾状态。指那些即将落伍、被人遗忘的课题，也许还有少量内容尚未被发现，但对刚入门的研究者来说，研究它会困难重重，往往徒劳无益、无功而返。

③热门状态。指目前最受关注的研究热点和焦点，具有较高的社会价值和经济价值，研究者趋之若鹜。对这类题目，选题策略是要找到热门中的"冷点"进行攻关研究，在确保质量的前提下，追求"短平快"。

④冷门状态。指在目前研究中被忽略和尘封的题目。这类选题研究资料稀缺、研究难度较大，难以取得经费支持，对研究者素养要求较高。对这类题目的研究不能盲目追求速度和效益，应树立"板凳甘坐十年冷"

的精神，以审慎、严谨、实事求是的研究态度进行研究，以质量和价值取胜。

6. 根据学术价值和科学发展趋势选题

有学术价值的选题是指在学科领域中具有理论性、新颖性、前瞻性和战略性的选题。初次撰写学位论文的研究者，如果能有新发现、新创造和新突破，一鸣惊人，脱颖而出，当然是难得人才；但一般来说，只要做到某一方面，就具有一定的学术价值。例如：利用已有理论解决某一问题，得出新结果；利用其他学科领域方法来解决本学科问题；发掘、利用新资料，充实或修正本学科内容；选择那些将要成为热门的冷门，从而形成研究优势。这就要求研究者善于独立思考、富于创造，勇于发前人未所发。列宁在谈到马克思的创新精神时指出："凡是人类社会所创造的一切，他都用批判态度加以审查，任何一点都没有忽略。凡是人类思想所建树的一切，他都重新探讨、批判，根据工人运动的实践一一检验。于是就得出那些被资产阶级狭隘性或偏见所限制、束缚的人所不能得出的结论。"

7. 根据特长选题

每一位研究者都有自己的专业方向，但专业不等于特长。特长是指在科研方面所具有的优点，如有的人擅长思辨，有的人知识广博，有的人善于考证。各位研究者可以根据自己的特长选题，认真分析自己的优势和不足，扬长避短，这是能否选好恰当的题目，使研究取得成果的前提条件之一。史学家孔凡礼先生在"治学之道"专栏谈自己的研究体会时说：自己不擅长搞理论，而乐于资料辩证。他多年来侧重于对文献资料整理、辑佚、考证，取得显著成果。南开大学朱一玄教授始终如一地研究古典小说版本，其成果已成为同类研究的重要依据。由此可见，选题应从自己的实际条件出发，不可好高骛远，试图初出茅庐就一举成名。选择符合自己特长的论题，就可以驾轻就熟，收到事半功倍之效。当然，扬长避短不等于片面发展，研究者在发挥特长的同时，还应注意博采众长补己之短。如果长期困守一隅、故步自封，将使研究的路子越走越窄，优势也可能变为劣势。

8. 根据兴趣选题

兴趣是人们对某种事物喜好的情绪和心理指向。这里的兴趣，是指对某一论题有一定认识，并对之产生研究欲望。科研是艰苦的劳动，十分枯燥和单调。因此，只有对自己的选题具有浓厚兴趣，并且随着科研进程而不断加深，才可能不畏艰难，探寻到底。

9. 根据科研条件选题

选题来源广泛，有长期短期之分、全面与局部之别，既有理论研究，也有实践分析，又有理论争鸣。研究者选题的主观条件包括个人知识结构、研究能力、写作水平；选题的客观条件包括文献、资料、设备、仪器、时间、经费、导师、环境等，其中资料是最重要的条件。科学研究不同于文学创作，不能凭想象虚构结论，一切结论只能建立在坚实的资料基础之上。没有足够的资料，研究就会成为无源之水，无本之木。研究资料包括图书报刊、文物图片、音像资料、计算机软盘以及口头传说等。应考虑资料的可靠性、翔实性和可操作性。如果不具备这些条件，即使题目再好，也难以付诸实施。

10. 根据社会需要及其实用性选题

日新月异的社会发展对科学研究不断提出新的挑战。研究者应具有高度的社会责任感，关注选题的现实价值和社会效益，回答和解决与千百万民众利益息息相关的现实生活或学术研究领域中的实际问题，深入实践、广做调研、求真务实。古人云："言不关世道不为""无益于世不列"。同时，可结合地方特色选题。地方特色之和构成国家、民族特色。结合地方特色选题，解决当地特殊问题，对于丰富总体成果、推动全局发展有重要意义。要选好这类课题，首先应了解本地特色，比如：在经济特区，有特殊政策及不同的价值观念。

（二）提出研究假设

一旦确定了研究选题，接下来要做的事情就是通过理论推导来说明选题的合理性。研究假设是指人们在已有知识或经验的基础上，通过对事物所观察到的现象，提出某种尚待证实或证伪的设想、方法或观点。这一部分包括相关的文献回顾，能够解释研究问题的理论，以及可能提供解决办法的研究假设。这一部分的写作方式有很多的变化。有的以对因变量的讨论开始，然后分别介绍每一个自变量。还有的从对自变量的介绍以及为选择这些自变量提供依据和逻辑解释的理论开始。在每次引进一个构念或者列举与该构念相关的研究文献的时候，要首先对该构念进行定义。要有选择性地回顾文献并避免跑题到一个与此毫无相关的领域。澄清构念将有助于读者跟随你的逻辑论证。

同时，这一部分的主要目的是对一种或多种理论展开介绍，以便为研究问题提供一个合乎逻辑的分析。有的文章只依据一种理论（如代理理论、社会交换理论或公平理论），其他文章可能涉及多种理论（例如，比较代理理论与乘务理论，对比战略选择与资源依赖理论）。后者可能会涉及互补性或竞争性的假设。一篇文章应该有多少个假设并没有严格的标准，这取决于文章理论的简单或复杂程度以及研究所涉及构念的数量。一个好的研究可能只有一个假说，虽然这是比较罕见的。通常来说，太多的假设并不总是好事，因为它会使研究过于复杂。对于假设的措辞要仔细推敲。

1. 研究假设的特性

（1）预见性

研究假设作为一种预测的研究结论，能够反映两个或多个变量之间的期望关系，能够预见研究的结果。因此，预见性实际上是一种"未卜先知"。

（2）科学性

研究假设尽管是预见的，但不是主观臆断的。研究假设的提出应合乎规律、合乎逻辑，建立在真实的事实材料和已有的科学理论的基础之上。

（3）检验性

研究假设的表达要尽可能量化或可操作化，要能通过科学实验或具体实践来进行检测，以判断研究假设在理论上是否能够成立，在客观上是否符合实际，在操作上是否能够证实或证伪。

（4）明确性

研究假设的提出要有一个限定范围，表达研究假设时要以陈述句的方式呈现，并确保语意明确、语言简洁，不能模棱两可、含混不清。

2. 研究假设的作用与意义

（1）研究假设为课题研究指明方向

研究假设是课题研究的缘起，整个研究过程都要围绕验证研究假设来进行，并为课题研究指明路径和方向，从而减少课题研究的盲目性，增强课题研究的自觉性，提高课题研究的针对性，务求课题研究的实效性。

（2）研究假设为课题研究提供保障

尽管课题研究涉及各个方面，但研究假设终处于一种主导地位，能保障研究结论的科学性、合理性、实用性，保障研究过程有序展开。

（3）研究假设为课题研究直达成果

研究假设提出后，在验证研究假设时，可能被证实，也可能被证伪，无论被证实还是被证伪，都是研究成果的呈现形式。被证实的研究假设可作为研究成果加以应用，被证伪的研究假设可再度进行假设，重新开展研究。因此，研究假设是理论的先导，是直达成果的桥梁。

3. 研究假设的表达

如何形成和表达研究假设，是课题研究的重点和难点。研究假设的形成，要根据不同的研究课题，采用不同的方法。根据选题时所收集的资料和掌握的事实，可分别采用演绎法、归纳法、类比法、直观法、概念化方法等方式，对所研究的问题的本质和规律提出某些初步的设想，这些初步的设想就是你所形成的研究假设。为了使形成的研究假设符合科学性、预见性、检验性、明确性之要求，在具体表达时一般采用以下三种方法。

（1）命题式表达

命题式表达就是借用数学中的逻辑命题予以表述，其构成形式为"如果有 A，那么有 B"，且符合偏正结构。其中条件部分句子 A 为正句，结论部分句子 B 为偏句。例如，如果我们要研究"启发式教学对学生学习能力和创新能力的影响"，可以形成多个假设，其中的一个假设若采用命题式表达法可表述为"如果在某一个教学班级实施启发式教学方法，那么这个班级的学生在其学习能力和创新能力方面必然高于未实施启发式教学班级的学生"。

（2）差别式表达

差别式表达的一般构成形式为"在 A 条件具备下，B 与 C 之间存在明显差别"。比如，如果我们要开展"多媒体教学在帮助学生理解知识方面所起的作用"研究，也可以形成多个假设，其中的一个假设若采用差别式表达法可表述为"实施多媒体教学，城市学生与农村学生在认同程度上存在明显差别"。

（3）函数式表达

函数式表达借用了数学中的函数概念，即运用函数概念来反映研究假设中两个或两个以上变量之间的期望关系或动态关系。这种表达的一般构成形式为"某一个因变量是某个或某些自变量的函数"。如假设"学习效率是学习动机的函数"便是函数式表达。函数式表达的困难在于变量之间的函数关系解析式的建立，为规避这种困难，一般采用图像法和列表法来反映变量之间的依存关系，并通过图像的变化和数据的变化来推测和证实研究假设。

（三）数据收集

数据是实证研究最重要也是最基本的要素，在实证学术研究的过程中，如果没有完整准确的数据库作支持，研究者60%以上的时间都会花费在数据的收集、整理上，并且收集到的数据也很难保证完整性、准确性，这不仅大大降低了研究的效率，而且会影响研究结论的得出，进而影响成果的发表。因此，构建符合研究需要的数据库，是开展实证学术研究的先决条件。

在社会科学研究中，通常所用的数据收集工具有：问卷和访谈。访谈法如计算机辅助访谈、计算机辅助电话访问系统、网络在线调查等。问卷调查法是一种最为常见并被广泛应用的数据收集方法。传统的问卷调查法有现场发送问卷调查法、面对面访问法、电话访问法等。计算机技术的发展和互联网的普及，以及网络时代的到来，对当今社会生活的各个方面产生巨大影响，同时也在悄悄改变着传统的基于问卷的数据收集与分析的研究风格和研究方式。这种影响表现在数据收集与分析过程的各个阶段，从理论构建、调查设计、调查实施、数据录入到数据分析（如文本、声音、图像资料的处理），甚至延伸到调查报告写作阶段。

1. 数据的真实性

数据的真实性与数据的来源密切相关。用来进行分析的数据，数据的真实性出现扭曲是很正常的现象。数据本身不会说谎，会说谎的是人。造成这些扭曲的原因非常复杂，可能是数据收集者或者提供者无意造成的测量误差（例如在家庭调查中，被调查者对自己的年收入通常没有很准确的记录，只是通过记忆给出一个大体的数字）；也可能是他们故意地扭曲（例如在家庭调研中，有些富裕的被调查者不愿意告诉别人真实的收入，害怕惹麻烦）。如果数据本身出现了问题，分析结果出现偏差，那就毫不意外。数据的扭曲，大体上可分为测量误差和样本选择。

（1）测量误差

测量误差对实证结果造成的扭曲在计量经济学中已经得到了充分研究。迪顿（Deaton）提出，在最小二乘法中，如果只有一个自变量存在非系统性测量误差，那么它的回归系数的绝对值会比真实值小，这称之为"测量误差的铁律"，但是如果多个变量存在非系统性测量误差，那么回归系数的扭曲方向没有一定的规律。但是，如果测量误差是系统性的，那会造成模型的内生性问题。何谓系统性误差？在这里指误差项和自变量存在相关关系。这需要用工具变量方法来解决。

（2）样本选择

样本选择就是某些样本由于某些外在的系统性原因，导致观察值丢失。一个典型的例子：在调查居民工资收入时，某些居民可能由于市场工资低于自己的保留工资水平而选择不工作，导致这部分居民的工资收入无法观察。显然，他们有自己的市场工资水平，这个工资不会等于零。如果以零作为他们的工资，这显然是不对的；如果去除这部分样本，也会导致回归模型的系数产生和真实值不一致的问题。

2. 数据来源和类型

数据一般有三个来源，具体为调研数据、政府等机构的统计数据以及实验数据。数据类型可以分为：截面数据、面板数据以及时间序列数据。每一类数据有自己的优势，也有自己的劣势。数据的类型，通常决定计量模型的选择。

（1）截面数据

截面数据由于收集的时间成本比较低，在经济分析中是一种常见的数据类型，它主要应用在微观经济行为的分析中，虽然在一些宏观政策分析中也偶有应用。由于数据结构本身的限制，在计量分析中，隐含着一个假设条件是每一个经济主体的未观测到变量（即误差项）不存在系统性差异。但是，这样的假设条件有时过于强烈，而且在实证分析中也无法检验该假设。这有可能会导致一些实证分析产生不切实际的结果。斯托克（Stock）等在其流行的计量经济学教科书中有一个经典例子：运用美国各州的截面数据发现啤酒税的高低和交通事故率之间存在奇怪的正相关关系。但是，运用固定效应模型的面板数据后，这个相关关系变成了显著的负相关。这是因为各州对酒驾的态度不一样，截面数据模型无法控制这个变量，而导致了内生性问题；而面板数据能够通过控制州的效果而去除这个变量的影响。这显示了面板数据的优势。

（2）面板数据

相对于截面数据，面板数据可以控制观测主体的未观测到的变量，使模型的估计变量满足一致性要求。此外，在实证分析中，很多研究者也偏好于使用滞后变量作为工具变量来克服模型的内生性问题。在对中国的实证分析中，最广泛应用的面板数据为省级的统计数据。对以家庭住户为调查对象的面板数据收集，虽然需要很多的人力和财力，但是随着信息科技的发展以及政府等部门的大力支持，需要长时间追踪的以家庭住户为对象的大规模面板数据的收集在中国也变为可能。关于中国的微观调研数据，除了不开放利用的国家统计局的农村住户调查统计数据和城镇住户调查统计数据，在学术界广为使用的数据包括农业农村部农村经济研究中心的"固定观察点数据"、美国北卡大学的中国健康与营养调查，以及北京大学的中国健康与养老追踪调查。对于面板数据的处理，除了不常见的差分法，比较常见的计量模型包括固定效应模型和随机效应模型。每一种模型都有不同的假设条件。二者的假设条件区别在于随机模型必须满足观测对象的固定效果变量和自变量之间不相关，而固定效果却没有这样的限制。它们之间的差异可以用 Hausman 检验来识别。从实际操作的角度来说，固定效应模型在任何时候都保证了一致性，所以固定效应模型虽然损失了一部分效率，但更加稳健，所以在实证分析中占主导地位。除非是某些出现极端的情况：截面数量远远大于时间长短，使用随机效应才可以显著提高效率。在实证分析中，还要注意面板数据中的截面数量（N）和时间长短（T）之间的关系。在 T > N 的场合，面板数据更多展现出时间序列的特征。一些时间序列的分析方法有必要导入进来。最后，在现实中平衡的面板数据比较少见，更多存在的是不平衡的面板数据，不平衡的面板数据在实际计量处理中和平衡的面板数据没有什么本质的不同。

（3）时间序列

时间序列分析中最大的问题是数据的平稳性。如果数据是平稳的，最小二乘法模型基本特征可以移植到时间序列里，通常的分析模型包括 AR-MA、VAR、GARCH 等模型。如果数据不是平稳的，情况就变得非常复杂，回归系数的标准差有时不服从标准正态分布，从而造成了所谓的伪回归问题，系数的显著性加大，原假设更容易被拒绝。为了校正回归系数的分布问题，在采用 VAR 模型作 Granger 因果分析的时候，即使采用差分的办法去除非平稳性，其回归系数的分布也可能不是标准正态分布。通常的方法是对水平变量 VAR 在用 AIC 或者 BIC 基准选择最优滞后项的基础上，继续增加滞后项的方法来得到一致的检验结果，增加的滞后项的数量为非平稳变量的最高整合阶数。但是，如果非平稳变量之间存在协整关系，回归系数是超级一致的。所以，必须先识别计量模型变量之间是否存在协整关系。协整检验的方法包括原始的 Engel – Granger 方法和 Johansen 秩检验和特征值检验等方法。Engel – Granger 方法比较直观，但缺点是只能识别是否存在协整，不能识别在多变量情况下的多个协整；Johansen 检验能够识别多变量情况下的复数协整个数，所以在实证中广为使用，但缺点是检验通常不够稳健。检验时间序列数据是否平稳的方法很多，比较著名的检验包括 Augmented Dickey – Fuller 检验、Phillips – Perron 检验以及 KPSS 检验等。前两者主要检验时间序列是否存在单位根，其原假设是存在单位根；而 KPSS 检验的原假设是时间序列是平稳的。在实证中，最好能够同时报告 Augmented Dickey – Fuller 检验（或者 Phillips – Perron 检验）和 KPSS 检验，从不同的两方面来验证检验结果的稳健性。最后，时间序列的滞后项数对回归或者检验的结果影响很大，选择科学合理的滞后项数就显得至关重要。实证分析中，通常选择滞后项的方法为 Akaike 信息准则和贝叶斯信息准则。这两个准则的原理是基于数据本身对模型的吻合性，加上一个对滞后变量数量的惩罚因子。AIC 或者 BIC 的最小者为最好之模型。

（四） 数据预处理

对收集到的数据进行清洗、整理和转换，以便进行后续分析。这可能包括处理缺失值、异常值等。

数据整理是每一个做量化统计的人都会遇到的问题，但也是实证工作中重要而常常不受重视的一步。在研究过程中，异常值、缺失值的出现，以及在不满足前提假设的条件下，错误地使用分析方法，都有可能造成分析结果的扭曲和错误。为保证分析结果的可靠性和准确性，必须对数据进行预处理，后面几节将分别介绍针对以上不同问题的数据清理方法。

1. 异常值处理

一般而言，异常值（outlier）可分为单变量异常值（univariate outlier）与多变量异常值（multivariate outlier）两种。单变量异常值即在某个变量上明显高或者低的值。多变量异常值指在两个或多个变量上值的奇怪组合，这使得该观测与其他观测明显不同。异常值可能影响观测结果，也可能不影响。异常值的来源主要有以下几种。

（1）过程性错误，如录入、编码或缺失值定义错误

例如，在 1~5 计分的李克特量表数据中出现了 6 或者其他超出计分范围的值。由这种原因造成的异常值应在数据清理阶段进行识别，清除该值或编码为缺失。

（2）异常事件不符合研究目的

例如，记录日常降水量时，遇见台风，使得记录值明显提升。这时应判断异常事件是否符合研究目的，是则保留，否则删除。

（3）异常的观测值

这是指研究者无法解释的观测值，要考虑其是否代表了总体中的有效成分。

（4）各变量值都正常，但组合起来很异常

例如，已知某人身高 165 厘米，这高度本身不算特别高，属于正常范围，但如果得知该身高是测量自一位 5 岁的孩童，则综合这两个资讯，几乎可以肯定该身高在同龄者当中是一个与众不同的观察值组合。这种情况通常应视分析方法决定是否保留。

异常值处理的一般步骤是：检测出数据异常后，首先找到异常值出现的原因，然后进行保留或者删除的处理。异常值的处理要考虑异常值是否能代表目标总体的一部分。如果确定该观测值异常，且不属于目标总体，则删除这个观测值；如果可代表总体的一部分，或不确定是否异常，则要尽可能保留。可以通过转换变量或者改变计分，降低异常值对分析结果的影响。

2. 数据缺失处理

数据缺失常发生在数据的采集、运输、存储等过程中。如在各领域数据采集中，会存在一些数据无法获取或者人工操作不当而丢失的情况，或者在数据传输、存储等转移过程中发生丢失等。数据缺失的原因有：数据在采集过程中的缺失，如设备的局限导致无法获取完整的信息；数据在运输过程中的缺失，如人为操作、判定的失误会导致数据错误或者丢失；数据在存储过程中的缺失，如存储介质发生故障及损坏而导致的数据缺失，以及存储过程中对数据进行压缩而导致丢失。

缺失类型有缺失模式和缺失机制两大类。

（1）缺失模式分类

单变量缺失模式：单变量缺失模式是指单属性维度存在缺失值，即所研究数据集中只有一个属性维度存在缺失值，其余属性维度数据完整。

多变量缺失模式：多变量缺失模式是指多属性维度含有缺失值，即所研究数据集中有一个及以上属性维度存在缺失值。

单调缺失模式：单调缺失模式是指所研究数据集在多属性维度含有缺失值的基础上，缺失数据形成的矩阵进行排列变换后能呈现单调层级模式。

一般缺失模式：一般缺失模式简单点说就是所研究数据集中缺失数据分布在不同属性之间，并且毫无规律可循。这是目前最常见的缺失模式。

（2）缺失机制分类

完全随机缺失：完全随机缺失指数据缺失是随机发生的，与自身属性以及其他属性取值无关。例如研究数学、语文和英语三个属性时，数学属性的缺失与语文和英语两个属性无关，它是完全随机缺失。目前来说，完全随机缺失并不常见。

随机缺失：随机缺失指数据缺失只和完整属性取值有关。例如研究数学和语文两属性时，已知数学属性的缺失和语文属性相关，则可以认为这是随机缺失的。

非随机缺失：非随机缺失指数据缺失不仅与自身取值有关，而且与完整属性取值也有关，这种缺失是不可忽略的缺失。由于隐私敏感等问题，隐去某些属性值，这就是非随机缺失。

目前对于缺失值的处理方法基本分为三类：删除，填充，不处理。采用什么样的处理方法要因数据集缺失情况以及研究内容而定。下面介绍目前缺失值处理的几类解决办法，其中详细阐述了数据填充方法以及研究进展，最后总结了各类缺失值处理方法的优缺点以及适用范围。

（1）简单删除法

对象删除：对象删除指当数据集中某个研究对象的数据记录中存在丢失时，直接删除该对象。该方法仅适合于缺失对象极小，否则会使得数据集因丢失过多的信息而造成不完整，从而影响后续实验结果的准确性。

属性删除：属性删除指当数据集中某属性存在缺失时就直接删除该属性。这种做法虽然保留了研究对象的个数，但是丢失了对象的一些属性信息，若含缺失值的属性过多，就会造成删除过度，后续实验研究将毫无意义。

成对删除：成对删除指配对的两个变量之间，若有一方存在缺失值，就将两个变量同时删除，然后进行相关分析。

（2）权重法

权重法的使用前提是数据缺失类型为非完全随机缺失情况下，通过logistic 或 probit 等方法将缺失单元的权数分配到完整单元上，从而增大完整单元的权数以减小缺失单元带来的损失。这种方法一般用来处理单元无回答的缺失问题。但是权重法不适合多属性缺失的数据集，因为多属性缺失则会增大计算难度，造成准确性降低。

（3）填补法

人工填写：人工填写法就是数据集创造者根据自己对数据集的了解自行填充缺失值。这种填充方法对于数据集创造者来说无疑是最快最准确的方法，但是若数据规模大，缺失数据过多时，不仅费时而且容易出现错误，并且对于其他使用者来说这种方法适用性不大，基本上可行性很低。

均值填充：均值填充法就是将现有数据的对应属性均值填充给缺失值，但要注意数据变量需要服从或者近似服从正态分布，否则用该属性下的众数或中位数填充缺失值。简单来说就是先判断缺失值的数据类型，然后根据数据类型采取不同的填充方法，将同属性下其他对象的平均值填充给数值型的缺失值；或采用众数原理将同属性下取值次数最多的值填充给非数值型缺失值。但均值填补的缺点是仅仅适合数据规模小，缺失数据少的简单研究，不适应较复杂的分析研究。

EM 填充：第一步是计算期望（E），利用对隐藏变量的现有估计值，计算其最大似然估计值；第二步是最大化（M），最大化在 E 步上求得的最大似然值来计算参数的值。M 步上找到的参数估计值被用于下一个 E 步计算中，这个过程不断交替进行。

热卡填充：根据获取插补值的方法来将热卡插补分为最近距离热卡插补、随机抽样热卡插补、分层热卡插补和序贯热卡插补。但基本思想都是在已有的完整数据中寻找与缺失对象最相似的对象来进行填充，区别就是在寻找最相似对象的具体方法上有所不同。这个方法的缺点也很明显，就是如何定义客观的相似性标准来适应不同的数据集。热卡插补法作为一种单值填充，不论是实践还是研究都应用广泛。与均值填充和其他填充方法相比，对变量经验分布的保持有不错的效果。但是该方法的填充值易受辅助变量所影响，排序变量影响获得的序列，进而填充值也会受影响。

冷卡填充：与热卡填补相比冷卡填补法的填补值不是根据当前的数据集来进行填充的，而是通过历史数据或者其他相关的调查数据来进行匹配填充。这种填充方法存在一定的估计偏差，并不能广泛适用。

回归填充：回归填补基本上是通过完整数据集建立回归方程，然后用回归方程的预测值对缺失数据进行填充。后来提出了效果更好的随机回归填补，该方法在填补过程中给填补值添加了一个随机项，该随机项用来表示预测值的误差影响。随机回归填补法能最大程度地利用数据本身信息，使得预测变量的共线性问题得以解决。

聚类填充：以经典的基于 K – means 聚类填充算法为例，先将原数据集划分成完整数据集和缺失数据集，在完整数据集上进行聚类，分成 K

个簇，计算缺失数据每个对象与 K 个簇中心的相似度，把最相似的簇的属性均值填充给该缺失对象。

多重填补：多重填补认为待填补的值应是随机的，通过已有的值进行预测，估计出待填补的值，然后加上不同的噪声产生多组填补值，最后选取符合依据的填补值。多重填充方法的三个步骤为：①首先为每个缺失值估计一组可能的填补值，用来反映缺失值的不确定性，并构造多个完整数据集合；②采用相同的统计方法对这些完整数据集进行计算分析；③对来自各个完整数据集的结果进行综合分析，通过评分函数选择合适的填补值。

3. 重复数据清洗

为从本质层面保证数据分析和精准度，需将原始数据中叠加重复数据进行去除，以免对数据分析最终结果造成干扰。初期数据中存在两个或超过两个实例，则将其视为重复数据。为高效、及时地确定数据重复，一般选取的措施为逐一将每一个实例进行比较，确定与其相吻合的实例。为掌握实例中数据自身属性，可通过统计学进行检测，按照不同数值型属性均值和标准方差值，布设相应的属性区间，并与上述数据一一对应，辨识数据集合中重复记录，及时将重复数据去除。针对上述叠加数据通常选用相似度计算，以其作为去除准则，判定数据相似度是否满足要求。将两条记录相似度进行比较，其数值超出一定限值，则判定两条记录吻合，反之两者属于不同实体。

三、实证分析写作要点和步骤

（一）检验准备

1. 描述性统计

描述性统计是指运用制表和分类，图形以及计算概括性数据来描述数据特征的各项活动。描述性统计分析要对调查总体所有变量的有关数据进行统计性描述，主要包括数据的频数分析、集中趋势分析、离散程度分析、分布以及一些基本的统计图形。①数据的频数分析。在数据的预处理部分，利用频数分析和交叉频数分析可以检验异常值。②数据的集中趋势分析。用来反映数据的一般水平，常用的指标有平均值、中位数和众数等。③数据的离散程度分析。主要是用来反映数据之间的差异程度，常用的指标有方差和标准差。④数据的分布。在统计分析中，通常要假设样本所属总体的分布属于正态分布，因此，需要用偏度和峰度两个指标来检查样本数据是否符合正态分布。⑤绘制统计图。用图形的形式来表达数据，比用文字表达更清晰、更简明。在 SPSS 软件里，可以很容易地绘制各个变量的统计图形，包括条形图、饼图和折线图等，这些图解法包括数据相对简单的展示，如趋势图（也称"运行图"），它是通过一段时间内所关心的特性值形成的图来观察其随着时间变化的表现；散布图，通过将一个变量绘制在 x 轴上，另一个变量的相应值绘制在 y 轴上，帮助分析两个变量之间的关系；直方图，描绘所关心的特性值的分布；排列图等。

图解法有很多，它们有助于对数据的解释和分析，其范围可从上面描述的相对简单的工具（如条形图和饼分图等），到包括专门换算更复杂性质的技术（如概率图），以及包括多维空间和变量的图示。图解法十分有用，通常用来揭示在定量分析中不易发现的数据的异常特征。图解法在调查或验证变量之间关系的数据分析中，以及在估计描述这些关系的参数中都有着广泛的应用。此外，图解法也以有效的方式在汇总和表示复杂数据或数据的关系中发挥着重要作用，尤其对非专业人员更是如此。描述性统计（包括图解法）在许多统计技术中都有引用。描述性统计应被视为统计分析的基本组成部分。描述性统计用于汇总和表征数据。它通常是对定量数据进行分析的初始步骤，并常常是使用其他统计方法的第一步。在规定的误差界限和置信水平内，样本数据的特性可作为推断所抽取样本的总体特性的基础。

描述性统计的基本功能有两个：第一，介绍样本数据的基本情况，提供实证分析的基本事实背景，为待检验的因果关系做前期铺垫；第二，利用分组、列联表、散点图、相关系数表等分析工具，初步考察待检验假设的"雏形"，即核心自变量与因变量之间的相关性。

2. 诊断性检验

诊断性检验主要是为了证明选择某计量模型来估计某个样本数据是合

理的，至少从数据统计分布来看是合理的。任何计量方法都有其适用的前提条件，例如我们平常使用的 OLS 模型就要求数据符合正态分布。如果前提条件不成立，则无法使用此计量方法，否则可能导致不一致的估计结果。在运用模型进行估计之前，应对计量方法的前提条件进行诊断性检验。比如使用工具变量法估计后，应进行弱工具变量检验、过度识别检验、解释变量内生性检验等。

（二）检验假设

假设是对问题的一种尝试性的说明，是建立和发展科学理论的桥梁，几乎所有的科学理论，在其探索和完全确立的过程中，都要先经过假设阶段并判断假设是否符合基本要求。同时，在诊断性检验给出检验结果并为计量模型提供选择依据之后，就进入了检验假说的正式阶段。一般而言，在这个环节，主要是进一步根据基准回归结果检验假说是否成立。

1. 假设的可检验性原则

假设不仅要经过逻辑论证，说明它能解释普遍事实，并同其他理论相协调，在内部不存在逻辑矛盾，而且要包含可在实践中检验的结论。为了对假设进行实践检验，就要根据假设的基本观点，结合一定的条件，演绎出关于可供直接检验的事实的推论来。实践检验是通过观察和实验对假设及其推论进行的验证。因为假设中包括对事物本质的猜测，这种猜测往往以全称判断的形式出现，具有抽象性和普遍性，是无法直接验证的。只有通过观察和实验对假设及其推论进行的验证，即将推论和观察实验的结果进行对照。如果观察实验的结果同假设的所有可能的推论相一致，就应该说该假设经受住了检验，得到了证实。如果观察实验的结果同假设的推论总是不一致，就应该说该假设经不住检验，被实践所证伪。

2. 假设的证实与证伪

假设同理论有着基本相同的结构和功能，但它不同于理论，它对事物未知本质和规律的认识是根据已知的科学知识和科学事实推想出来的，具有一定猜测性质，它是否把握了客观真理，还有待于实践的检验。然而，假设又不同于一般的推测，它是以确实可靠的科学事实和经得起实践检验的科学原理为根据合乎逻辑地推论出来的。因此，它又与简单的幻想和随意的猜测不同，具有科学性。假设是科学性和猜测性或假定性的辩证统一。具体地考察假设的检验过程，我们发现，假设的检验即通过实践来证实或证伪并不是简单的，而是一个极其复杂的过程。

3. 基准回归

基准回归是一种最为基础、最为普通的回归方式，是其他回归的基础。根据研究需求构造合适的基准回归模型，对恰当的样本数据进行参数回归所得到的结果，可称为基准回归结果。基准回归是一种非线性的回归，可以用来评估模型或数据的准确性，检验假设的准确性，也可以用来计算基准回归模型中变量的参数，从而对回归结果进行实证分析。基本步骤如下。

①提出检验假设又称无效假设，符号是 H0；备择假设的符号是 H1。

H0：样本与总体或样本与样本间的差异是由抽样误差引起的；

H1：样本与总体或样本与样本间存在本质差异；

预先设定的检验水准为 0.05；当检验假设为真，但被错误地拒绝的概率，记作 α，通常取 α = 0.05 或 α = 0.01。

②选定统计方法，由样本观察值按相应的公式计算出统计量的大小，如 χ^2 值、t 值等。根据资料的类型和特点，可分别选用 Z 检验，T 检验，秩和检验和卡方检验等。

③根据统计量的大小及其分布确定检验假设成立的可能性 P 的大小并判断结果。若 P > α，结论为按 α 所取水准不显著，不拒绝 H0，即认为差别很可能是由于抽样误差造成的，在统计上不成立；如果 P ≤ α，结论为按所取 α 水准显著，拒绝 H0，接受 H1，则认为此差别不大可能仅由抽样误差所致，很可能是实验因素不同造成的，故在统计上成立。

4. 稳健性检验

稳健性检验考察的是评价方法和指标解释能力的稳健性，也就是当改变某些参数时，评价方法和指标是否仍然对评价结果保持一个比较一致、稳定的解释。

通俗些讲，就是改变某个特定的参数，进行重复的实验，来观察实证结果是否随着参数设定的改变而发生变化，如果改变参数设定以后，结果发现符号和显著性发生了改变，说明不是稳健性的，需要寻找问题的所在。

实证论文写作中稳健性检验的思路如下。

（1）变量替换

在实证论文写作分析中，变换变量法主要针对的对象是所考察主题的因变量（被解释变量）、自变量（解释变量）。根据不同文献的度量方法，作者可以引用不同的因（自）变量的度量方法，来考察研究问题或研究假设的稳健性。当然，这也体现了作者行文撰写中的谨慎性、合理性。

（2）模型检验方法的替换

在实证论文写作过程中，计量经济学为我们提供多项方法的选择余地。一般而言，因变量是我们在选择引用方法时主要考虑的标准之一。譬如，当主题所考察的因变量为连续变量，其存在不少 0 样本时，文章选择最小二乘法（OLS）、Tobit 模型都比较适宜，显然这两种方法在一定程度上来讲是可以替换选择的。

当然，这种方法上的替换思路和思维不是仅仅局限于此，还应考虑样本的特性，如截面数据或面板数据等，此时两类不同样本间也存在较大差异，自然所采用的方法也会有所不同，从而使得所得结论的说服力也存在差异。

（3）内生性问题的检验

内生性问题是社会科学领域中研究因果关系时必须关注和考察的问题之一。一般而言，内生性问题产生的原因有如下几个方面：①遗漏变量，且遗漏变量与引入模型的其他变量相关；②解释变量和被解释变量相互作用，相互影响，互为因果；③自我选择偏误；④样本选择偏误。

在当前社会科学领域研究中，解决内生性问题的方法有多种：工具变量法、Heckman 二阶段模型考察、自然实验法、双重差分法。

（4）剔除可能影响结论的特殊样本

剔除特殊样本是我们实证分析中比较常见的一种方法。例如，不少文献在考察政治联系对企业债务融资的影响时，将北京地区的企业样本予以剔除，是因为北京属于中国的政治中心；在考察新冠疫情对企业投资发展影响时，将湖北地区的企业样本予以剔除，是因为湖北是此次疫情的重灾区，影响大且可能更为突出。

（5）增加其他一些重要的控制变量

增加一些其他的重要控制变量，是因为考虑到在模型回归分析中我们忽视或遗漏了一些重要因素，而这些因素将是影响我们考察因果关系中的重要变量。

例如，当作者在控制了企业财务特征因素后，可以尝试控制经理人个人特征因素、所在地区经济发展因素等方面的变量。当然，这是笔者在文章写作过程中选择重要变量的思路，以供大家参考。

（6）变换研究样本，进一步考察所得结论

作者在使用某个数据库的样本得出结论后，再通过其他样本（或数据库）进行检验分析，从而进一步夯实了这个结论，也是非常有价值的。

（7）排除其他理论依据或假设

这种方法主要是指，针对某个经济现象或问题，作者在运用某一理论进行分析其中逻辑时，也有其他读者或外审专家认为还有其他理论逻辑可以对此问题予以解释说明。此时，作者可以运用数据实证或理论阐述的方式来推翻他人对理论逻辑的质疑，从而进一步提高作者在文章中所思所想的稳健性。

（8）多重共线性问题的考察，尤其是调节变量的交叉项

多重共线性问题是实证分析过程中比较常见的一种实证问题，需要大家引起注意，尤其是遇到调节交叉项时。此时，我们所采用的方法是逐步回归法，或当存在调节交叉项时，实证分析应对交叉项所采用的子变量分别予以中心化处理，再进行相乘得出交叉项。

（三）选择分析方法和模型

根据研究问题和数据类型，选择合适的分析方法。实证分析中常用的方法包括描述性统计分析、回归分析、时间序列分析、面板数据分析等。下面将介绍一些常用的数据分析方法。

1. 回归分析

在实际问题中，经常会遇到需要同时考虑几个变量的情况，它们之间关系复杂而无法精确研究，以至于它们的关系也就无法用函数形式表达出来。为了研究这种变量的关系，就需要通过大量实验观察获得数据，用统计方法寻找它们之间的关系，这种关系反映了变量间的统计规律，统计方法之一就是回归分析。最简单的就是一元线性回归，只需考虑一个因变量

和一个自变量的关系。例如，我们想要研究身高和体重的关系，需收集大量不同人的身高和体重数据，然后建立一个一元线性模型，接着，需要对未知的参数进行评估，采用最小二乘法，来验证因变量是否随着自变量线性变化，通常我们采用 t 检验。

2. 方差分析

实际工作中，影响一件事的因素有很多，人们希望通过实验来观察各种因素对实验结果的影响。方差分析是研究一种或多种因素的变化对实验结果的观察值是否有显著影响，从而找出比较好的实验条件或生产条件的一种数理统计方法。方差分析的主要工作是将测量数据的总变异按照变异原因的不同分解为因素效应和试验误差，并对其做出数量分析，比较各种原因在总变异中所占的重要程度，作为统计推断的依据。

3. 判别分析

判别分析是用来进行分类的统计方法，打个比方：想要对一个人是否有心脏病进行判断，可以选一批没有心脏病的病人，测试指标数据，然后取有心脏病的病人相同的指标数据，利用这些数据建立一个判别函数，求出相应的临界值。对于需要判别的病人，还是测量相同指标的数据，将其带入判别函数，求得判别得分和临界值，即可判别此人是否属于有心脏病的群体。

4. 聚类分析

聚类分析是用于分类的统计方法，可以用来对样品进行分类，也可以用来对变量进行分类，比较常用的是系统聚类法，将 n 个样品看成 n 类，然后将距离最近的两类合并成一个新类，得到 n－1 类，再找出最接近的两类加以合并变成 n－2 类，如此下去，最后所有的样品均在一类，将上述过程画成一张图，在图中可以看出分成几类时每类各有什么样品。

5. 主成分分析

主成分分析是对数据做降维处理的统计分析方法，它能够从数据中提取某些公共部分，然后对这些公共部分进行分析和处理。在用统计分析方法研究多变量的课题时，变量个数太多就会增加课题的复杂性，人们自然希望变量个数较少而得到的信息较多。在很多情形，变量之间是有一定的相关关系的，当两个变量之间有一定相关关系时，可以解释为这两个变量反映此课题的信息有一定的重叠。

主成分分析是对于原先提出的所有变量，将重复的变量（关系紧密的变量）删去多余，建立尽可能少的新变量，使得这些新变量是两两不相关的，而且这些新变量在反映课题的信息方面尽可能保持原有的信息。

6. 因子分析

因子分析将多个变量综合为少数几个因子，以再现原始变量与因子之间的相关关系。因子分析解决主成分分析解释障碍的方法是通过因子轴旋转。因子轴旋转可以使原始变量在公因子上的载荷重新分布，从而使原始变量在公因子上的载荷两极分化，这样公因子就能够用那些载荷大的原始变量来解释。

7. 典型相关分析

典型相关分析同样是用于数据降维处理，研究两组变量之间的关系。它分别对两组变量提取主成分，从同一组内部提取的主成分之间互不相关。用从两组之间分别提取的主成分的相关性来描述两组变量整体的线性相关关系。

（四）数据分析工具选取

使用选定的分析方法对数据进行分析。这可能包括运用统计软件（如SPSS、Stata、R 等）进行计算和建模。

对于实证研究初学者来说，在掌握了基本知识和查阅了大量的文献之后，即可以开始做实证研究，但做实证研究不仅需要数据和方法，还需要工具来检验实证研究的结果，如果工具不全，那么实证研究者也无法达到收放自如。另外，实证研究可能要处理大量甚至海量的数据，这些对于实证研究初学者来说都是棘手的问题。随着计算机技术的发展，不同的处理软件的出现，帮助我们解决了这个问题。在实证金融会计领域中，目前常用的计量软件包括 STATA、SAS、SPSS、Matlab、EViews、R 软件、Microsoft Excel、Visual Foxpro 等。下面我们对这几个常用的软件和实证研究的关系作简要的论述。

1. STATA 简介及特点

STATA 是一套提供其使用者数据分析、数据管理以及绘制专业图表的完整及整合性统计软件。它提供了许多功能，包含线性混合模型、均衡重复反复及多项式普罗比模式。STATA 的统计功能很强，除了传统的统计分析方法外，还收集了近 20 年发展起来的新方法，如 Cox 比例风险回归、指数与 Weibull 回归、多类结果与有序结果 logistic 回归、Poisson 回归、负二项回归及广义负二项回归、随机效应模型等。具体来说，STATA 具有以下统计分析能力。

（1）数值变量资料的一般分析

参数估计，t 检验，单因素和多因素的方差分析，协方差分析，交互效应模型，平衡和非平衡设计，嵌套设计，随机效应，多个均数的两两比较，缺项数据的处理，方差齐性检验，正态性检验，变量变换等。

（2）分类资料的一般分析

参数估计，列联表分析（列联系数，确切概率），流行病学表格分析等。

（3）等级资料的一般分析

秩变换，秩和检验，秩相关等。

（4）相关与回归分析

简单相关，偏相关，典型相关，以及多达数十种的回归分析方法，如多元线性回归，逐步回归，加权回归，稳健回归，二阶段回归，百分位数（中位数）回归，残差分析、强影响点分析，曲线拟合，随机效应的线性回归模型等。

（5）其他方法

质量控制，整群抽样的设计效率，诊断试验评价，kappa 等。

STATA 是一个统计分析软件，但它也具有很强的程序语言功能，这给用户提供了一个广阔的开发应用的天地，用户可以充分发挥自己的聪明才智，熟练应用各种技巧，真正做到随心所欲。事实上，STATA 的 ado 文件（高级统计部分）都是用 STATA 自己的语言编写的。

STATA 的统计分析能力远远超过了 SPSS，在许多方面也超过了 SAS。由于 STATA 在分析时是将数据全部读入内存，在计算全部完成后才和磁盘交换数据，因此计算速度极快（一般来说，SAS 的运算速度要比 SPSS 至少快一个数量级，而 STATA 的某些模块和执行同样功能的 SAS 模块相比，其速度又比 SAS 快将近一个数量级。）STATA 也是采用命令行方式来操作，但使用上远比 SAS 简单。其生存数据分析、纵向数据（重复测量数据）分析等模块的功能甚至超过了 SAS。用 STATA 绘制的统计图形相当精美，很有特色。

2. SAS 简介及特点

SAS 是美国 SAS 软件研究所研制的一套大型集成应用软件系统，具有完备的数据存取、数据管理、数据分析和数据展现功能。尤其是创业产品统计分析系统部分，由于其具有强大的数据分析能力，一直为业界著名软件，在数据处理和统计分析领域被誉为国际上的标准软件和最权威的优秀统计软件包，广泛应用于政府行政管理、科研、教育、生产和金融等不同领域，发挥着重要的作用。SAS 系统中提供的主要分析功能包括统计分析、经济计量分析、时间序列分析、决策分析、财务分析和全面质量管理工具等。

3. SPSS 简介及特点

社会科学统计软件包的英文缩写是 SPSS（statistical package for the social sciences），其最突出的特点就是操作界面极为友好，输出结果美观漂亮（从国外的角度看），是非专业统计人员的首选统计软件。SPSS 采用类似 EXCEL 表格的方式输入与管理数据，数据接口较为通用，能方便地从其他数据库中读入数据。其统计过程包括常用的、较为成熟的统计过程，完全可以满足非统计专业人士的工作需要。对于熟悉老版本编程运行方式的用户，SPSS 还特别设计了语法生成窗口，用户只需在菜单中选好各个选项，然后按"粘贴"按钮就可以自动生成标准的 SPSS 程序，极大地方便了中、高级用户。缺点是：从战略的观点来看，SPSS 显然是把相当的精力放在了用户界面的开发上。友好的界面掩盖了它的许多弱点，SPSS 在最新统计方法的纳入上已大大落后于其他几个软件，比如多水平统计模型、神经网络、GEEs 等，在 SPSS 中均难觅芳踪；另外，由于 SPSS 采用 VB 编制，计算速度也远远慢于其他统计软件；其输出结果虽然漂亮，但不能和 WORD 等常用文字处理软件直接兼容。这些都可以说是 SPSS 的致命伤。

20 世纪 60 年代末，美国斯坦福大学的三位研究者研制开发了最早的统计分析软件 SPSS，同时成立了 SPSS 公司，并于 1975 年在芝加哥组建了 SPSS 总部。20 世纪 80 年代以前，SPSS 统计软件主要应用于企事业单位。1984 年，SPSS 总部首先推出了世界第一个统计分析软件微机版本 SPSS/PC＋，开创了 SPSS 微机系列产品的开发方向，从而确立了个人用户市场第一的地位。同时，SPSS 公司推行本土化策略，目前已推出 9 个语种版本。SPSS/PC＋的推出，极大地扩充了它的应用范围，使其能很快地应用于自然科学、技术科学、社会科学的各个领域，世界上许多有影响的报纸杂志纷纷就 SPSS 的自动统计绘图、数据的深入分析使用方便、功能齐全等方面给予了高度的评价与称赞。目前已经在国内逐渐流行起来。它使用 Windows 的窗口方式展示各种管理和分析数据方法的功能，使用对话框展示出各种功能选择项，只要掌握一定的 Windows 操作技能，粗通统计分析原理，就可以使用该软件为特定的科研工作服务。

4. MATLAB 简介及特点

MATLAB 是美国 MathWorks 公司出品的商业数学软件，用于数据分析、无线通信、深度学习、图像处理与计算机视觉、信号处理、量化金融与风险管理、机器人、控制系统等领域。

MATLAB 意为矩阵工厂（矩阵实验室），软件主要面对科学计算、可视化以及交互式程序设计的高科技计算环境。它将数值分析、矩阵计算、科学数据可视化以及非线性动态系统的建模和仿真等诸多强大功能集成在一个易于使用的视窗环境中，为科学研究、工程设计以及必须进行有效数值计算的众多科学领域提供了一种全面的解决方案，并在很大程度上摆脱了传统非交互式程序设计语言（如 C、Fortran）的编辑模式。

MATLAB 和 Mathematica、Maple 并称为三大数学软件。它在数学类科技应用软件中在数值计算方面首屈一指，如行矩阵运算、绘制函数和数据、实现算法、创建用户界面、连接其他编程语言的程序等。MATLAB 的基本数据单位是矩阵，它的指令表达式与数学、工程中常用的形式十分相似，故用 MATLAB 来解算问题要比用 C、FORTRAN 等语言完成相同的事情简洁得多，并且 MATLAB 也吸收了 Maple 等软件的优点，使 MATLAB 成为一个强大的数学软件。在新的版本中也加入了对 C，FORTRAN，C＋＋，JAVA 的支持。

5. Eviews 简介及特点

Eviews 是美国 GMS 公司于 1981 年发行第 1 版的 MicroTSP 的 Windows 版本，通常称为计量经济学软件包。Eviews 是 EconometricsViews 的缩写，它的本义是对社会经济关系与经济活动的数量规律，采用计量经济学方法与技术进行"观察"。计量经济学研究的核心是设计模型、收集资料、估计模型、检验模型、运用模型进行预测、求解模型和运用模型。Eviews 是完成上述任务必不可少的得力工具。正是由于 Eviews 等计量经济学软件包的出现，使计量经济学取得了长足的进步，发展成为实用与严谨的经济学科。使用 Eviews 软件包可以对时间序列和非时间序列的数据进行分析，建立序列（变量）间的统计关系式，并用该关系式进行预测、模拟等。虽然 Eviews 是由经济学家开发的，并且大多数被用于经济学领域，但这并不意味着必须限制该软件包仅用于处理经济方面的时间序列。Eviews 处理非时间序列数据照样得心应手，实际上，相当大型的非时间序列（截面数据）的项目也能在 Eviews 中进行处理。应用领域有：应用经济计量学，总体经济的研究和预测，销售预测，财务分析，成本分析和预测，蒙特卡罗模拟，经济模型的估计和仿真，利率与外汇预测。

6. R 软件简介及特点

R 是一套完整的数据处理、计算和制图软件系统。其功能包括：数据存储和处理系统；数组运算工具（其向量、矩阵运算方面功能尤其强大）；完整连贯的统计分析工具；优秀的统计制图功能；简便而强大的编程语言：可操纵数据的输入和输出，可实现分支、循环，用户可自定义功能。

与其说 R 是一种统计软件，还不如说 R 是一种数学计算的环境，因为 R 并不是仅仅提供若干统计程序、使用者只需指定数据库和若干参数便可进行一个统计分析。R 的思想是：它可以提供一些集成的统计工具，但更大量的是它提供各种数学计算、统计计算的函数，从而使使用者能灵活机动地进行数据分析，甚至创造出符合需要的新的统计计算方法。

该语言的语法表面上类似 C，但在语义上是函数设计语言的变种，并且和 Lisp 以及 APL 有很强的兼容性，特别的是它允许在"语言上计算"。这使得它可以把表达式作为函数的输入参数，而这种做法对统计模拟和绘图非常有用。

R 是一个免费的自由软件，它有 UNIX、LINUX、MacOS 和 WINDOWS 版本，都是可以免费下载和使用的。在 R 主页可以下载 R 的安装程序、各种外挂程序和文档。在 R 的安装程序中只包含了 8 个基础模块，其他外在模块可以通过 CRAN 获得。

7. Microsoft Excel 简介及特点

Microsoft Office 是微软公司开发的办公自动化软件，Office 2000 是第三代办公处理软件的代表产品，可以作为办公和管理的平台，以提高使用者的工作效率和决策能力。Office 2000 是一个庞大的办公软件和工具软件的集合体，为适应全球网络化需要，它融合了最先进的 Internet 技术，具有更强大的网络功能；Office 2000 中文版针对汉语的特点，增加了许多中文方面的新功能，如中文断词、添加汉语拼音、中文校对和简繁体转换等。Office 2000 不仅是研究者日常工作的重要工具，也是日常生活中电脑作业不可缺少的得力助手。

Excel 是微软公司出品的 Office 系列办公软件中的一个组件。确切地说，它是一个电子表格软件，使用 Microsoft Excel 执行计算、分析信息并管理电子表格或 Web 网页中的列表。Excel 应用程序可以协助进行财务、预算、统计、各种清单、数据跟踪、数据汇总、函数运算等计算量大的工作。

8. Visual FoxPro 简介及特点

Visual FoxPro 简称 VFP，是 Microsoft 公司推出的数据库开发软件，用它来开发数据库，既简单又方便。Visual FoxPro 源于美国 Fox Soft ware 公司推出的数据库产品 Fox Base，在 DOS 上运行，与 xBase 系列相容。Fox-Pro 原来是 Fox Base 的加强版，最高版本曾出过 2.6。之后，Fox Soft ware 被微软收购，加以发展，使其可以在 Windows 上运行，并且更名为 Visual FoxPro。最新版为 Visual FoxPro9.0，而在学校教学和教育部门考试中还依然沿用经典版的 Visual FoxPro6.0。在桌面型数据库应用中，处理速度极快，是日常工作中的得力助手。

（五）聚焦假设进行结果解释

根据分析结果，解释数据中的规律、关系和趋势，以验证研究假设或理论。这可能包括对回归系数、相关性、显著性等指标的解读。

在这一部分，重点讨论主要变量之间的关系。对于控制变量，正文应尽可能少讨论或不讨论。写的时候，可以用图表来直观说明相关内容。写好基准回归这部分，要完成制作表格和解读结果两项任务。第一，制作表格。估计结果通常用表格来呈现，主要包括被解释变量与解释变量的名称、回归系数的估计值、标准误（或 t 统计量）、以星号来表示的统计显著性水平，以及相关的统计量（如拟合优度等）。制作表格的目的就是要让读者便捷、完整且清楚地了解估计结果。同时，表中的变量名称应尽量采用有意义的中文简称，少用无意义的英文字母组合。第二，解读结果。在正文中，需要对表格中的相关信息进行解读，包括回归系数的统计显著性与经济显著性、符号是否与理论预期相符、如果有不符可能存在的原因等。

解读结果的过程中，还需要注意以下方面。

①如果是多个假设，最好用小标题分开。针对某个具体假设，一般要先回顾计量模型部分检验假设的"标准"，然后报告相关估计结果（如核心自变量的估计系数等）。

②结果分析要围绕假设展开，而不是完整地报告一遍估计结果。建议从统计意义、正负号、经济意义、已有研究、经验观察和竞争性假设等方面展开对估计结果的分析。针对估计结果的分析要尽量周全，例如在基准回归中，要分别考虑待检验的假设是否通过了统计意义上的检验和经济意义上的检验，以及是否能够扩展至经验观察与其他相关研究。这时要明确地指出假设是通过了统计检验，还是没有通过。不管是哪种情况，都要给出相应的解释。最忌讳仅仅简单地看图表说话。

③估计结果的解释和讨论要围绕研究设计的思路来展开，尽量给人一种层层推进、紧紧咬住假设的感觉。这部分可以结合相关研究文献展开必要的比较和讨论，特别需要解释自己的估计结果和其他同类研究之间的异同，都要给出相应的解释。最忌讳仅仅简单地看图说话。

④不要喧宾夺主，不要下大力气对一些无关紧要的控制变量及其估计结果进行解读。建议围绕核心自变量与因变量的关系展开讨论，控制变量的估计结果不是重点。

⑤很多时候，为了达到更精准检验假设的目的，研究者会选择一些不同的估计方案。

第七讲

如何写结语

一、什么是结语

（一）定义

按《现代汉语词典》的释义，"结语"（即"结束语"），是指文章或正式讲话末了带有总结性的一段话。"结语"的英文是 concluding remarks。

结语是从一定的前提推论得到的结果，是对事物作出的总结性判断。结语作为全篇文章的结束部分，主要考虑的是文章结构和内容的完整性，在结构上结语可以与开头的引言相呼应，是对结果进行充分的讨论后的概括、总结和升华。结语不能简单重复研究结果，内容应主要反映研究结果的理论价值、实用价值及其适用范围，可提出建议或者展望。

如果有一个恰如其分的结语，就可以提醒文章主旨，收束读者思绪，加深读后印象。结语部分要起到收束全文的作用，语言必须简洁有力，不能拖拖沓沓，没完没了，或者画蛇添足，当止不止。一篇组织得当的论文，会自然而然，合乎逻辑和语势的告终。如果说阅读论文是一次穿行思想密林的旅途，那么，结语就是旅途将结束时的庆祝和告别。

（二）结语的任务

结语的任务是要精练地表达在理论分析和实验验证基础上，通过严密的逻辑推理而得出的富有创造性、指导性、经验性的观点。其基本要求是点明论题、首尾呼应，并富有意蕴。结语的内容不是对研究结果的简单重复和堆砌，而是对研究结果更深入一步的认识，是从论文的全部内容出发，经过判断、归纳、推理等抽象的思维过程，提炼和升华出新的观点。

结语以自身的条理性、明确性、客观性，反映了论文的核心价值。

对论文而言，结语是论文整体的概括总结，诸如要重新强调研究主题及其重要性，再次声明主要论点并简述如何（尤其指运用了哪些方法、视角等）得到这些论点的过程，指出研究结果怎样回应前文提出的研究问题，点明在哪些方面扩展了现有研究（对已有研究或补充或纠正或丰富），还有概述整个研究的局限，以及日后可以开展哪些方面的工作。

对读者而言，通常情况下，读者（编辑、审稿专家）在阅读某篇论文时，会先看标题、摘要、引言，再看结语。一般阅读完这几个部分，就已经决定了他们会不会再继续阅读正文。作为论文的归宿，结语起着画龙点睛的作用，可谓是整篇论文的"提神香"。由此说来，结语也是论文写作中一个必不可少的重要环节。

因此，结语是整个研究过程的结晶，综括了全文的精髓。结语不应当是主体部分各段小结的简单重复，而是以主体部分的实验或考察得到的现象、数据的阐述、分析为依据，完整、准确、简洁地阐述和指出以下内容：基本结论、研究价值、政策含义、研究局限和研究展望。

（三）结语的五部分

结语包括如下部分：基本结论、研究价值、政策含义、研究局限和研究展望。

1. 基本结论

基本结论是指针对引言中提出的问题和研究目标，以结论的形式对研究结果进行总结，其重点是给出通过检验的假说是什么。基本结论要有对应性，即该假说是针对实证文章的研究目标和研究问题而存在的；要具体，即明确所检验进而得以验证通过的假说的具体内容；要如实总结，即要准确、不能夸大；要简洁，即突出重点、短小精悍、简洁扼要。基本结论写作的常用思路是先写本研究的目标，然后写研究的主要发现，这一部分可以用"主要结论"或"基本结论"来作小标题。

2. 研究价值

理论价值的目的是揭示和提炼该假说的理论价值，强调所检验假说对已有理论的证伪、推进或完善。理论价值的写作难点主要体现在两个方面：①一般化，要从理论层面展开探讨，而不是就事论事，或者局限于文章所揭示的经验内容。②要有靶子，这需要将视线引向引言和文献综述，这和研究目标以及文章的立意有关。理论价值的写作有正、反面两种类型：正面的就是证实了已有的认识或假说；反面就是为挑战或证伪。揭示和挖掘理论价值最为常见的方法是比较，比较瞄准的是文献综述中的问题分歧点，问题分歧点的本质是理论认识不同。在理论价值写作方面，写好第一句非常重要，但不要无中生有或天马行空，一般只写一个理论启示。

3. 政策含义

政策含义是将该假说的理论逻辑应用于某个具体实践场景，在理论逻辑的指引下尝试提出某个现实问题的具体解决思路。政策含义的"新"主要体现在理论认识上的推进和创新。蹩脚的政策含义其实就是理论新意不够，不够锐气。政策含义主要有两类：一类是态度和看法类，另一类是思路和措施类，大部分实证论文的政策含义部分都集中于后者。

在写政策含义时要注意两个要点：①政策含义要聚焦、要有针对性；②政策含义是基于文章内容而提出的。更为严谨的是，在一篇实证研究论文里，所有具有政策意义的重要论点都要经过假设检定的严谨统计程序探讨其显著性。

4. 研究局限与展望

研究局限是指出该文在检验假说的过程中因客观条件等原因而存在的不足。研究局限主要针对研究结论，这种局限性主要体现在两个方面：一个是视野方面的，另一个是条件方面的。视野方面的局限针对的是研究范围。条件方面是指在研究范围之内，由于数据的有限性和方法的不完备性所导致的局限性。研究展望是围绕文章所瞄准的问题或假说，对进一步推进该领域研究所提出的一些设想。

（四）结语与结论的区别

从论文的基本内容、层次结构和编写格式来看，其正文部分一般始于引言，止于"结语（或结论）"。作者大多在论文结束部分用"结论"作层次标题，也有部分作者采用"结语"。要写好论文的结束部分，作者应当了解"结论"和"结语"的区别。

1. 概念不同

结论是从前提推论出来的判断。在论文中，结论是在理论论证、调查研究和实验研究所取得结果的基础上，通过严密的逻辑推理而得出的创新性、指导性、客观性、普遍性的论断以及对结果的说明或认识等。

结语是指文章或正式讲话末了带有总结性的一段话，作为全篇文章的结束部分，其主要考虑的是文章结构和内容的完整性，它在结构上可与开头的引言相呼应，主要表达的是有关全文主要内容的总结性、概括性话语。结语并不能代替学术研究最终得到的结论。

2. 表达内容和语气不同

"结论"主要是客观地表述重要的创新性研究成果所揭示的原理及其普遍性，语气表达的客观性较强。

"结语"内容较宽泛，是对全文的总结性、概括性表述或进一步说明，比如再次点明论题，概括本文主要内容和研究结果，指出本研究之不足或局限性，提出需要深入研究的课题或指明研究方向，阐明论题及研究结果的价值、意义和应用前景，对有关建议及相关内容作补充说明。其语气表达的客观性较"结论"弱，主观性较强。

3. 适用情形不同

"结论"多用于研究报告类、试验研究类、理论推导类论文的结束部分，"结论"之前的章节内容通常是"结果分析或讨论"。

在专题论述类、综合论述类论文且论文的篇幅较长时，采用"结语"作结束部分的居多；在试验研究类论文中，采用"结语"作为结束部分，主要原因是"结论"内容已在"结果与讨论"中表述，或研究结果确实未导出明确结论而是只做了必要的讨论。

4. 编排格式不同

"结论"较多地采用分条编序号的格式表述，语句严谨，概括简明，传达信息具体而确定，或定性，或定量。"结语"一般不分条表述，一般没有传达定量信息。

（五）结语的类型

结语是在分析讨论的基础上，对结果所进行的抽象概述。它的直接作用是得到新知识、新理论，或者是纠正旧知识、旧理论。应注意不要过多地重复结果，否则就是结果，而不是结语了。要突出成果的核心主体，分点不宜过多。语言要高度精练，措辞严谨，文字鲜明而具体。

由此可见，结语的写作不是一个单纯的语言运用手法问题，而是抽象的逻辑思维过程。根据结语的写作内容，以及对若干结语实例的比较分析，可以将结语的写作类型归纳为以下几种。

①分析综合，即对正文内容重点进行分析，并进行概括，突出作者的观点。

②预示展望，即在正文论证的理论、观点基础上，预见其生命力。

③事实对比，即对正文阐述的理论、观点，最后以事实做比较形成结语。

④解释说明，即对正文阐述的理论、观点做进一步说明，使作者阐发的理论、观点更加明朗。

二、结语写作常见问题

（一）重复正文内容

在基本结论中　遍遍重复之前写的内容，这通常是不必要的。要尽量简明扼要，切中要害。不能简单扼要地概括之前写的内容，主要有以下两种表现：一种是没有研究结论，只是将研究结果又重复了一遍；另一种是概括不到位，缺乏新意，和摘要或正文里的总结没有差别。

重复的问题在于未能将基本结论与分析结果区分开来，其根源是没有掌握基本结论的处理办法。基本结论是总结，它是针对问题，根据实证分析结果给出明确的答复，这种答复是以假说的形式来进行的。分析结果仅仅是支撑基本结论的一部分。

（二）简单总结结论

往往将结语简单理解为总结或概括基本结论，对理论价值、政策含义、研究局限及研究展望等内容不重视，很多时候都没有提及这些内容。

结语不仅仅是对前面正文部分的总结，还需要对检验出来的假说进行更进一步的挖掘和讨论。从结语组成部分或强调的重点来看，总结结论的问题在于不仅忽视了其他部分的内容，更严重的是忽视了结语的论证创新价值功能。

（三）结语止步于讨论

讨论仍是紧紧围绕文章内容，并重点关注两方面：一是面向未来。如果讨论的视野不开阔，就会对进一步推进不了解。二是内观。如果讨论对文章本身的局限性不了解，就会对研究存在的缺陷缺乏自省。

结语如果仅止步于概括基本结论和论证其价值，就会让人感到格局和立意要稍逊一筹，开放度不够。缺乏讨论的结语就会让结论的说服力和可沟通性大打折扣。无论是从视野还是从局限性方面，都表明要写好结语部分，就得跳出该文的视域和范围，要能凌空，这就需要作者拥有更多的知识储备和研究经验。

（四）提出言辞模糊、与论文不相称的激进言论

不少作者希望自己的作品能够变得举足轻重。要想实现这一点，最平常的一个做法，就是宣称论文结论极大地改变了人们思考一切事物的方式。但是要注意，不是所有东西都需要极大地改变人们思考一切的方式，也不是所有东西都有这个能力。

因此，在我们着手这么做之前，认真思考一下，是否有可能用一个更为谦逊的结论来把我们已经完成的工作给串联起来。如果不行的话，那么有可能是我们的工作中的某个地方出现了错误。如果突然间出现极端性言论，通常就意味着我们在一开始就空洞无物。

（五）结语与引言重复

一种情况是引言中出现结论内容，在文末又重复结论内容。有的作者采用"倒推"方式，在引言部分开篇就先给出研究背景、提出的问题、研究方法、得出的结论，然后展开详细论证，而在正文论证之后文末再次给出结论，使前后内容重复。

另一种情况是结论中出现应在引言中出现的内容，如研究背景、理论依据、实验基础等，把结论写得像引言。无论哪种情况，都是不应该出现的。

（六）用结果代替结语

论文中"研究结果"与"结语"的内容明显不同。第一，研究结果指的是事情发展到最后的情形，或论文研究过程中得出的具体成果；结语则是将研究成果去粗取精、去伪存真、由表及里、由一般到本质的深化过程，是对这些具体结果的概括、归纳和升华。第二，研究结果是一种具体的、个别的现象描述；结语则是对正文中研究过程所得到的各种现象及实验结果，进行综合分析、逻辑推理而得出的总判断、总评价，是研究结果必然的逻辑发展。

然而，在论文写作中，很多人不了解结果与结语的差别，不了解科学研究的规律，认为一项研究到得出结果就可以止步于此，用研究结果取代结语。这实际上是丧失了一次将论文升华、进一步提高论文质量和应用价值的机会。论文得出研究结果，也仅仅是提供了对一个或几个现象的描述，应用价值有限。只有进一步归纳总结，才能使论文质量产生质的飞跃，发挥更大作用。

（七）结语直白无味

修辞是选择最适合表达需要的语言手段，来增强语言的说服力和感染力。灵活的句式选择和修辞运用，可以极大地增强结语内容的准确性、客观性。然而，不少作者对修辞无法准确把握和灵活运用，致使内容单调、直白、艰涩，虽然层次相对清楚，结构相对合理，但整体上缺乏生动性、形象性等表达上的灵活度，难以达到深入浅出的效果。

究其原因，一方面是由于作者对文体、语体等知识的学习、理解不足、不深，在语言文字的组织与表达上不能充分体现出不同语体的具体特点，只能呈现出"能够表达"的状况，而不能达到有效、灵活表达的效果与境界；另一方面是由于作者平时缺乏对相关知识的积累、归纳和融通的能力，对事物的了解停留在知其然而不知其所以然的浅层，缺乏比较性学习与研究的训练，不能从本质上、深层次上区别不同事物的同一特点和同一事物的不同特点，以及事物的基本规律。

三、结语写作要点和步骤

（一）写作技巧

1. 拆解结语的五部分

写好基本结论的技术要领是总结最重要的分析结果，确定通过检验的假说是什么；写好理论价值的技术要领是针对暂时接受的假说，通过理论概念进行一般化，以获取更抽象的理论认识；写好政策含义的技术要领是将理论认识应用于某个具体场景，从而提出更有效的解决思路；写好研究局限的技术要领是反思检验假说过程中可能存在的不足，将研究结论"保护"在可接受的范围之内；写好研究展望的技术要领是推进、尝试新的思路、方法与条件，提出新的研究设计。

2. 清楚、简洁地呈现研究结果与讨论

（1）研究结果叙述的清晰度与连贯性

在写结果的时候一定要前后连贯。有的文章因为前面已有内容或方法介绍叙述得不够详细，以至于让人看不懂后面的结果。不要把每一位读者都当作专家，所有资料一看就懂。

（2）语句简洁清楚

在呈现任一部分的结果之前，要简单地说明研究问题和资料来源是什么，这样多加几句话，别人就会非常清楚地知道你要表达什么。

（3）符合逻辑地讨论

结论的产生一定要有具体的结果或是经由缜密的推论才能获得。讨论的逻辑不清楚是很可怕的，可能出现文章前后两个论点不连贯，甚至相互冲突。所以，每个论点的获得一定要找联结、找文献、从数据中找证据。

（4）有新意的结论

结论与讨论的部分，选出最重要的部分详加讨论即可。必须要有所取舍，不然每个东西都看似很重要，再重复一次，最后结果却变成每个东西

都不重要了。结论与启示要呈现出一些强而有力的东西，从摘要、前言、研究目的、研究方法、研究发现到结论，要增添更丰富的信息，让读者看到异于其他研究者的发现或启示。

（5）有质有量的结果呈现与讨论

重视多元的研究方法与资料收集，若是偏质化的研究，可以尝试收集一些质化资料，或是从量化资料里做一些质的分析或诠释。若是偏量化的研究，可以从质化资料里做一些量化的分析与呈现，让结果更加丰富多元。

3. 利用最新的文献丰富研究结果的讨论

使用文献丰富研究讨论，在引用文献时，尽量要用最新的文献。现在学术发展非常快，有很多新的文献不断发表。引用比较早期的文献会让评审觉得文章作者不够用功，没有和最新的研究进行对话。

4. 在讨论中提供"解释性"的诠释

一个领域的知识会精进，解释性的诠释扮演着很重要的角色。完成一篇论文后，再次检视是否针对研究结果进行"合理"的解释，而不仅仅只是"描述性"的呈现。当然，解释应该有所依据，依据结果、推论，或依据相关的文献及理论角度。

5. 结语应与前提有关联性且保持逻辑一致

结语与前提要有关联性且保持逻辑一致。这一点看似很平常、很简单，其实真正做到、做好并不容易。尤其是文字性的非实证研究的稿件，也许作者很清楚自己的结论是什么，也很确信它的真实性，但学术型论文写作，并非具备专业知识就足够了，而是要利用知识形成自己的认识和观点，通过有力、有效的论证使他人接受和认可，才能真正达到研究目的。再高深的学术观点，也只能通过有力的论证达到说服他人的目的。在此语言是媒介，推理论证是方法，文中推理论证结构不完整或是出现子命题间逻辑断层、跳跃失联、或前后不一致的情况，即使结论是真实正确的，也可以说作者的论证是失效的、失败的。逻辑学并不能提高作者的专业知识和水平，但它解决的是有效论证的问题。

6. 巧用修辞为结语增色

在学术论文结语写作中，灵活的句式选择和修辞运用，可以极大地增强内容的生动性、形象性和准确性，使结语更具深度、高度和活力，从而有效提高可读性和学术价值。作者在写作手段、视角、结构和语言的具体运用上，要善于凸显自身独特的行文风格，充分展现、运用好自身独特的思维方式、语言表述方式。为此，一是要加强文体、语体知识的学习和修辞方法的运用，在具体写作中，切实抓住特定文体写作的相应语体特点，灵活运用修辞方法，把握语言运用的基本规律。二是要注重加强平时的广泛学习，积累丰富的写作素材，尤其要善于把握不同事物的相同特点，以备在具体写作时能做到厚积薄发，信手拈来。三是要加强对事物观察与思考的练习，对所见、所闻、所感事物，不仅要看"是什么"，还要善于从广度和深度上分析其"为什么"的问题，用联系与发展的观点来看问题，分析问题，在由此及彼、由表及里的比较中找准此事物、彼事物之间的相同相似点。

（二）写作基本功

写作的基本功包括概括、论证、比较和一般化四种。

1. 概括方面

概括的具体思路包括：①先明确目标；②按照问题和假说，概括主要的研究发现；③概括论文的研究思路和方法。

2. 论证方面

结语部分的重要目标之一就是论证论文的创新点。论述创新点要回答三个问题：①创新点是什么？论文要清晰地表述作者所提出的新发现、新假说和新理论，界定相关概念和变量的内涵和外延；②为何要提出此创新点？论文要交代清楚创新点提出的实际背景或理论背景，作者既要说服自己也要让读者感受到这样的创新点的确有实际意义和学术价值；③这个创新点是否成立？论文需要提供已有研究不足、自己论文的研究思路和相应的研究内容与结论等证据，从而支持论文的创新点。

3. 比较方面

首先，要明确比较什么：①将假说的理论阐述与实证分析结果进行比较；②将自己的研究与别人的研究进行比较；③基于同样的经验证据，对不同的理论解释进行比较。

其次，要明确比较的一般目标是寻找一致性和差异性，无论是同或异，都要关注其背后的原因。比较更重要的目标是寻找相同的或不同的解释机制。

最后，要通过对照寻找不同点。对照的目标比较单一，就是寻找两个或多个事物的不同点。

4. 一般化方面

所谓的一般化是把问题的结论升华，通常是联系到该领域的重大问题，或者使用抽象层级更高的概念（如理论概念），以此来提炼研究发现。

第八讲

经管实证论文写作步骤和要领

一、经管实证论文写作步骤

经管论文写作的一般流程包括选定选题、研读文献、确立三论、收集材料、选取论据、拟定提纲、开展论证、完善结构和修改润色。

1. 选定选题

选题在文中的地位与作用是非常重要的。严格地讲，论文写作是从选定选题开始的。选题是论文写作的第一步，也是最重要的一步，因为它关系到论文写作的进程是否顺利，论文写作最终是成功还是失败。只有选定了一个比较合适的选题，其后的撰写工作才有可能顺利展开。"题好文一半"，说的就是这个道理。

那么，什么是成功的选题呢？简言之就是选题要有问题意识。问题意识是什么呢？

成功的选题应该是揭示研究的目标取向，也就是要使研究达到什么样的目标。研究的目标取向所反映的是研究是否有价值，是否值得研究。因此，从选题就可以知道该问题研究的状况和可能发展的趋势。如果选题没有揭示研究的目标取向，而只是陈述了一个事实，那么就意味着该研究不值得研究，或者说前人已经做了比较详尽的研究，在目前的状况下已经没有深入的可能了。这种选题就不应该去选。

成功的选题应该是范围具体，不是大而全的。也就是选题不能过大，过大的选题会使研究无法深入下去，只是如蜻蜓点水。另一方面是题目太小，研究就会过分沉迷于琐碎的细节，从而使研究失去了价值和品位。特别是有的细节并不具有代表性，也不能真正反映事物发展的趋势，但由于研究者的视野太小，没法从细节中发现事物发展的基本规律。特别是做历史史料研究的往往都有这样的问题。

要对一个学术问题产生质疑，或者说要有争鸣性。学术研究是无止境的，真理更是无止境的。很多学术观点在当时是对的，或者说是真理，但时间和条件都变化了，因而其真理性也会发生变化。因此，选题一定要敢于质疑，但质疑必须要有理有据，而不是随便怀疑。在有理有据的基础上的怀疑，这样的选题一定是有价值的。

总之，选题是很讲究技巧的。选题实际上是积累后的第一次思想井喷，没有积累就无法进行选题。好的选题可以使研究事半功倍，好的选题是论文成功的前提。在选题之后，还有一个重要的问题就是题目的表达，即怎样把这个内容表达出来。这里也有几个讲究：一是题目不宜太长，太长表明作者缺乏概括能力和抽象能力，题目要求简洁，要力求达到多一个字太长、少一个字太短的水平；二是核心概念不宜多，最多两个，最好一个，这就必须贯彻"计划生育"政策，核心概念超过两个，论文到底研究什么就非常难把握了，而且概念太多通篇很可能就是在解释概念，实质性的内容就被冲淡了；三是表达要精准，题目如果引起歧义，或者模糊不清，那么论文在写作时很可能会出现跑题现象。

由上可知，选题就是要确定"好问题"。问题是一项研究的灵魂。一个好问题往往比正确的答案更加重要。那么如何确定"好问题"？一般有以下四个评判标准。①具体。经验问题应该明确而具体，切忌空泛，以小见大远胜于虎头蛇尾。②集中。专注于一个研究问题，或者彼此相关的一组问题。当一篇文章问及多个问题时，这些问题应该围绕同一个理论轴心，而不是同一个现象或事物。③原创性。原创诚然可贵，却是真金难求。研究新现象往往能提出新问题，但新现象本身的独特或罕见性未必是创新。用新资料研究老问题尽管有价值但绝不是创新，而对一些老话题或普遍现象以崭新的视角提出研究问题则可能具有独创性。④意义。这一标准包括语义上的意义和理论意义。语义上有意义的基本要求是研究问题要符合逻辑、符合事实，不应是假问题。学术研究特别强调理论意义，即理论缘由。每一个好的经验问题背后，都有一个理论问题。判断理论意义不仅需要学者的理论功底，并且必须得到学术界的认可。定义重要概念、提出重要问题要比作回归分析困难得多。对大部分研究者而言，只能通过文献分析来证明自己的研究问题有理论意义。

2. 研读文献

研读文献对论文写作具有决定性的、必不可缺的重要意义。选题选定后，下一步就应该对该选题进行攻关研究。其主要工作是收集、浏览、阅读、整理和研究与本选题相关的文献资料，以便为动笔写作做好论点、论据、论证以及材料等方面的准备。这是对论文写作具有决定性意义的、必不可缺的重要步骤之一。当前有些论文内容干瘪、质量低下，其原因之一就是在动笔之前没有花费足够的时间和精力进行文献研读和攻关研究。据统计，世界上大多数学者用于收集、整理情报资料的时间，约占其研究和写作全部时间的三分之一。

文献是论文的材料，也是研究的基础。它反映的是研究者的专业基础和专业能力。没有文献，就相当于造房子没有砖块，在空中造房子没有基础。文献是学术传承和学术伦理的载体。尊重文献就是尊重前人的研究，尊重文献也体现了学术发展的脉络。因此，文献在论文撰写中至关重要。在撰写论文之前，一是要对文献进行必要的梳理，二是要善于使用文献。

如何梳理文献？正确的文献梳理方法是：其一，选择有代表性的文献，即在权威刊物上发表的论文和权威论著，这些论文论著代表了学术发展的基本状况，不能把那些不入流的刊物上的文章都罗列出来；其二，选择有代表性的作者的论文，也就是权威学者，或者活跃在学术界的作者的论文、论著，这些论文、论著同样也代表了学术发展的基本态势；其三，选择研究的视角来梳理文献，也就是结合要研究的视角特别是具体的问题来梳理文献，这样范围就会大大缩小，也有利于作者把握文献；其四，不一定千篇一律地在引言中进行文献梳理，引言可以对问题的来龙去脉进行适当阐述，在正文撰写的过程中，可以对具体的观点进行文献追述。这种方法要求作者对学术史特别是前人的学术观点十分清楚，对论文的写作已经有娴熟的技术。这就不是一般的新手能够把握的了。

如何使用文献？正确使用文献的方法如下。

首先，切忌文献堆砌，使用文献的价值在于体现论文的研究深度和严谨性，而不是通过堆砌文献来炫耀自己的专业知识多么广博。如果是这样，结果可能会适得其反。

其次，切勿张冠李戴，一定要去查找文献的源头，如果是经典著作的文献，就更加需要去阅读和查对。比方说，马克思、恩格斯的著作是合在一起的，但有的作者没有去读他们的著作，而是从别人的引用中直接就引了过来。同时，由于没有弄清楚究竟是马克思的观点还是恩格斯的观点，可能会弄错了，这样就成为学术笑话了。切记要查阅文献，不可"人云亦云"。尤其是外国文献有的作者不愿意阅读，而别人引用之后，自己在没有阅读的情形下而引用了，甚至还想用外文形式来冒充。这在学术界是有公案的。张冠李戴还有一种情形就是引用观点时是一个学者，但注释文献时却是另一名学者。这表明，作者是从注释文献归属作者的论文中看到了这句话，同时又不愿意花时间去查对，所以也是一种张冠李戴的情形。

最后，切勿用网络文献、报纸文献。学术的浮躁与否，学术的严谨与否，从文献的使用上一看就清清楚楚。如果通篇文章的文献都是网络文献或者是报纸文献，这样的论文无论如何都是不深入的。有的作者会说，网络文献、报纸文献表明论文是最新的观点。但是，网络文献和报纸文献并非学术观点，也并非经过严格论证的学术观点。或者说，这样的观点没有学术底蕴。因而，这些文献不能支撑一篇学术论文。当然，网络文献、报纸文献是否就不能用了呢？那也未必。有的数据必须通过网络来发布，如一些统计机构的统计数据、调查数据等都是在网络上发布的。简而言之，权威机构的网站、权威学术机构的学术网站、国际知名的研究机构网站等，这些网络文献完全可以使用。此外，切勿想当然地使用文献，包括弄错出版时间、引用内容错误、页码错误、作者和译者错误等。这些会导致论文出现严重的硬伤。

如何研读文献？首先，千方百计收集资料。在信息化时代的今天，收集信息资料的渠道空前广阔。除了传统的图书馆和资料室之外，计算机网络也是一个收集资料的重要渠道，在动笔写作之前，一定要多花费些时间，千方百计尽可能多地收集与该选题相关的文献资料。其次，分门别类，浏览资料。文献资料收集后，应该根据资料作用的大小，分别采用以下三种方式进行浏览阅读：通读——阅读全文；选读——选读有用部分；研读——认真、仔细、深入、反复阅读和研究与选题相关的内容。最后，整理归纳，研究资料。在浏览阅读资料的过程中，应该重点探讨和了解本选题研究的历史与现状，即前人已经进行了哪些研究，取得了哪些成果，获得了哪些公认的观点和见解等。特别应该侧重探讨的是，目前还有哪些说法存在争议，哪些说法需要纠正，哪些理论需要补充，哪些短缺或空白需要填补等，从而为自己的研究定向和定位。

3. 确立三论

三论包括论点、论据和论证。其中：论点（又称主题、选题）是论文中需要确定其真实性的判断；论据是用来确定论点的真实性的根据；论证是证明论点和论据之间的逻辑关系。这三论，是论文的主体，是决定论文质量高低的核心部分。

如前所述，研读文献阶段的主要任务是为即将撰写的论文定向和定位。具体来说，是进一步确立论文的总论点，以及几个层次的分论点。同时，还应初步确定主要的论据和论证的主要步骤。为达到此目的，在研读文献的过程中，还应侧重探讨这些文献中关于论点的确立、论据的选取和论证的实施，以及研究的方式和方法等问题，并结合自己在教学实践中积累的经验，进行广泛的、开放式的积极思考，从而激发自己的想象力、创造力和灵感思维。这是由一系列既相互区别又相互联系的辩证的逻辑思维方法组成的创造性思维阶段。这些思维方法主要是归纳与演绎、分析与综合、正向与反向、分类与整合，以及由此及彼、由表及里、去粗取精、去伪存真、从具体到抽象、从感性到理性等。

在这个过程中，应该随时做些笔录，并把遇到的与本选题相关的精辟论述和语段抄录下来。自己在思考过程中产生的一些想法和念头，特别是突然来临的、转瞬即逝的灵感和闪光点，更应及时记录下来。这些都是撰写论文的宝贵资源。

4. 收集材料

对于论文来说，材料相当于高楼大厦的砖瓦石块。没有砖瓦石块，高楼大厦就成了空中楼阁；没有足够的材料，内容干瘪单薄，论文也就起不到应起的作用。

写作前需要做的工作主要有两项：第一，补充那些撰写文章必须引用但平时没有准备的材料，如问卷、访谈、个案等；第二，将材料整合归类，使其系统化、条理化。必要时，还应根据使用的顺序将材料编上序号，以供写作时选用。

5. 选取论据

论文的论证必须有论据。论据为论点提供支撑，为论证提供材料。言必有证，包括主证和旁证。论据越翔实，论证越有力。只有旁征博引，多方佐证，文章才能确凿可靠，增强可信度。因此，论据是论文的关键要素，是核心。

选用论据的原则包括三个方面：首先，论据与论点之间必须存在必然的内在联系，那些只为装点门面，而与论点不相融的材料，无论如何华丽，也不可选用；其次，论据应该与所论证的论点在同一个层面上，不能以小的论据支撑大的论点；最后，论据举出后，应该立即加以解释说明，将论据融合在论证的过程之中，不可穿靴戴帽、单摆浮搁，游移于文章的主流之外。

主要论据的选用可以用多种方法，具体如下所示：

（1）对比数据

在所有的论据中，对比数据是最强有力的客观论据，它能使论证过程数字化。尤其是撰写实验报告，对比数据是不可或缺的论据。

（2）表格和图表

这是一种形象生动、简洁明快的论据。它能把线性的、平面的文字材料转变成多维的、立体的形象，实现文字材料图表化，省去了许多文字阐述。表格的应用范围非常广泛。上面提到的对比数据也可以转换成表格，有些论文的内容也可以表格化。

（3）典型事例和个案分析

选用典型事例和个案分析作论据时，必须保证它们具有典型性和代表性，不能以偏概全，以点代面，把个别的、孤立的现象当作具有普遍意义的论据，从而导出错误的结论。

（4）经典引语

引语包括著名专家、学者或权威人士的经典语录和精彩论断，本学科公认的科学公理和学科定论，以及相关格言、名言、谚语、警句等。

以下是选取和引用引语时应该注意的问题。

（1）引语与所论证的选题必须具有相通性

具有相通性后才能具有可参考性。比如在引用英、美语言学家的语段时，一定要搞清楚，这段话是适合于英语作为二语的教学领域，还是作为外语的教学领域。如果是前者，显然不适用于我国的英语教学，如果不加鉴别地引用过来，势必造成理论的混乱。

（2）引语必须忠于作者原意

不可根据自己论证的需要而断章取义，摘取对自己观点有利的只言片语，来达到自己的目的。

（3）引语只是论证的辅助手段

无论如何不能替代引用者所要表达的思想。因此，引语必须简洁精确，短小精悍，适可而止，不可大段引用。

（4）引语应该前后加上引号

以示他人之言与己言的区别。引语结束时，一般不加标点，在引号之外加上行文所需的标点。

（5）引语应该注明出处

写法是：作者的姓名，发表的年份，中间用逗号分开，放在括号中。若是直接引用，还要在年份后加上所引用文字所在的具体页码。

6. 拟定提纲

盖楼首先要设计工程蓝图，然后按图施工。同理，撰写论文首先要拟订写作提纲，然后按纲行文。简单地说，写作提纲就是整篇文章的总体思路、逻辑图表和结构框架。在动笔撰写论文之前，必须多花点时间和精力来理清这个思路、绘制这个图表、构建这个框架，以确保整篇文章思路清晰、逻辑严谨、结构完整、首尾贯一。

写作提纲不必设计得过于正规和详细。一个非正规的、粗放式的提纲就可以帮助你：了解究竟想写什么；明确如何把材料整合组织起来；了解哪些地方需要补充新的论据支持；草拟一份具有创造性的论文初稿。

拟订提纲的步骤与方法如下。第一步，明确文章的大小题目。在研究文献和确立三论阶段，已经确立了文章的总论点，以及若干不同层次的分论点。从文章的形式上看，这些分论点便是不同层次的大小标题。一般来说，一篇文章至少应设立三个层次的大小标题。文章的总题目加上这些大小标题，便是文章的基本框架，也是写作提纲的主要内容。第二步，为大小标题排序。根据总论点的论证需要，以及大小标题之间存在的相互逻辑关系，将这些标题排序，并标注序码。第三步，材料对号入座。将选定的、将要写进文章中的材料根据论证的需要进行分组，并编注序号。然后，分别以序号的形式对号入座，安插在各个大小标题之下。这样，写作提纲便基本完成了。

提纲完成之后，还必须进行仔细推敲、反复调整、及时修改。毋庸置疑，调整与修改提纲比全文写完之后再推倒重来，进行大返工要节省很多时间和精力。提纲的修改可以在动笔撰写初稿之前，集中时间和精力进行，以便确立文章的基本框架结构。在撰写初稿的过程中，有时也有必要回过头来再对提纲进行局部的、细节的调整与修订。

7. 开展论证

拟订写作提纲后，便开始撰写正文部分的初稿。换言之，就是把拟好的提纲扩展成文章。正文部分是论证论点、完成论文写作宗旨的主要部分，它与引言、结语一起构成论文的主体。正文的主要任务是：围绕论点，运用论据，展开论证，千方百计地证明自己的观点，即论文的论点是正确的、可靠的。

下面，简单介绍围绕论点进行论证通常采用的三种主要方式。从文章的形式上看，也是论证过程通常采用的三种结构形式。

（1）并列式

其特点是将各个分论点平行并列排开，分别从不同角度、不同侧面、多管齐下、齐头并进地论证中心论点。

（2）递进式

其特点是将所有的分论点根据它们的不同层次，按照递进的方式排列开来，采取层层展开、层层推进、层层深入的逻辑推理方式，来论证总论点。

（3）混合式

把并列式与递进式结合起来，形成了先并列（第一个层面），后递进（第二个层面）的混合式论证方式，或称并列递进式论证方式。该论证方式是围绕论点进行论证最常用的一种论证方式或结构形式。

上文介绍的围绕论点进行论证，仅仅是论文论证的主要方式，一篇好文章，还必须交替使用多种具体的论证方法，相辅相成、交相辉映，才能使文章丰厚精彩。以下八种具体的论证方法，可以有选择地运用到论文中。

（1）分析法

把一个复杂庞大的事物或事理，分解成若干部分，然后对这些部分逐一加以论证，从而证明这个事物或事理是正确的。

（2）例证法

用事实作为论据，举例说明，让事实说话，来证明论点的正确性，如典型事例、个案分析等。

（3）推理法

从一个或几个已知的判断中推导出一个新的判断。

（4）对比法

把两个事物加以对照比较，从而导出它们的差异，如前测与后测的成绩对比等。

（5）类比法

根据两种事物在某些特征上的相似之处，得出它们的其他特征也可能存在相似之处的结论。

（6）喻证法

用比喻的方法把道理引导出来。

（7）反驳法

通过否定对方的观点和看法来阐明自己的观点。

（8）反证法

为了证明一个论点是错误的，可以先证明与其相对立的论点是正确的。

8. 完善结构

结构不完善，也是当前论文普遍存在的一个严重问题。缺失的部分大多是摘要、关键词和参考文献等。所以，对于论文写作有必要进行进一步的规范和完善。

9. 修改润色

对初稿进行修改润色是论文写作的最后一步，也是重要的一步。虽然此前已对写作提纲进行了反复修改，但这次修改也许只是微调，但实践证明，此时仍然有必要对论文的初稿进行从宏观到微观、从整体到局部、从内容到形式的全面审视、核查、推敲修改和润色。

论文润色方法包括以下五个方面。

（1）检查各部分内容是否全部呼应论文主题

检查论文的观点是否与研究内容相符？话题太宽泛还是太狭窄？整篇论文是否按预期发展进行？检查论文比例是否平衡：有没有某些部分与其他部分不成比例？有没有在琐碎的论点上花了太多时间而忽略了更重要的论点？有没有尽早提供更多细节，而这能让你的论点最终变得更加简洁凝练？

（2）检查论文逻辑结构

学术论文的上下文之间需要具备合理的逻辑结构，从引言到研究方法、研究结果、结论，一环扣一环，前后衔接，自然过渡。引言部分应该包括对论文其余部分的组织方式和论文中引用的参考文献来源的描述。一篇条理不强、逻辑混乱的文章，基本上不会通过编辑部初审。所以，作者需要检查内容过渡是否流畅，是否能够使读者顺利从一个点过渡到另一点，每个段落的主题句是否适当地介绍了该段落的含义，如果重新整合一些内容来叙述，论文读起来会更好、更合理吗。写作逻辑十分考验作者的思维能力，这份能力来自阅读大量文献的积累和学术汇报的锻炼，如果对自己的能力不够自信，建议请教发文经验丰富的朋友或专家。

（3）统一写作风格

学术论文的写作风格需要严谨、简洁、客观。在学术写作中，作者应该从权威的角度来探讨研究问题，整篇论文以一种恰当的叙述语气，公正地表达他人的观点。因此，应使用中立的语言，而不是对抗或轻视的语言，同时也要自信地陈述作者论点的优点。避免使用含糊不清的表达，例如"他们""我们""人们""那个组织"等，以及使用不确定的词语"超级""非常""难以置信""巨大"等，因为读者无法明白确切的意思。全篇论文应统一使用主动或被动语态，而不是两种语态任意混搭。

（4）检查图表

图表制作的原则就是规范与美观相结合，好的图表应能够有效地区分出关键数据和逻辑关系，能够将要表达的信息清晰、直观地传递给审稿人和读者。一篇论文的图表质量（包括图表的类型选择、图表的标识、字体、字号、清晰度、数字表达、比例尺与中英文标题、是否跨页排版等）给评审者的印象是规范美观，还是问题较多、有待改进，甚至是图表含义不清、制作粗劣，这些都会给论文评审造成截然不同的影响。好的图表同时也要与行文紧密结合，行文中应给出对应的图表位置标识。

（5）检查参考文献的精准度

在引用资料时，请确保它与要证明的论点相关。一篇论文对同领域文献的掌握和梳理程度，反映了论文是否立足在相关领域创新的前沿。对于文献要把握有度，力求全面系统，至少也要做到对本学科主流期刊近五年主要研究文献的基本熟悉。

二、经管实证论文写作要领

一般而言，一篇经管实证论文主要包括引言、文献综述、研究设计、实证分析及结语。与实证研究的三个目的（即"提出问题""提出假说""检验假说"）相对应，实证文章的三个主体部分依次是文献综述、研究设计与实证分析。文献综述有两个重要作用：一是服务于提出问题；二是服务于提出假说。一篇经管实证研究主要是利用经验素材对提出的假说进行检验，构思检验的框架与策略主要依靠的是研究设计，而检验假说就是将研究设计具体落实。以上逻辑顺序构成了一篇经管实证论文的明线。但是，深究一下还可以发现经管实证论文还有一条暗线，这条暗线时刻体现着对比，即将假说、经验证据和研究设计进行对比，暗线是为论证论文的创新性负责的。这条暗线即使有的时候在论文结构和内容中未能体现出来，但在研究者的脑海里肯定是有的。

一篇经管实证论文至少有以下三个层面的"对比"。

第一，理论认识有新旧。一篇经管实证论文在理论认识上应有新旧之分，即原有的理论认识，如假说 A，本文中提出了一个新理论认识，如假说 A′，通过文献综述可以将假说 A 和 A′ 的异同呈现出来。这个比较容易实现。

第二，经验证据有新旧。接下来的就有难度，就是在一篇文章中，还有一组对比，即支持假说 A 的原有的经验证据 B，支持假说 A′的新的经验证据 B′。在这个方面，有的作者提供经验证据 B，有的作者则没有。从这个角度来讲，作为一个专业的研究者，在读文献或做文献综述的过程中，当看到一个假说时，脑海中还应该联想到与这个假说相关的经验证据（如已有实证研究支持某假说的数据估计结果），有什么样的假说，就有相对应的经验证据。这也从一个侧面说明，一个新的数据或独特的数据为何如此重要，是因为这样的数据反映新的理论认识的可能性更大。

第三，研究设计有新旧。"隐藏"更深的是研究设计的对比。研究设计是用经验素材验证假说的框架和策略。通常，与本文中的研究设计 C′相对应，还存在原有的研究设计 C。研究设计 C 是为假说 A 和经验素材 B 服务的。相对于 A 和 B 而言，平常大家对 C 和 C′考虑较少，这需要给予重视和加强。

与明线相对照，之所以提出暗线这种说法，其实就是想提醒大家注意上述三个层面上的对比。对于一篇经管实证论文，读者和作者都要能体会和揣摩到文章的假说、经验素材和研究设计上与已有研究的异同。也就是说，与原来的"A——B——C"相对应，本文中提出了"A′——B′——C′"，一篇经管实证论文不仅要讲清楚新旧理论认识（A 和 A′）、新旧经验数据（B 和 B′）、新旧研究设计（C 和 C′）的对应性和差异性，而且还要将这三个方面统筹起来考虑，进而论证本文的创新性。

那么，如何才能写好文章的明暗两条线呢？第一，A、B、C，和 A′、B′、C′都要有，缺一不可。当然，把这些内容在思维和写作层面梳理清楚需要具备很强的能力。第二，要具体，这六部分的内容都要交代具体。第三，要对应，至少要将 A——A′，B——B′、C——C′先对应起来，只有这样才能呈现差异及其背后的创新价值。

总之，这里所探讨的明暗线，明线符合证伪的思想和思路，而暗线则是在对比的框架下，更好地呈现"创新"。

接下来，我们将对经管实证论文六个部分（摘要、引言、文献综述、研究设计、实证分析、结语）写作过程中的一些要点和注意事项进行进一步梳理。

1. 摘要

摘要部分主要阐述从事这一研究的目的和重要性，从而指出研究的主要内容、获得的基本结论和研究成果，突出论文的新见解。

既然"摘要"是"摘"论文的"要点"，那就要遵循学术性、科学性和简明性。学术性是指论文摘要的内容具有专门性和系统性。换句话说，论文摘要必须体现出学科特点，让读者一看就知道"摘要"表达的是此学科内容而不是彼学科内容，且这项内容是自成一体的，能够构成一篇完整的短文。科学性是指论文摘要必须准确、思维严密、合乎逻辑，用词必须是本学科的专有词汇，具有抽象性，且表达要贴切。内容上，要客观真实，层次分明，考虑问题周全，没有明显纰漏；逻辑结构上，要有理有据，条理清晰，句子之间能够承上启下，相互对应，并和主题相呼应。简明性是指论文摘要尽量简单明了，让读者一看就能明白作者要表达的主旨，即必须用精练的语言表达作者的思想观点和全文内容，且遣词造句要符合学术规范，不可加入一些带有强烈感情色彩的词汇。

撰写摘要有三个原则：清晰简洁、提纲挈领、重点突出。所谓清晰简洁，意思是摘要应尽可能用最少的文字，清晰准确地表达出文章的核心意思。一般而言，一篇 1 万字左右的文章，摘要在 200 字以内为宜，学位论文的摘要可以适当拓展，但即使是 20 万字以上的博士学位论文，摘要也应当在一页纸内完成。所谓提纲挈领，意思是摘要应当做到"麻雀虽小、五脏俱全"，在有限的字数里，研究意义、研究问题、理论方法、研究结论等都要有所涉及，是学术性文章的"干货"提炼，而不是仅仅陈述研究问题和研究意义。所谓重点突出，意思是摘要应尽量把文章的结论和亮点挖掘出来，让读者和阅评人可以直截了当地评估文章的阅读价值或者发表价值。

2. 引言

引言与摘要类似，也可以独立成文，但篇幅远大于摘要。从内容来看，引言的核心是论证此项研究的重要性及意义。从形式来看，引言包括六部分，即研究背景、文献评述、研究目标、内容及特点、研究发现、研究价值与意义、研究的内容安排。从表达方式来看，引言是议论文。

引言是结合经验事实与已有研究，对自身研究的内容、创新性及重要性的论证。在引言的写作上，要注意以下几点。

（1）开篇角度要尽量放宽，然后缩小范围

在引言中，首先简要描述广泛的研究领域，然后缩小到本文特定领域。这有助于将你的研究主题置于更广泛的领域，使该项研究拥有更广泛的受众，而不仅仅是本领域的专家。

（2）提出研究目的和意义

有些论文因为没有表现出主题意义或缺乏明确的动机而被拒绝，正是因为忽略了这一点。应该指出你想达到的目的并激发读者对该项研究成果的兴趣。其基本结构可以概括为："我们旨在完成 X，X 的重要性在于它可以带来 Y。"

（3）充分引用但不滥用引文

聚焦到该研究主题后，应该充分涵盖最新的相关文献。文献综述应该完整，但不能冗长，因为你并不是在写综述性文章。如果发现你的引言部分太长或过度引用，一种可行的解决方法是只引用综述性的文章，而无须提及综述中包含的各篇论文。

（4）保持简短

应尽量避免引言篇幅过长。查看期刊指南和以往发表的文章可以得到更具体的参考，一般合适的篇幅是 500~1000 字。

（5）阐释而不是告知

引言的作用之一就是阐释你所研究主题的价值。最常见的误区之一就是简单地陈述为："主题 X 很重要。"但实际上还需要说明它为什么重要。例如，你不能写"开发新材料对汽车行业很重要"，而应该是"开发新材料对于汽车行业生产更坚固，更轻便的车辆是必要的，这将提高汽车安全性、促进燃料经济"。

3. 文献综述

文献综述，是指对迄今为止与某一研究问题相关的各种文献进行查阅和分析，以了解该领域的研究进展和现状。

其功能是推进对某一领域的理论认识。界定已有理论认识与事物现状的差距或已有认识之间的分歧；提出待检验的假说，用猜测的方式"填补"事物现状与理论认识之间的差距。

其具体目的就是通过分析文献得出一个值得研究的问题。

如何对文献进行判断、筛选和整理？文献管理思维和步骤：先筛选、再下载。具体步骤如下：①优化和缩小搜索范围；②判断内容相关度和论文质量；③精读 Vs. 泛读，并下载；④标注题目、发表年份和精读或泛读，并分类；⑤打印并归类精读论文；先精读，后续再增加泛读论文。

如何选精读和泛读的论文？要注意以下几点：①相关度高的论文一定要选为精读（10 篇为宜）；②读的过程中能够帮助我们研究的选为精读；③相关度低、作者期刊的知名度高先选为泛读后做调整。

其中，在判断论文相关质量上，要注意以下七个方面：①看题目是否能够反映核心内容；②读摘要的信息——摘要就是迷你版的论文，可以看出研究背景、方法和结论；③作者的信息，研究实力如何（是否为国际知名学者）；④期刊影响因子如何（View Journal Impact）；⑤作者所在实验室实力如何；（Author Information）；⑥出版商实力如何（Publisher）；⑦被引用次数（Citation Network）。

阅读文献的方法和技巧主要有以下四个。

技巧一：奠定高效、快速阅读的基础。具体包括：①有效筛选和管理文献；②合理安排阅读顺序，根据目的选择性阅读；③只有精读，才能浮想联翩；④边读边学、辐射阅读、读出感觉；⑤习惯性交流论文内容（与他人交流，与作者发邮件，加深理解）；⑥做一点常识性模仿研究。

技巧二：有效记笔记和整理内容。具体包括：①下划线（_____）：画出不熟悉的单词或词组；②箭头：相互联系的地方；③数字（123）：步骤、列举、重要细节等；④问号（？）：疑问并且需要提问；⑤星号（＊）：重要或非常有价值；⑥感叹号（！）：不同意的地方；⑦注释：表达自己的看法，比如吃惊。

技巧三：开展阅读反思、总结和提问。具体包括：①理解，要具备一定的英文和专业基础，要始终谦逊地报以学习的态度，遇到不了解的要去学习，要注意作者行文的逻辑结构，要抓重点、创新点、贡献点，研究方法奇妙在哪里？②敢于质疑，要坚持即便是专家也不总是对的；假如要提问，提什么？③总结想法，要能复述想法；要了解想法的应用或理论价值；要明确不足之处；④提炼想法，要明确下一步可以做什么？要学会表达自己的想法，比如某个作者在某篇文章里面使用了因子分析（factor analysis），你同意应该使用这种方法吗？你觉得有更好的方法吗？作者的某个结论，让你想起了别人的什么文章吗？这两篇文章得出了相同的结论吗？哪些文章会反对这篇文章的观点呢？如果是你来做这个研究，你会把这个研究设计（research design）设计得不同吗？只有这样的记笔记方式才能锻炼我们的文献阅读能力。

在开展阅读的时候，需要记录如下要点：有哪些重要的观点你想要记住，或是将来可能会引用到（key citations）；有哪些结论你将来可能用到；有哪些方法你将来可能用到；文章在研究设计上有哪些不足？有没有更好的改进方法？文章让你想到了哪些观点类似或者完全不同的其他文章？你对文章中观点、论述、方法、讨论等部分有什么想法和评论（critique）？

技巧四：提高阅读文献的速度和效率。具体包括：①论文结构：TA + IMRAD + C + Ref，具体如下所示。

· Title（T）：题目揭示主要理论、研究变量、研究目的等

· Abstract（A）：全文总结

· Introduction（I）：为什么要做这个研究

· Method（M）：怎么做

· Results（R）：结果是什么

· Discussion（D）：结果意味着什么

· Conclusion（C）：得出了什么结论

· References（Ref）：作者阅读了哪些文献

②分块阅读：在精读时，搜索时只读 TA；文献整理后，再读 TA，继续读 IC；深入读 MRAD，特别注意 D；总结与联系。在泛读时，搜索时只读 TA；文献整理后，再选择性阅读。

约翰·W. 克雷斯威尔（John W. Creswell）曾提出一个文献综述必须具备的因素的模型即五步文献综述法，值得大家学习和借鉴。

克雷斯威尔认为，文献综述应由五部分组成，即序言、主题 1（关于自变量的）、主题 2（关于因变量的）、主题 3（关于自变量和因变量两方面阐述的研究）、总结。

（1）序言方面

要告诉读者文献综述所涉及的几个部分，这一段是关于章节构成的陈述。

（2）主题1（关于自变量的）方面

要提出关于"自变量或多个自变量"的学术文献。在几个自变量中，只考虑几个小部分或只关注几个重要的单一变量。仅论述关于自变量的文献，这种模式可以使关于自变量的文献和因变量的文献分开分别综述，读者读起来清晰分明。

（3）主题2（关于因变量的）方面

要融合与"因变量或多个因变量"的学术文献，虽然有多种因变量，但是只写每一个变量的小部分或仅关注单一的、重要的因变量。

（4）主题3（关于自变量和因变量两方面阐述的研究）方面

要包含自变量与因变量的关系的学术文献。这是我们研究方案中最棘手的部分。这部分应该相当短小，并且包括了与计划研究的主题最为接近的研究。或许没有关于研究主题的文献，那就要尽可能找到与主题相近的部分，或者综述在更广泛的层面上提及的与主题相关的研究。

（5）总结方面

要强调最重要的研究，抓住综述中重要的主题，指出为什么我们要对这个主题做更多的研究。

克雷斯威尔所提的五步文献综述法，第1、第2、第3步其实在研究实践中并不难，因为这些主题的研究综述毕竟与自己的研究的核心问题有距离。难的是第4步主题3的综述，主要因为：①阅读量不够，找不到最相关的文献；②分析不深入，找不到自己研究的"前人的肩膀"、出发点、研究的立足点、自己可能的突破等。所以，对于第4步主题3的综述是需要精心分析综合比较的东西，不能短，而应当长。

4. 研究设计

研究设计是指研究者将采取什么样的策略或者通过什么样的路径，来回答研究问题或检验假说。具体而言，在界定清楚所研究的问题之后，通过研究设计介绍实证检验的大致思路，同时重点阐述将要使用的研究方法。

研究设计的三个具体任务：一是明确所要研究的问题和假说；二是准备研究方法和资料，以解答问题、验证假说；三是列出与开展研究有关的具体计划内容，包括工作方案、时间进度、任务安排等。

一个好的研究设计写作，通常需要满足以下检查标准。

（1）提出的时代背景

课题提出的背景主要指特定的时代背景，回答的问题是为什么要进行该课题的研究，该课题的研究是根据什么、受什么启发而确定的。一般从现实需要角度去论述。因为新要求、新标准、新政策、新理念与现实存在问题，课题研究就是奔着问题而来，为问题的解决而研究。课题研究所要解决的主要问题要有针对性、可操作性，这是课题研究的生命力所在。解决的重要问题与提出的背景间有着必然的、对应的联系，不能游离或架空。

（2）研究课题国内外研究的历史和现状，注意其联系及区别

阐述这部分内容必须采用文献资料研究的方法，通过查阅资料、搜索发现国内外近似或介于同一课题研究的历史、现状与趋势。历史背景方面的内容：按时间顺序，简述本课题的来龙去脉，着重说明本课题前人是否已经研究，哪些方面已有人做过研究，取得了哪些成果，这些研究成果所表达出来的观点是否一致，如有分歧，那么他们的分歧是什么，存在什么不足。通过历史对比，说明各阶段的研究水平。现状评述，重点论述当前本课题国内外的研究现状，着重评述本课题目前存在的争论焦点，比较各种观点的异同，阐述本课题与之联系及区别，力求表现出自己课题研究的个性及特色。这一部分的内容应力求精当，力求体现自身研究的价值。

发展方向方面的内容：通过纵（向）横（向）对比，肯定课题目前国内外已达到的研究水平，指出存在的问题，提出可能的发展趋势，指明研究方向，提出可能解决的方法。

（3）论文研究设计的实践意义

实践意义是指向操作层面，即通过研究对学校、教师、学生的可持续发展有什么促进，在具体的教育教学实践中有哪些好处。它的阐述是通过假设关系，勾勒出通过研究可能或一定产生的实践效果。

（4）完成论文的可行性分析

可行性即研究课题的可实施性，是指论文研究所需的条件是否具备，如研究所需的信息资料、实验器材、研究经费、学生的知识水平和技能，以及研究者的学历、学习能力、研究能力和研究经验等是否具备。它建构

于先进的理念、科学的设计、扎实的功底等之上。

（5）论文研究的过程

研究过程即论文研究的步骤，也就是论文研究在时间和顺序上的安排。一般划分为三个阶段：前期准备阶段、中期实施阶段、后期总结阶段。每一个阶段有明显的时间设定，从什么时间开始至什么时间结束都要有规定，要有详尽的研究内容安排、具体的目标落实，从而保证研究过程环环紧扣，有条不紊、循序渐进。

（6）论文研究的内容

研究内容是研究方案的主体，是论文研究目标的落脚点，研究内容要与论文相吻合，与目标相照应，具体回答研究什么问题，问题的哪些方面。要努力从课题的内涵和外延上去寻找，紧紧围绕课题的界定去选择研究内容。它要求把课题所提出的研究内容进一步细化为若干小问题，也可以在课题大框架下设立子课题。

（7）研究的方法

研究方法是完成研究任务达到研究目的的程序、途径、手段或操作规律，它具体反映"用什么办法做"。研究的方法服从于研究的目的，也受到具体研究对象的性质、特点制约。在具体的方案设计中，要根据各时段研究内容的不同选择不同的方法，尽可能地写明怎样使用这种方法和用这种方法做什么。常用的研究方法有观察法、实验法、调查法、文献法、个案分析法、行动研究法、比较法等。如要研究学生实践能力的现状必定离不开调查法，要研究问题家庭学生的教育对策可采用个案法等。这一部分是研究方案设计的主体，论文研究是否有价值、目标任务如何得到研究落实，在这部分应给人一览无遗的感觉。

（8）排除偏见

良好的研究设计所收集到的研究资料应是客观的、没有偏见的资料。凭主观意志，违反研究设计的科学程序，或随意捏造材料、修改数据，都是不允许的；脱离客观标准，凭个人喜好去评价事物，也是不应该的。优良的研究设计应防止这些现象的发生。

（9）避免混淆

有的研究设计没有阐明哪些是自变量，哪些是因变量，哪些是研究者操作的变量，哪些是无关变量，混淆了各种变量之间的界限。良好的研究设计应对各种变量给予清晰的界定。另外，多种变量混合在一起，而它们的影响又无法分开时，也会导致混淆，生成的效果也无法被清楚地解释。良好的研究设计应减少变量的混淆，或使这种混淆处于最低程度。

（10）控制无关变量

任何研究都是在特定的情境下进行的，其研究结论也通常是有既定的条件限制的。为了保证研究结果的可信度，就有必要控制无关变量对研究本身的影响。特别是运用实验法开展研究时，应更加注意对无关变量的控制，以便使我们能够更加清晰地看到研究者操纵的研究变量对因变量真正的影响程度。一个良好的研究设计应能有效地控制无关变量，而不是将之与有关变量混淆或者忽视无关变量的作用。

（11）检验假设的精确性

任何研究都有基本的猜想和推测，但科学研究必须对猜想和推测进行检验。一个良好的研究设计应反映出为精确检验假设所需要的各种资料收集的设计。研究者必须为检验假设去设计获得什么样的资料，并设计怎样才能精确地检验假设。

（12）分析框架方面

在构建分析框架时，需要注意以下三个方面。

①界定核心概念。一项研究中往往包含一个或几个核心概念，有必要对这些概念的含义进行准确界定和说明。

②选择理论。搭建分析框架的关键是选对理论。写作时必须交代清楚所采取的理论视角或理论基础是什么，阐明是在什么理论框架下展开分析，或者是从哪种理论视角出发的。

③简洁性。分析框架是对整个研究分析思路的部署与安排。不管它是理论性的还是概念性的，它在形式上都应该是简约的，而不应很复杂。

分析框架这部分写不好的原因常常有两个方面。一方面是目标不明确。为了解决这个问题，有必要在画出分析框架图之后，用一段文字简要阐述这一部分的"火力攻击点"在哪里，想要解决一个什么样的问题，解决的具体思路是什么，在解决的过程中可能会遇到什么难题，以及自己处理这种难题的"绝招"是什么。总之，需要有一段"全局观"的文字，把方方面面的情况提前预告一下。另一方面是中心不突出。初学者往往忘记了研究工作的目标是提出并检验假说。分析框架应该有中心，这个中心就是假说检验，其他内容都是为中心服务的。

（13）模型方面

如何才能写好模型这一部分？研究者最好在脑海里预先设想一个研究设计的框架，这样写起来才能统筹考虑，并且注意到不同部分之间的呼应。同时，需要交代选择某个模型的依据，包括理论方面的考虑、文献上的参考或者是问题上的考虑等。至少应考虑：①该模型的理论基础；②该模型是否能有力地支撑研究设计；③该模型是否与所研究的问题、所使用的数据相匹配；④该模型与所要检验的假说之间是如何配合的。

（14）数据方面

数据是变量及其指标的信息载体。数据包括两大类：实验类数据与非实验类数据。在实证分析中，因果识别与推断面临的数据难题是：在经验世界里无法观察到同一样本真实发生行为的"反面"，即"一个人不能两次踏进同一条河流"。所谓实验类数据，就是试图从随机化和控制的角度来解决这个难题。基于非实验类数据所做的实证分析则将上述难题归结为遗漏变量问题，由此发展出来的一系列方法（如工具变量法等）都试图克服这个难题。通常我们所能使用到的数据主要包括截面数据、时间序列数据、面板数据、准实验数据和匹配数据等。使用数据检验假说，值得思考和重视以下两个方面：第一，有必要了解数据的生成过程；第二，关注数据的信息内容与样本结构。

（15）变量选取方面

假说是对某种因果机理或机制的概括。它一般由两个变量组成：一个是因变量，另一个是自变量。从时间顺序上看，两个变量组成的关系是单向因果关系。在实证分析过程中，针对某个由自变量和因变量组成的假说，研究者选取能表征这两个变量的具体指标，并利用合适的数据和计量模型对这两个变量组成的因果关系进行估计和推断。论文中的变量及指标选取部分至少要做到：第一，依次交代因变量、自变量和控制变量的具体名称及含义，其中最重要的是因变量，这个常常被忽视；第二，最好能制作一个变量定义说明表，将上述三类变量汇总起来；第三，交代与因变量、自变量及控制变量相对应的指标，这些指标在所使用的数据中都是可观察和可量化的，无论是变量还是指标，都需要给出合理的选择依据；第四，要写出一种"设计感"，即为了检验因变量与自变量之间的因果关系，如何借助控制变量、计量模型和相关数据来做"实验"，检验所提出的假说，其中关于假说预期方向的探讨要结合已有相关研究；第五，要体现出"挑选感"，即变量和指标都是经过精挑细选的，是从众多方案中挑选出来的与本研究最匹配的变量及指标。

变量选取部分的难点是将变量可操作化，即寻找合适的指标来表征变量。除了上述经验性要求，在变量及指标选取方面还应该注意以下几个方面：第一，指标与变量在含义上是否一致；第二，变量要有"变化性"；第三，分析层次要保持一致性；第四，主观性与客观性。

5. 实证分析

实证分析由三个元素组成：第一个元素是功能，实证分析的目标是检验假说。第二个元素是动作，实证分析大致有六个动作，即描述性统计、诊断性检验、基准回归、相关计量问题处理、稳健性检验和进一步讨论，这些动作组合起来就能完成对假说或因果关系的识别与推断；第三个元素是作用对象，上述动作针对的主要是数据的统计与计量分析结果。

2014 年 7 月的战略管理杂志（Strategic Management Journal）发表了题为"战略管理中的定量实证分析"的社评，列举了从事定量实证分析时应注意的事项。其实，文中谈到的问题在管理学研究领域具有普遍意义，而不仅局限于战略管理。南京大学武夷山教授将该文主要观点介绍如下。

（1）数据之价值

所谓好数据，指的是错误较少的数据，它能对有待研究的现象及其影响因素进行较精确的测度，它使得研究者采用较简单的统计分析工具就可做出较清晰的因果推断。

（2）事实之价值

将数据呈现于精心设计的表格中，或呈现于定量案例分析中，有助于对很多现象的认识。这类研究不一定非得追求因果解释。呈现事实和就这些事实之可能解释进行提问是很重要的。"针对一种现象提出问题"的研究也许同"试图寻求答案"的研究一样有价值。

（3）探索性研究

实证研究也可以是采用图形进路、算法进路和统计学进路开展的纯探索式的研究。一些统计学方法，如向量自回归模型，非常适合于某种探索研究。

（4）命题之导向（orienting propositions）

作为纯探索研究和假说检验之间的中间点，某些研究问题适合采用中间层次的理论框架，再辅之以后续分析，这样的后续分析首先对初始的命题导向进行评估，然后将认识延伸到核心期望之外。这一过程有时会增强原先的命题导向，但也可能推翻原先的期望。

（5）假说检验

请记住，统计上的显著并未证明所提出的假说，只是提供了有利于假说的证据而已。统计显著性一般要结合系数之实际意义或经济意义加以讨论，不具备实际意义或经济意义的显著性往往毫无价值。有时候，需要报告一下检验的统计功效，让读者自行判断 I 型误差和 II 型误差。

（6）回归分析

为了在保持其他变量不变的情况下评估特定变量的作用，往往就需要回归分析。这里会遇到各种问题，例如变量值存在着测度误差，又如方程右端某一变量（自变量）与误差项中省略掉的某变量具有相关性。如果拥有面板数据，采用固定效应估计则可以控制这一相关性。但是，在时间期数量太少的时候，或有关解释变量变动得太慢的时候，固定效应模型就不可与某些估计方法（如 tobit 模型）联用。

（7）联立性与非随机样本选择

我们希望通过统计分析来揭示因果关系，但这一点说起来容易做起来难。除了前述测度误差和省略变量导致的问题外，还会遇到自变量与因变量的联立性问题以及非随机样本导致的样本选择偏差。下面简单介绍几种处理这类问题的方法。

①基于事实的逻辑论证。有时候，通过逻辑论证就可确定，自变量不可能是导致因变量发生变化的原因。

②排除其他解释。回归分析有助于排除掉一些解释，显示出余下的变量之间的相关性和统计学联系。

③提供关于理论机制的证据。当因果性的方向难以从变量的关联中识别出来时，对预测因果的理论机制进行实证考察也许就能提供相关证据。

④工具变量。这类工具可处理自变量之间的潜在内生性。工具变量应与自变量强相关，但与因变量不相关。工具变量是很难找到的。采用糟糕的工具变量比不采用工具变量还要糟糕。

⑤样本选择纠偏。这类方法有助于纠正非随机样本所导致的偏差，通常采用两步估计法。

⑥匹配方法。在战略管理研究中有时采用匹配样本法，特别是在对现象的观察值较少的情况下。

⑦双重差分模型。准自然实验中，外生冲击影响着一个群组，而不影响对照组，因此，准自然实验有利于分离出因果关系。但是，很难找到不存在样本选择偏差的对照组。双重差分模型估计法可用于实验室实验或现场实验，它也许能避免样本选择偏差的问题。不过，这样得出的结论之推广性就比较有限了。

⑧格兰杰因果检验。该方法并不能表明自变量引起了因变量的变化，而只说明这组变量在时间上作用于那组变量之前。

⑨无结果（non-result）。实证研究可能发现，某变量的系数不具有统计意义，这就叫"无结果"。无结果并非无意义。在企图重复原来的实验时，出现了无结果，这是有帮助的。另外，理论预言应有一个结果，却出现无结果，就得重新考察理论。不过，统计估计方面的问题、理论的误用、数据质量较差等原因也会导致无结果，不可贸然下结论说是哪个理论错了。

⑩数据操弄（data snooping）与假说检验。数据操弄指采用不适当的手法使得一些变量成为统计显著的，以"验证"模型。这种做法是违背专业规范的。

6. 结语

论文的结语十分重要，结语的任务是精练表达在理论分析和实验验证的基础上，通过严密的逻辑推理而得出的富有创造性、指导性、经验性的结果。它又以自身的条理性、明确性、客观性反映了论文或研究成果的价值。结语与引言相呼应，同摘要一样可为读者和二次文献作者提供依据。

结语的内容不是对研究结果的简单重复，而是对研究结果更深入一步的认识，是从正文部分的全部内容出发，并涉及引言的部分内容，经过判断、归纳、推理等过程而得到的新的总观点。

结语通常包括以下五个方面。

（1）总结主要研究结果或发现

这一步看似容易，却经常出现问题，尤其是在思辨类论文中。很多人只是将论文正文的内容简单进行一遍概述，但对研究到底解决了什么问题，得到了什么答案，却缺乏必要的总结。研究的主要结果或发现，是结论写作的重点内容，需要超越前文对主题的详细描述，进行升华。

（2）回答引言中的问题

回答通过本文的研究是否解决了引言中提出的问题，这一点至关重要，让研究形成完整的闭环，前后呼应。

（3）评价研究的价值

也就是该研究具体对本领域的发展进步有什么样的理论或实践意义、作用。对研究价值的评价需要严谨冷静、实事求是，不可夸夸其谈。

（4）说明研究的不足之处或遗留问题

不足之处不能是研究存在的硬伤，否则是在自我否定，通常是从视野局限、条件限制两个方面来说的。比如，受研究范围、数据的有限性、方法的不完备性、实验器材的局限性，导致研究存在某些方面的不足。遗留问题则是指在研究过程中，遗留下来有待进一步解决或研究的问题。如是否存在例外情况或本论文尚难以解释或解决的问题，也可提一些进一步研究本课题的建议。结论段具有相对的独立性，应提供明确、具体的定性和定量的信息。对要点要具体表述，不能用抽象和笼统的语言。可读性要强，如一般不用量符号，而宜用量名称。行文要简短，不再展开论述，不对论文中各段的小结作简单重复。

（5）对未来研究提出建议、展望

这一点可以和上一步结合，针对研究的不足之处，向后来的研究者提出进一步改善的建议。或者综合当前研究的发展趋势动态，对未来进行展望，提出可供参考的建议。

总结下来，好的结语应该为题目中提出的问题提供尽可能清晰的答案，并有效提升研究的整体价值和质量。一个优秀的结语会用某种方式将这些结论整合在一起，让它们相互阐释，完成摘要中所许下的"承诺"，并且在这些"承诺"之外进行一定程度的拓展。一段结语的开头通常可以概括到目前为止的所有内容，总结已经做的工作，并且为新的结论做好铺垫。但结语不应到此就结束。实际上，结语承担着大量的修辞和论述压力，体现在以下几个方面：一是要能够从宏观上对论文进行观点性的总结。前面主要是论证，证实或者证伪，但尚未突出自己的观点，所以必须要有一个结语来提炼作者的观点，使读者更清楚作者的观点。二是要有大气磅礴之势，有行云流水之气。前面的论证是一个小心求证的过程，不能展示作者的文笔，但在结语部分，可以放开手脚、解放思想，可以充分展示作者的文采来归纳和抽象论文的要义。三是结语除了归纳观点外，也可以对该问题研究的发展趋势进行科学的预测，以及对该问题的进一步思考。

论文写作本身就是一个学习和探索的过程，一篇好的论文不仅需要好的灵感和精心的设计，更需要的是反复的精修，如果能坚持下来，收获一定很大。论文写作过程中，需要着重注意以下几个方面。

（1）论文要有一个明确的中心思想，并要体现在论文的标题中

写作即交流。因此，读者的体验至关重要，所有的写作都应为这一目标而服务，写作时应当时刻将读者铭记在心。虽然需要在论文中描述大量的创新点，但是着眼于一条单一的信息更加重要。同时关注过多的贡献会使得论文缺乏说服力，并变得难以记忆。

（2）为那些不清楚你工作的有血有肉的人们写作

自己是世界上最了解自己所做工作的专家，因此自己也成了最不合格的读者，无法从不了解自己工作的读者角度去评判论文的人。在这一困境中产生的最为多数的写作错误是从一个设计者的角度进行思考——决定自己想在每一个元素上对人们产生的影响，然后努力实现这一目标。

（3）站在"读者"角度去思考

试着站在一个"懵懂的"读者角度去思考，让读者更轻松地、快速且不费力地抓住信息。

（4）坚持背景—内容—结论的结构组合

大多数广为传播的故事都有着类似的结构——开头为故事背景的设

置，主体部分（论文内容）展开故事，向结语推进，最后得出文中问题的结论。这样的结构可以减少读者产生疑惑的概率，他们不再会问："为什么会这样？""所以呢？"

（5）用讲故事的方法

背景—内容—结论结构作为其中的一种，更适合于有耐心、决定花时间理解论文的读者，但这种结构对没有耐心的读者并不友善。好在当代科学论文的结构解决了这样的问题，标题与摘要使读者可以快速了解论文内容。因此，看完引言的读者很可能会被吸引，并有着足够的耐心继续阅读论文。而且，过于注重"内容优先"的科学论文还会产生另一个风险：读者在阅读过程中会忽视一些段落，这些段落可能是巩固论文可信度的重要部分，从而使他们质疑你的论文。因此，建议将背景—内容—结论结构作为科学文献的默认结构。背景—内容—结论结构在多个尺度上定义了论文的结构。从整篇论文来说，引言设定了背景，实验结果是论文内容，讨论得出结论。从段落来说，首句定义了主题或背景，主体部分提供引发读者思考的新颖观点，末句则为读者提供需要记住的结论。

（6）优化逻辑流：避免曲折，使用平行叙述

文中只有中心思想应该多次被提及。此外，为了减少主题改变的次数，每一个主题仅需提及一次即可。相关的句子与段落应该连贯，避免被不相关的材料打断。类似的观点应该紧密相连，例如应当相信某件事的两个原因。同样地，对于连续的段落或句子，平行的信息应该使用平行的形式来阐述。平行方法使读者更加熟悉结构，使论文更易阅读。举个例子来说，如果有三个独立的原因让我们更偏向某一种解释，我们应该使用相同的句法表达，这样的表达对于读者而言清晰明了，使他们更加专注于内容。需要避免使用不同的词语指代同样的概念，因为这样做会使读者对不同词语的意义产生疑惑。

（7）在摘要中讲述完整故事

论文的各个部分——摘要、介绍、结果和讨论，有着不同的主题，因此，整体结构和段落结构稍有不同。对于大多数读者们来说，摘要是论文中唯一会被阅读的部分。这意味着摘要中必须有效呈现论文的所有信息。

（8）将时间分配到重要的部分：标题、摘要、图表和提纲

应当根据每个章节需要同读者进行交流的不同重要性分配时间。阅读标题的人远比阅读摘要的要多，而阅读摘要的人远比阅读论文剩余部分的人要多，而论文的剩余部分接受的专注度远比方法部分要高。相应地进行时间分配。在撰写章节之前先进行文本规划，通过这一方法在每个章节所花费的时间能够被更有效率地利用。大纲先行。我们倾向于在每个规划好的段落前先写一句非正式的语句，这通常对开始进行已获得结果的描述过程十分有用。这些语句也许会成为结果章节的节标题。因为故事总有一个整体框架，每个段落都应该对推动故事前进起到明确作用，而这一作用则最好在提纲阶段便已确定。

（9）获得反馈，对整个论文进行精简、再利用和再生

写作可以被认为是一个最佳化问题，可以同时提升整个故事、大纲和所有构成语句。由此而论，不要太过于依赖某人的写作这一点尤为重要。在很多情况下，丢弃整个章节和重写是通往优秀论文撰写的快速通道。作为一个作者，如果不能够在几分钟之内向同事描述出论文的整体大纲，那么很明显读者也无法做到，这就需要进一步提炼故事。找寻到此类违反优秀写作的行为，对从各个层次提高论文质量十分有益。

除了上述注意事项，还有一点尤为重要，就是要明确我们做科学研究、论义写作的初心。孔子曰："古之学者为己，今之学者为人。君子之学也，以美其身；小人之学也，以为禽犊。"有时候，我们要反复问自己，做科学研究、论文写作的初心是什么？是为了做一个哗众取宠的学术人才，还是通过"修身"来成为一个更为卓越的人？事实上，做学问的终极目标正如习近平总书记指出的那样："科学研究既是追求知识和真理，也要服务于经济社会发展和广大人民群众。广大科技工作者要把论文写在祖国的大地上，把科技成果应用在实现现代化的伟大事业中。"这是对我国科学研究工作的殷切期待，也是对科技工作者的明确要求——将科技事业与国家和民族的前途命运、与人民的福祉紧密结合，把科技成果应用到实现国家现代化的伟大事业中。

附　　录

材料1–1　"五讲四美"：社会研究论文
写作的原则与建议[*]

一、"五讲"：社会研究论文写作的基本原则

（一）"讲故事"

"讲故事"只是一种比喻，一种从传播、交流的角度对论文写作的方法和表述过程所进行的概括，而不是真的像作家写小说那样去"讲故事"。这种"讲故事"指的是，作为一个整体的社会研究论文在写作上应该像"讲故事"一样，既要有中心、主线，也要有开头、结尾和过程。同时，这种"讲故事"的要求不仅意味着论文的写作要去回答读者心目中许多的"是什么""为什么"和"如何"，也在一定程度上提示论文的写作应该首先写什么，然后写什么，最后写什么。

之所以用"讲故事"来比喻，是因为学术论文的表达有一点与文学家、剧作家是相同的，即要让读者容易理解和接受作者的思想、意图、观点和结论，要让读者愿意"听"，容易"听"，要"引人入胜"。当然，社会研究者"讲故事"的目的与文学家、剧作家不同。因此，他们"讲故事"的方法与文学家、艺术家也有些不太一样。文学家、剧作家"讲故事"是希望通过对故事情节的描写来吸引人，来表达人类情感、人生经历以及人生感悟，所以他们要用文学的语言、用艺术的方式来表现；而社会研究者"讲故事"的目的，是要清楚明确地表达社会研究的结果、结论

---

　　* 该部分引用如下论文：风笑天．"五讲四美"：社会研究论文写作的原则与建议［J］．东南学术，2023（1）：44–54.

和发现，即希望通过"故事"来展现社会现象相互之间的共变关系或因果关系，展示社会现象发生、发展、变化的过程及其规律。因此，他们要用另一种学术语言，用一种科学的方式来表现。

由于不同的社会研究涉及的主题、研究的对象、探讨的内容以及采取的方法各不相同，因而表达研究结果的方式也不尽相同。所以，社会研究者"讲故事"的方式并非只有一种，对于不同类型的研究来说，研究者"讲故事"的方式既可以是开门见山地平铺直叙，也可以是先尾后头进行倒叙。尤其是在定量研究与定性研究的论文之间，在以描述为主与以解释为主的论文之间，研究者"讲故事"的方式和方法更是有着较大的差别。

举例来说，定量研究论文"讲故事"的方式一般是先从大的背景写起，由远及近、由大到小、由宏观到微观，一步一步地聚焦到研究的中心问题上来；然后由研究的中心问题引出前人对该问题的相关研究及其发现，再在总结前人研究所存在的局限或不足的基础上，导出自己的可以弥补这些不足的研究设计，继而通过具体展示和分析，按照这一研究设计所得出的各种结果，来回答研究一开始提出的中心问题；最后通过对研究结果的进一步讨论来达到同前人的相关研究结论进行对话，或者引申出探讨这一问题或相关问题的各种启示，以增进人们对于这一问题的更深入的理解和更加全面的认识。而定性研究论文"讲故事"的方式则与定量研究论文有较人的不同。研究者更经常地从特定的、微观的、具体的和局部的社会现实出发，一步一步地引出研究所关注的问题；然后通过一点一点地展示研究中所得到的各种实例、材料、证据，来一层一层地展开分析和探讨；最后从这些具体的、特殊的现象中，总结、归纳、抽象出一般性的结论、概念、理论，达到在更广泛、更一般的层面对所研究的现象或事物的理解。

要讲好一个"故事"，就要对"故事"的引出、发展、结局等有好的构思。写社会研究论文同样如此。写论文的直接目的是表达研究的结果，其核心其实就是回答"我通过研究发现了什么"。然而，为了回答这个问题，就必须先告诉读者"我研究了什么""这个问题为什么值得研究""前人对这个问题已有什么样的结果和不足""我是怎样进行研究的"等一系列问题。一篇合格的论文，就应该是一个讲得很圆满的故事。如果将论文每个部分的要点顺序相连，就可以是一个简明扼要、有头有尾的"故事梗概"。比如，伴随着中国的改革开放，中国社会中产生了一类被称作独生子女的特殊人口，他们终身没有兄弟姐妹（背景），那么，他们的成长过程（人的社会化）与有兄弟姐妹的多子女有什么不同吗（问题）？前人的研究结果告诉我们，独生子女的毛病多，是"问题儿童"，但这主要是对西方独生子女的研究结果（文献回顾）；为了弄清楚中国社会的独生子女的社会化过程及其结果，我们挑选出有代表性的中国独生子女与同龄多子女进行了测量和比较（研究设计），结果发现二者之间的社会化状况基本相同（研究结果），为什么会如此呢？这可能是因为有一种"消磨—趋同"过程在起作用的缘故（讨论）。写到这里，最初的研究问题解答了，作者的"故事"也讲完了。

（二）"讲逻辑"

逻辑是人类思维的规则，也是人们进行推理的规则。实验研究之所以成为科学的强有力工具，就是因为它具有很好地揭示和证明事物之间因果关系的逻辑。在社会研究中，不仅从问题到答案的论述过程需要符合逻辑，在撰写社会研究论文、表达社会研究结果的时候，同样需要符合逻辑。论文表达的逻辑集中体现在论文的结构上。要准确地表达研究的结论，特别是要让读者心服口服地接受研究的结论，就必须按照正确回答社会研究的问题所必须依据的逻辑以及由这种逻辑所决定的论文结构来表达。按照这种具有逻辑性的论文结构，论文的表达就会更有力量。而一旦破坏了这种结构，也就破坏了论文表达的内在逻辑。

社会学者彭玉生教授在《"洋八股"与社会科学规范》一文中，对论文表达的基本结构及其背后的逻辑进行了分析说明。他从社会科学主流刊物中提炼出他所戏称为"洋八股"的一般结构（即问题、文献、假设、测量、数据、方法、分析、结论），以便为年轻学者"做规范化研究、写一流学术文章，提供一个范式参考"。他所分析的"洋八股"，看起来是在讲写作规范，讲论文结构，其实更重要的是在讲论文结构所蕴含的内在逻辑。一篇论文之所以要按照"洋八股"那样的结构来安排，是因为这种结构是由社会研究论文正确表达社会研究结果的内在逻辑要求所决定的。这也是后来有学者在关于如何写论文的几点感悟中，第一点感悟就是这种"'学术八股'的逻辑"的原因。

当然，用上述的"洋八股"来概括和说明社会研究论文的一般结构存在一定的局限。因为这种对论文结构的概括总体上只是偏重建立在演绎逻辑基础上的验证性定量研究，即这八个要素的总结主要是建立在解释性定量研究论文的基础上，主要适用于那些遵循演绎推理的逻辑、对理论命题和假设进行验证的定量研究。而对于定性研究的论文以及描述性定量研究的论文来说，其结构及其基本要素就会与"洋八股"式的结构有所不同。而这种不同的结构以及不同的构成要素背后的内在逻辑自然也就不一样。

从大的方面看，不同的社会研究论文，在结构和表达方式上往往遵循着两种不同的内在逻辑：一种是从抽象的理论命题到经验的观察验证的演绎逻辑；另一种是从经验的观察中提炼出理论解释的归纳逻辑。前述"洋八股"式的论文结构，遵循的就是第一种逻辑，即从一般性的、抽象的理论命题出发，通过操作化和对经验观察所得资料的定量分析来验证理论命题。而定性研究的论文结构以及描述性定量研究的论文结构，则主要遵循的是第二种逻辑，即从对具体的、特殊的现象的经验描述开始，经过归纳和经验概括，或者得出有关总体特征的描述，或者抽象出新的概念，或者提出新的理论解释。而要写好社会研究的论文，就要依据这两种内在逻辑来组织和安排论文的结构。通过将符合逻辑要求的各个要素连接成一个整体，十分自然地、环环相扣地把读者从最初的问题一步步地引向最终的结论。

（三）"讲证据"

一篇合格的社会研究论文，除了要有正确的内在逻辑作支撑外，还需要有另一个同样重要且不可或缺的构成元素的支撑，这个构成元素就是证据。如同法律上认定一个人有罪或无罪不仅要依据法律条文，还要依靠证据一样，社会研究者要得出某种研究结论或观点，不仅需要依靠正确的逻辑推导，同时也需要依靠经验证据的支持。在社会研究中，研究者通常都会去收集各种经验资料。值得思考的问题是，这种经验资料的作用究竟是什么？实际上，研究者收集经验资料的目的是从对经验资料的分析中得出回答研究问题的结果。而各种经验资料的作用，就是作为支持社会研究所得出的各种结论的客观证据。

当然，研究者在社会研究中所收集的各种经验资料，与他们在撰写研究论文中所使用的证据还存在着一定的区别。社会研究中所收集的各种经验资料只是形成研究证据的基础和基本材料。撰写社会研究论文中所用到的证据，则是经过研究者系统整理或分析后所形成的有针对性的，用以表达特定结果，能支持、说明或验证研究结论的资料。可以总结为两点：一是社会研究中所收集的资料通常只是构成证据的"原材料"，只有经过研究者的"加工处理"它们才可能成为论文中的证据；二是社会研究论文中所用的证据具有明确的针对性，即它们要为特定的研究结论提供"事实依据"。而"讲证据"的原则，就是要在明确社会研究中所收集的资料与论文写作中所使用的证据之间关系和区别的基础上，更好地将资料变成证据，更好地运用证据去支持研究的结论和观点，更好地用证据去回答研究的问题。它要求研究者在撰写论文时对所给出的每一个答案，所得到的每一个结论，所提出的每一个观点，都要拿出具体的证据。比如：如果研究者要在论文中得出"目前的大学生比十年前的大学生更希望找稳定的、体制内的工作"的结论，他就要拿出"目前的大学毕业生与十年前的大学毕业生相比，毕业时考公务员的比例明显提高了"的具体证据；研究者如果要在论文中提出"来自农村和小城镇的大学毕业生由于缺乏充分的社会资本所以难以找到好的工作"的观点，那么，他不仅要提供农村和小城镇大学毕业生拥有的社会资本与大城市大学毕业生拥有的社会资本存在明显差距的具体证据，同时还要提供大学生找到好的工作与他们拥有的社会资本明显正相关的证据。

许多不熟练的研究者在撰写论文时，往往由于只给出了自己的结论或观点，而不注意同时提供支持这一结论或观点的证据，导致其论文不具有说服力。因此，强调"讲证据"的原则，就是要在社会研究论文的写作中，避免这种现象的发生。实践中一个有益的做法是：每当我们准备在论文中提出一个观点或者写下一个结论、一个论断的时候，都要习惯性地先替读者问自己这样两个问题：你怎么知道是这样？你的证据是什么？

（四）"讲道理"

现实中许多研究者在写论文时，最不缺的常常就是"道理"。在他们看来，这种"道理"就是自己的观点和看法。因此，在许多论文中，我们经常会看到"我认为""我觉得"这样一类词语开头的句子。然而，本文提出的这种"讲道理"的要求中所说的"道理"，并不是研究者纯粹凭主观地分析、推断、估计甚至猜想所得出的观点或看法，而是指研究者对研究所得到的经验结果所做出的解释和说明。

我们可以分别从整体的层面和局部的层面来理解这种"讲道理"的含义。从整体的层面看，"讲道理"是指研究者在撰写论文时，要讲出研究所得到的结论是如何回答研究所提出的中心问题的。因此，这种"讲道理"的过程显然离不开经验证据和推导逻辑这两方面的要素。也可以说，研究者要在撰写论文的过程中通过很好地表述研究的经验证据和研究的内在逻辑，来讲述研究结论是如何在这种证据和逻辑的支持下顺利获得并很好地回答了研究所提出的中心问题。从局部的层面看，"讲道理"主要指的是研究者在撰写论文时，对研究得出的每一个具体结果所进行的解释和说明，特别是对于研究中所得到的许多回答"是什么"的具体结果所进行的解释和说明。由于这种解释和说明在许多情况下又都是在回答"为什么"的问题，所以这种"讲道理"就是在对每一项具体的"是什么"，给出"为什么是这样""为什么会如此"的解释和说明。比如，如果研究中得到了这样一项具体的结果，即"大学文科专业招收的研究生中，女生的比例明显大于男生的比例"，此时，作者不能只给出上述结果，通常还需要对"为什么会形成如此的状况"进行一定的解释和说明。而这种在论文中针对各项具体结果所写的许多分析和说明，实际上就是在"讲道理"，即通过解释和说明，让读者接受或理解研究所得的结果。

但值得注意的是，由于这种对具体结果的解释和说明（即对"为什么如此"的回答）是作者根据现有结果做出的，通常并没有经过在其他场景、其他对象、其他范围中的验证。所以，研究者在进行这种"讲道理"的时候，即在论文中对现有结果进行判断、分析，特别是下结论或提出观点时，一定要留有余地，千万不能过于武断地直接下结论或提观点。一个比较合适的做法是在所作出的解释、所作出的判断、所提出的观点、所下的结论前面加上"或许是""可能是"这样一类的词语。这才是一种实事求是的科学态度。

（五）"讲人话"

这里的"讲人话"主要涉及社会研究论文写作的语言问题。语言是撰写社会研究论文的基本工具，也是研究者表达研究结果、结论和思想观点的基本工具。正确使用语言，也是社会研究论文写作的一个十分关键的环节。之所以将"讲人话"作为社会研究论文写作中的一条原则，是笔者在20多年前参加费孝通先生90华诞庆典暨"费孝通学术思想研讨会"时，聆听费老的讲话所得到的启示。费老当时在讲话中批评他的一个学生写文章"不讲人话"，只是在生硬地套用或卖弄西方学者的一些理论概念和名词。费老提到，我们写文章"要讲人话""讲人听得懂的话"。费老的教导给笔者留下了深刻的印象。如何理解写论文要"讲人话"呢？笔者认为，除了上述费老所指出的不能生硬地、不切实际地套用甚至是卖弄一些新名词、新概念，而要采用明白的、"大家都能听得懂"的话以外，"讲人话"还包含下面几层含义。

首先，"讲人话"是指写论文时要使用学术界通用的语言，即这里的"人"指的是学术界的同行。因为我们写作论文的目的是用来与同行进行交流，是向学术界同行展示自己的研究结果和研究发现。而学术界作为一个学术共同体，对所有学者表达研究结果和研究发现时所使用的语言也有着一套自己的规范要求。比如对于概念的使用，要确切、无歧义；对结果的陈述，要客观、平实等。其次，"讲人话"也是指写论文时要使用符合表达规范的语言。语言是研究者用来表明研究结果和研究发现，表达作者意图和思想的工具。而语言的使用本身有着它自身的规范要求，无论是语法结构还是遣词造句，都有着一套固定的、成熟的规范。社会研究论文的作者，在语言使用方面也要按照这种表达规范的要求来写作，以便于读者能够顺利读懂和看懂研究论文。最后，"讲人话"还指要尽可能以一种与读者平等的姿态来进行写作，尽可能采用平实易懂的语言来表达。既不要高高在上、故作高深，采用晦涩的、自创的概念或提法来故弄玄虚；也不要哗众取宠、堆砌辞藻，以及使用一些"假大空"的、生搬硬套的语言。特别是由于社会研究所具有的科学性要求，在研究结果的语言表达上还要体现出研究者"价值中立"的态度，尽可能保持语言表达的客观性，尽可能"用事实说话"。

二、"四美"：写好社会研究论文的进一步建议

（一）"标题美"

撰写社会研究论文标题的首要标准是"题要对文"，即要做到论文的题目符合论文的主题和内容。在此基础上，标题美的进一步要求则是文章标题能够高度概括和重点突出，不仅要起到"画龙点睛"的作用，还要能够吸引人们的注意。因为标题是最先进入读者、编辑眼中的文字。在有些情况下，它甚至决定了读者和编辑是否愿意读这篇论文。因此，要十分重视论文标题的写作。

一个好的论文标题是在用通俗易懂和言简意赅的语言反映论文的主题、内容、结果的同时，还能够突出论文的核心观点，并且引人注意。笔者曾看到过一些论文和著作的标题，就是在这方面给笔者留下了深刻的印象。比如，一篇主要描述和揭示美国贫困人口生活状况的论文，如果用"美国贫困人口的生活状况研究"这样的标题，并没有错，也很准确，但是显得有些平淡无味。如果采用笔者看到的标题"一天两美元：美国贫困人口生活状况研究"，读者是不是会印象更深刻？因为这一标题非常形象地概括和突出了研究的结论和特征，因此比前者更能吸引人。

同样，有学者针对学术界普遍关注人口过快增长对全球发展的影响而相对忽视了人口普遍下降及其对全球发展的消极后果的现象，撰写了一篇论文。如果他的题目是"对全球人口减少的后果研究"，显然没有错。但是再看看下面的标题："空荡荡的地球：全球人口减少的冲击"。相比起来，哪一个题目让你印象更为深刻呢？再比如，著名社会学家格兰诺维特影响非常广泛的一篇论文的标题为"弱关系的力量"，同样是这种画龙点睛式标题的典型例子。它用最简单、最生动的语言，让人们一下子理解并记住了这项研究的重要发现和研究结论。还有一篇研究无家可归者的论文，如果标题是"某某地区无家可归者的现状及问题研究"，当然没有错，也很清楚，但是如果采用"住址不明：对无家可归者的研究"这样的标题，是否就更加生动、突出和鲜明呢？

"全面二孩"政策刚刚实施时，笔者曾经研究过城市一孩育龄人群的二孩生育动机问题，论文最初的题目是平铺直叙式的"城市一孩育龄人群

的二孩生育动机研究"，后来又改成"城市一孩育龄人群的二孩生育动机及其启示"，最后将研究结论作为标题，改成了"给孩子一个伴：城市一孩育龄人群的二孩生育动机及其启示"。这样的标题形式更好地将研究的结论凸显了出来。笔者也曾经研究过大城市青年的婚配模式问题，最初的论文题目也是平铺直叙式的"大城市青年的婚配模式研究"，后来改成"大城市青年的婚配模式及其理论解释"，这两个标题当然都没有错。但最后改成的标题是"谁和谁结婚？大城市青年的婚配模式及其理论解释"。这种以提问的方式作为主标题，效果是不是更好呢？同样，笔者研究当代城市青年居住问题的一篇论文，最初的标题是"当代城市青年的居住理想与居住现实"，后来加了几个字，改成了"家安何处？当代城市青年的居住理想与居住现实"。不仅更好地突出了研究的中心问题，同时又通过简短的疑问句给读者一些悬念，引起读者的阅读兴趣。

（二）"结构美"

论文的结构一般指的是论文由哪几个部分组成以及各个部分前后的次序及其连接，同时还包括每个部分的篇幅大小等。因而结构美主要指的是论文的构成部分是完整的，各个部分之间的顺序及其连接是符合逻辑的，每个部分的篇幅大小也是恰当的。结构美从本质上说不是作者刻意为之的，而应该是一篇好论文的预期目标和实际表现方式完美统一的要求所内在决定的。论文由哪几个部分构成、各个部分的前后顺序如何、每一部分的篇幅多大等，都不是由作者的主观意志来决定的，而是由达到准确、明白地表达研究结果的总目标的要求所内在决定的。作为研究者，在撰写论文的时候，应该对这种论文结构的内在要求有所了解。

以定量研究论文的结构来说，以描述为主的定量研究论文通常会以"问题与背景""文献回顾""研究设计"（或"样本与数据"）"结果与分析""总结与讨论"这样几个部分构成。而验证性定量研究的论文，则往往由"问题与背景""理论与假设""数据与模型""结果与分析""总结与讨论"这样几个部分构成。并且，在两种类型的论文结构中，这几个部分的前后顺序也是基本固定的。定量研究论文这种看起来有些死板的固定结构，反映的正是定量研究的内在逻辑。如果缺少其中的某个部分，或者不同部分之间的前后顺序有所改变，这种内在逻辑就会出现混乱，论文就不能很好地表达研究的结果。

实际上，描述性定量研究的上述结构为读者回答了这样几个方面的问题："这项研究探讨了什么问题？""研究所探讨的这一问题是从哪里来的？""这个问题为什么值得（或需要）去研究？""前人对于这一问题已经做过哪些研究？得出了哪些结果？还存在哪些局限或不足？""为了弥补这些不足，研究者打算如何开展他的研究？""他的研究得到了什么结论和发现？""从他的研究结果和发现中，还可以得出什么样的推断或启示？"等。而验证性定量研究的上述结构则回答了"这项研究的中心问题是什么？""这一研究问题是从哪里来的？""为什么需要或者值得去研究这个问题？""关于这一问题，前人已有哪些理论解释？根据这些理论可以推导出什么样的命题和假设？""为了验证这些假设，研究者使用了什么样的数据和分析模型？""研究验证的结果是支持还是否定了研究的假设？""研究者的验证结果和研究发现对前人的理论有什么补充或贡献？"等。

除了要注意论文结构要素的完整性以及前后连接的顺序外，还要适当注意不同部分的篇幅大小。比如在论文每一部分的篇幅上，上述两类定量研究论文也会有所不同。描述性定量研究的"结果与分析"部分的篇幅常常会比较大，其中通常会有多张不同的统计表格，从多个不同的方面来表达研究的结果，有的论文甚至会因为结果部分的内容过多而将其进一步分成几个部分来分别表达；而验证性定量研究的论文则通常会用比较大的篇幅进行文献回顾、梳理以及理论假设，到了结果与分析部分则通常只会有一两张统计表格，篇幅也较小。

总之，"结构美"的要求就是要依据论文表达的内在逻辑，既要从有利于描述现状的角度、检验假设的角度、解释原因的角度来安排论文的各个部分，也要从有利于读者阅读、有利于读者了解和理解研究内容及其结论的角度来考虑和安排论文的结构及其篇幅。

（三）"语言美"

如果说，前面"五讲"原则中的"讲人话"更多的是从内容上对论文写作语言提出的基本要求的话，那么，这里的"语言美"则从语言表达的形式上对论文写作提出建议。它涉及论文写作中与语言相关的表达方式、语句结构、概念词汇等。这是在"讲人话"的基本要求之上增加的新要求，是一种对论文的语言表达"锦上添花"的建议。

这里所说的"语言美"，主要不是指文学意义上的语言美，而更多的是指科学意义上的语言美。一是体现在论文写作中所用的语言要具有严谨、明确的特点，即在语言表达上不能含含糊糊、马马虎虎、不确切、不清楚；二是体现在所用的语言要简洁易懂，让读者读起来十分清楚，且不费劲，就像在当面听作者说话一样朴实自然。此外，在撰写论文时，既不能用文学色彩浓厚的语言来描写和表述，也不能用各种空洞、干瘪、言之无物的以及啰唆的语言来进行表述。总的原则是，一切都要以清楚、确切、简明、客观为标准。在这方面，值得研究者在论文写作过程中反复实践，认真修炼。

当然，还应该稍加提醒的是，对于定量研究论文与定性研究论文来说，由于二者在表述结构、证据性质、解释方式等方面的不同，会导致这种"语言美"的要求和表现会呈现出一些差异。对于定量研究论文的写作来说，往往会更加强调语言表述的严谨性、确定性、客观性，其陈述和表达的语言相对更加平实。而定性研究论文的写作则相对注重语言表述的贴切性、生动性、丰富性，在陈述和表达中所用的语言也相对更具主观色彩。一个最明显的例子就是，在定量研究的论文中，主语一般采用第三人称或非人称词语来表述，以突出客观性，比如采用"笔者估计""结果表明""数据显示"等方式；而定性研究论文则更多地采用第一人称"我"来表述，以更好地体现和表达研究者的思考、分析、观点和看法。另外，同样是定量研究的论文，以描述性研究为主的论文和以解释性研究为主的论文在语言风格上也会有些许的不同。相比而言，描述性研究论文可能更注重语言的明确性、客观性，而解释性研究的论文则可能更加强调语言的严谨性、逻辑性。

（四）"图表美"

图表美主要是针对定量研究的论文来说的。在定量研究的论文中，通常会用到作为证据或结果的统计表和统计图。因此，统计表和统计图的表达方式，也是我们在社会研究论文写作中应该注意的一个方面。无论是统计表还是统计图，在表达方面的首要标准当然是正确、规范。所谓正确，就是表格或图中的内容应该符合研究者表达研究证据或表达研究结果的需要。所谓规范，即表格或图形所表达的内容和形式，还应该符合学术界通行的标准。此外，在达到正确和规范的同时，统计表和统计图的表达还要尽可能简洁、美观。

举一个简单的例子，如果我们想了解独生子女与非独生子女对于生育二孩的意愿有没有什么不同，那么，双变量交互统计是一种常见的分析方式。表 1 就是同一个交互统计分析结果。它们在表达方式上就存在是否正确、规范、美观的差别。表 1 的表达方式既不正确，也不规范。一方面，作者使用频数统计的表达方式是不正确的，这种表达方式并不能对变量不同取值之间的结果进行比较。正确的表达方式是采用频率统计，即百分比统计，这样不同对象的结果之间才能进行比较。另一方面，由于一般是将调查对象的身份作为解释变量（自变量），而将生育意愿作为被解释变量（因变量）。因此，应该将调查对象的身份变量放在表格的上端，而将生育意愿变量放在表格的左侧，并且只需按解释变量给出边缘频数的合计，不用同时给出两个边缘频数合计。所以，表 1 的表达方式在这方面也是不正确的。此外，对于交互统计分析结果的表达来说，规范的做法还应该同时给出差异的统计检验结果。由于表 1 没有给出这一结果，所以其表达方式也是不规范的。

表 1　　　　　　　　　调查对象身份与二孩生育意愿的交互分析

		二孩生育意愿		合计
		希望生	不想生	
调查对象身份	独生子女	223	194	417
	非独生子女	556	558	1114
	合计	779	752	1531

表 2 中，统计结果一方面采用了频率的表达方式，另一方面正确地排列了解释变量与被解释变量的位置，同时又给出了百分比差异显著性的统计检验结果。所以，表 2 的表达方式是正确的。但是，表 2 在表达形式上还不是规范的，同时也不是美观的。不规范主要表现在百分比的注明方式上，即不应该在每一个具体结果旁边注明百分号，而应该在表的标题栏统

一注明；而且表 2 的不美观则主要表现在表格设计上线条过多，不够简洁。

表 2　　　　　　　　调查对象身份与二孩生育意愿的交互分析

		调查对象身份	
		独生子女	非独生子女
二孩生育意愿	希望生	53.5%	49.9%
	不想生	46.5%	50.1%
	（n）	（417）	（1114）
$\chi^2 = 1.545$　　df = 1　　P = 0.228			

表 3 中的统计结果在内容上与表 2 完全相同，但在表格的表达方式上却与表 2 大不一样。不仅通过在表的标题栏注明百分号，省去了在每一项具体结果中都添加一个百分号，同时，表格的设计既简明又美观。这种表达方式实际上正是交互分类表的规范表达方式。

表 3　　　　　　　　调查对象身份与二孩生育意愿的交互分析

二孩生育意愿	调查对象身份（%）	
	独生子女	非独生子女
希望生	53.5	49.9
不想生	46.5	50.1
（n）	（417）	（1114）
$\chi^2 = 1.545$　　df = 1　　P = 0.228		

实际上，定量社会研究论文的写作会用到各种不同的统计表和统计图。而每一种类型的统计表、每一种类型的统计图，在学术界都有着业内通用的规范表达方式。因此，我们在写作定量研究论文时应该对这种规范有所了解，并按照这种规范去表达。

材料 1 – 2　论文写作"五宜""五忌"*

一、选题宜小而具体，忌大而空

初学写学术论文，选题宜小些、具体些，切忌大而空。有些人爱犯贪大求全的毛病：一是题目大，二是内容空。比如《论鲁迅》《谈谈汉语言文字的特点》等。在这种大题目下，所写篇幅不过三五千字，内容面面俱到，但没有一个问题谈清楚，这叫"帽子大，脑袋小"。"大帽子"戴在"小脑袋"上很不相称。这类题目太大，每个题都可以写一本书，而且光看这样的题目很难判定作者要谈什么。比如有篇文章谈中学生作文中的毛病和改写意见，却冠以"谈谈语文教学"的标题，显然，这也是一顶大帽子、歪帽子，不如直截了当地将题目改为"谈谈当前中学生作文中的一些毛病和改进意见"，既与内容吻合，又明确具体。

初学写论文，建议把题目定得小些、具体些。要知道，论文价值的高低，由内容决定、由质量决定，与题目大小并无关系。王力先生说："应该写小题目，不要搞大题目，小题目反而能写出大文章，大题目倒容易写得肤浅。"的确如此，题目定得小些，便于收集材料，便于以小见大、容易把问题谈深谈透；题目定得大，不容易把握，材料收集困难，写起来往往流于空泛。有篇文章题为《论寓言及寓言教学》，谈了什么是寓言，寓言的起源与发展、寓言的文体特点，中国寓言与外国寓言特点比较，寓言教学应注意的问题。由于问题多，尽管写了近万字，仍然只有架子、缺少血肉。后来，从"有益于寓言教学"的写作目的发出，将题目改为《寓言的特点及教学》，集中谈两个问题，其余问题一概删除，结果只写了四千字，由于论述集中、谈得比较深入，被评为优秀论文。

二、挖掘宜深，忌肤浅

鲁迅先生主张写文章"开掘要深"。这话对学术论文写作同样适用。

---

* 该部分引用如下论文：戴钟荣．论文写作"五宜""五忌"［J］．黔东南民族师专学报，1998（3）：37 – 39.

开采宝藏要向纵深发展，深钻才有收获。一个课题要深入研究，了解它的方方面面，才能得出正确的、独到的见解。有些初学写论文的人往往不会分析，缺少分析，罗列一堆材料，然后简单一个结论了事。比如，列举学生作文中词不达意、表达不清、错别字多、材料游离、内容空泛、结构混乱、主题不明等毛病，然后下一个"学生作文水平低，必须引起高度重视"的结论。又如，评论一篇文章，对思想意义和艺术特点稍作分析之后就洋洋洒洒大谈感想，等等。这类文章观点不一定错，但深度不够、意义不大。学术论文的本质，主要是以说服与告知的形式，表述作者在科研活动中的理性认识。如果作者没有必要而有力的事实依据，又没经过科学抽象上升到理论高度，从而形成具有普遍意义的思想主张，那就失去了论文的资格，所以，论文写作不能仅仅停留在这种简单的概括上。不能只提出问题而不分析造成这种问题的原因；也不能只摆出问题而不指出解决问题的途径和方法。挖掘就是多思。多问几个为什么，思考才会深入。一般说来，应该问问为什么要讨论这个问题？讨论这个问题的意义何在？为什么会有这样那样复杂的情况？关键问题是什么，相关问题有哪些？解决问题的途径在哪里，方法有哪些？为什么对某个问题、某种提法不能笼统地肯定或否定？用某种方法解决这个问题之后还有什么问题值得注意？等等。能把这些问题的答案通过材料融化在论文之中，论文才有内容、有深度。我们继续拿中学生的作文来讨论，作文不是一个简单的写作技巧问题，而是与学生的思想认识水平、生活阅历深浅、写作方法技巧以及个人兴趣爱好等都有关系的复杂问题。

上面提到的中学生作文中的那些问题，细分一下可以看出：内容空泛主要与学生的生活阅历有关；结构混乱、材料游离主题主要与学生的思维方式、思维能力有；错别字多、词不达意主要与语文水平有关。把这些问题梳理清楚了，提高学生作文水平的途径与方法自然会明晰起来，再深入想想每个问题的解决办法有哪些，哪些办法是根本性的，哪些办法是辅助性的。这样思考设问，分析就可以深入下去，找出问题的关键，重点就会突出。总之，要注意全面而不是孤立地看问题，学会从不同角度、不同侧面去分析，才会找出问题的本质或者争论的症结，才会克服不分主次的泛泛而谈，才会有出奇制胜的高招，提出真知灼见使读者受益。

三、内容宜新有特色，忌一般化

一篇学术论文，应该有些新东西——新的见解、新的材料、新的角度、新的语言，才会使人耳目一新。嚼别人啃过的馍没有味道，说别人说过的老话、套话没有意思。清代文论家李渔说过："'人惟求旧，物惟求新'。新也者，天下事物之美称也。而文章一道，较之他物，尤加倍焉。"又说："意新语新，而又字句皆新，是谓诸美皆备。"在这几"新"中，关键是材料，因为材料是文章的基础。别人没用过的材料是新材料。但是对别人没用过的材料，如果你只是重复一个意思，在思想深度上没有新意，不能叫新东西。相反，别人用过的材料，你能赋予新意，化"老"为"新"，也有新意。论文写作中，你能写别人没有写过的东西，说别人没有说过的话，解决别人没有解决或者没有完全解决的问题，提出新的见解，新的主张，这种有所发现、有所创新的工作，当然最有意义。但是这种工作层次较高，一般人难得做到。因此，所谓新意，主要是指文章中要有真知灼见，有自己的独立看法。不要人云亦云，单纯重复别人的观点。一个正确的观点，可以用不同的材料说明，可以从不同的角度去论证。这种"不同"本身就是创造。如果我们能在此基础上说得比别人好一些，深入一些，也算有新意、有创造。德国诗人歌德说过："现代最有独创性的作家，原来并非因为他们创造了什么新东西，而仅仅是因为他们能够说出一些好像过去还没有人说过的东西。"（《歌德格言和感想集》）所以，一般论文作者应该而且能够做到的就是：提出一个在一定范围，在一定时间里被忽略了的问题；结合自己的工作谈谈对某一个问题的一两点新感受；介绍自己对某个问题的思考、做法和成效；辩证某个普遍流行而实则偏颇的认识；对别人的成果进行收集整理，加以条理化，或者汇集不同论点，指出问题的关键，帮助他人把问题的研究引向深入等。初学写论文，宜从这方面突破。

还有一个特色问题。特色就是既有价值又与众不同的东西。论文能不能吸引人，有特色和没有特色大不一样。特色可以表现在各个方面。就一篇文章而言，可以是观点，可以是题材，可以是结构，可以是语言，等等。抓住特点、突出特点，文章就容易上质量、上档次。比如有些谈教学改革的文章，不管是观点还是做法，并没有多少新东西，但很注意突出特点，突出"本地区"或者"本民族"的特点，有个性，因而稿件采用率高。如果文章论述的是争论问题，那就要善于抓住症结，抓住焦点。力求面中取点，重点突破，不可面面俱到，泛泛而谈。

四、剪裁宜精，忌主次不分

没有材料无法写作。"巧媳妇难为无米之炊"。可是材料多了也要会处理，处理不好不会出好文章，不能"放进篮子就是菜"。有些初学写论文的人，他们的文章刚"出世"的时候，往往论点不鲜明，问题不突出，材料良莠混杂，论述该详尽的却蜻蜓点水，该省略的却大书特书，问题就出在剪裁上。要知道，并不是什么材料都适合写进一篇文章中。即使可以写入，也不能不讲轻重，不分主次。应该根据表现意图的需要，决定哪些问题是主要的、哪些是次要的，哪些地方要详细论述、哪些地方要一笔带过，哪些材料是主干、哪些材料是枝叶。总之，要用浓淡疏密的笔墨把自己的观点表达出来。这就要求作者精心剪裁。剪裁的依据是什么呢？应该而且只能是作者表达论题的需要，绝不是作者手头掌握的材料，这正像裁剪衣服只能依据身材而不是面料一样。有些材料尽管很典型、很新鲜，给人印象深刻，令人耳目一新，但它对于论题的表达关系不大，也只能酌情取用，甚至忍痛割爱。有一篇谈"随想随做"作文法的文章，前言两三百字：第一个标题"作文教学的意义"，一千来字；第二个标题"当前学生作文的现状"，一千来字；第三个标题"随想随做的几点做法和效果"，一千来字。对于这篇文章，我们不看内容，只看几个标题和每部分的篇幅，就可以判断它剪裁有问题，即主次不分，详略不当。第三部分是重点，应该详写；第一、第二部分写那么多，即使它观点正确、材料翔实，也只会冲淡主要部分。关于文章的总体结构，即文章的开头、正文结尾，古人曾用"凤头、猪肚、豹尾"来比喻。学术论文写作，也同样适用。

五、语体宜规范，忌对艺术性的刻意追求

学术论文是反映科研过程、描述科研成果的文章。它强调科学性、严肃性，排斥鼓动性、宣传性；它要求持之有故，言之成理，不允许夸张渲

染；它主张正面说理，不提倡论战。学术论文的这种性质，决定了它的用语要求，就是特别讲究逻辑性，即准确地运用概念、判断进行说明论证。它的语言是实实在在的，不允许想当然的成分，不追求形式美，不奢求生动性。它重在以事示人，以知示人，以理服人。而不像记叙性文体那样重在以事感人，也不像抒情性文体那样重在以情感人。它虽然属于议论性文体中的一种，但与一般议论文也不尽相同。比如一般议论文可以想象、夸张、设喻等，语言可以有一点形象美和幽默感，学术论文则不行。学术论文的作者思考问题可以有想象力，构思论文可以有想象力，但是反映科研过程和成果的时候却只能实事求是，恰如其分，不必讲求语言的形象、描写的生动，也不需要鲜明的褒贬、强烈的感情，更不能肆意夸张渲染、哗众取宠。阅读学术论文理论上你会获益很多，但在艺术享受方面却几乎等于零。有些初学写论文的人不懂得学术论文的这种语体要求，他们的文章中充斥大量的例子，运用许许多多的比喻、象征、大段大段的生动描写，一个又一个的形容夸饰，甚至追求句子的整齐、语句的押前，等等。这些都是大可不必的，也是不妥的。所爱者，涂金溢美；所恶者，讽刺挖苦。不伦不类，很不恰当。就拿标题来说，学术论文的标题一般是直露的，要求直接揭示论点或课题，不必讲究花哨，不用象征、比喻等手法曲折表达，只要具体地恰如其分地反映研究的内容、范围和达到的程度即可。如《文字教学四法初探》《苗汉语法比较谈片》《谈谈语文课本中鲁迅先生几篇小说的思想性与艺术性》等。可以同时用正题、副题，如《一篇一境界，一花一精神——〈聊斋志异〉艺术技巧初探》《忧国忧民的悲歌——读杜甫的〈春望〉》，但不可拟诸如《改革的思考——谈谈黄赌毒》《外面世界真精彩——论观代爱情趋势》之类含糊空洞、难以琢磨的题目。

材料 1-3　有关财经论文写作的基本知识[*]

究竟什么是论文？简单地说，论文就是对新的研究成果的汇报。为什

---

[*]　该文部分引用如下论著：陈强. 计量经济学及 Stata 应用［M］. 北京：高等教育出版社，2015.

么一位成绩优秀的学生，在撰写毕业论文时可能一筹莫展？这主要是因为，平时上课做题，主要学习已有知识，只需被动消化吸收即可，有固定模式可循；而做研究写论文，则需主动创造（哪怕是一点点）新知识。因此，刚起步研究的学生，面临着从学习知识（学生）到创造知识（研究者）的转型。

论文与一般的文章或散文不同，后者可以仅仅表达某种情感，或记录一些事情。经济学论文必须用十分严谨的数理逻辑或统计推断，来一步一步地得到结论，保证每个环节都丝丝入扣、经得起推敲；而不能随便发表议论，或轻率地下结论。而且，论文贵在创新，其价值主要在于其原创性（originality）或新颖性（novelty），即对于已有文献的边际贡献（marginal contribution），参见下图。

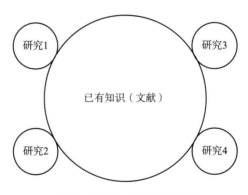

图1　已有文献的边际贡献

经管论文的结构一般包括以下方面。

（1）标题（title）、关键字（key words）、摘要（abstract）

论文的首页通常包括标题、作者、摘要、关键字等信息。标题是论文的标签，正如商品的商标或名称。一般应选择简洁而有吸引力的标题，并能让读者知道该文主要在做什么。在论文写作乃至成文之后，都有可能修改论文题目，使之更为贴切有趣。

在题目之下一般为作者姓名，而将具体的作者单位、联系方式、感谢语（包括基金资助）以及"文责自负"等声明放在脚注里。如果有多位作者，一般需选择其中一位作者作为"通讯作者"（corresponding author），负责投稿并与编辑部保持联系。

在题目与作者之下，一般为摘要（abstract），通常在 200 字左右。摘要需突出论文的重要意义、研究方法与主要结论。一般读者会先看摘要，再决定是否看全文。因此，论文摘要应字斟句酌，凸显本文的主要贡献，并激起读者进一步阅读的兴趣。摘要通常在论文主体完成后才撰写，因为此时作者对于论文的主要内容会有更清晰的概念。

在摘要的下面，通常还需提供几个关键字，以便读者能很快地根据关键字搜索到此文。关键字常常来自论文的题目。

经管类实证论文的正文一般依次包括以下部分：引言、文献回顾（可归入引言）、理论框架或背景介绍（可省略）、数据说明、理论模型与估计方法、检验结果、结论与讨论。下面分别进行说明。

（2）引言（introduction）

引言虽是全文的第一部分，却经常最后写。原因之一，引言集中了全文的卖点（selling points），最难撰写，须反复修改；原因之二，引言概括了全文的内容，只有在全文大体完工后，才能准确地总结与提炼。

引言通常包括以下内容：本文研究了什么问题，此问题为什么重要（研究意义）；本文使用了什么数据（最好在数据来源上有所创新或挖掘），实证研究的计量方法是什么，得到了哪些主要结论；此研究与已有文献的关系，本文的主要创新与边际贡献等。由此可见，引言将论文的精华部分以非技术性的方式呈现给读者，可视为扩展版的摘要，是"销售"此文的重要手段。事实上，许多读者在浏览论文时，常常先看引言与结论，然后再决定是否细读正文。由此可见引言的重要性。

引言的写作大致有两个套路。传统的套路是，在提出研究的问题之后，首先回顾已有文献的相关研究以及不足之处，然后顺势引出本文的研究方法与主要贡献（比如，填补了文献的空白）。传统套路的优点是比较有逻辑性，能自然地呈现学术发展的脉络；其缺点在于读者需要有一定耐心，先回顾主要文献，然后才知道本文的主要工作。现代的套路是，提出问题之后马上直奔主题，介绍本文的研究方法与主要结论，然后再回头介绍本研究与现有文献的关系。这两种套路各有优缺点，适合不同的论文，但直奔主题的现代套路似乎日益流行。

另外，引言的最后一段通常提供全文的路标（roadmap），告诉读者本文的其余部分在结构上如何安排，以便于读者阅读。

（3）文献回顾（literature review）

文献回顾如果较短，可以归入引言部分；反之，如果文献回顾较长，则可单独作为论文的一个部分。对于文献的回顾一般按文献出现的时间先后进行，着重介绍重要的文献，而其他文献可以简略介绍、放入脚注，甚至忽略。

文献回顾的写作切忌只是堆砌罗列一些文献，而未进行深入分析。事实上，文献回顾的根本目的是厘清本文的研究与已有文献的关系，以凸显本文的边际贡献及其在文献中的地位。

为此，在肯定现有文献的原创贡献外，难免会指出其不足之处（或被忽略的方面）。此时，应注意语气委婉，因为这些文献的作者有可能正是未来的审稿人或编辑。另一方面，你又希望突出本文的独特贡献（当然必须实事求是）。因此，在指出现有文献的不足与突出本文的贡献之间，需要找到措辞与语调上的平衡。

（4）背景介绍（background information）或理论框架（theoretical framework）

实证论文并非仅仅是找一堆数据，然后汇报回归结果。只有告诉读者有关经济现象的背景，完整地述说一个经济故事，才能使得计量结果更有说服力。

比如，纳恩和钱（Nunn and Qian，2011）研究引入"新世界"（New World）作物土豆对"旧世界"（Old World）人口增长与城市化的影响，在其第二节背景部分，即以大量篇幅介绍土豆的优点（virtues of the pota-to）、土豆如何从新世界传播到旧世界，以及其他新世界作物。因此，实证研究者的工作并不仅仅是下载数据进行回归，还需要熟悉所研究现象的历史、制度与文化背景，乃至数据的来源与产生过程。

如果可能，在此部分可引入一个简单的理论模型（theoretical model）或思想框架（conceptual framework），为后续的实证研究提供理论基础。但对于实证论文而言，其理论部分不宜太过复杂，以免喧宾夺主。另外，如果经济现象过于复杂，没有现成的理论，也可根据常识（common sense）直接写下计量模型或回归方程。

（5）数据说明（data description）

实证论文的结论是否可靠，首先取决于数据的质量。因此，在数据说明部分，应详细说明数据的具体来源，并评估其可靠性。介绍数据来源的详细程度，应使读者能按图索骥得到同样的数据，以保证科学结果的可重复性。

如果对原始数据进行了一些处理或加工，也应一一说明。如果学术界对于数据的质量有质疑，则应说明这些潜在的数据质量问题，对于你的研究有何影响。比如，GDP 的绝对水平可能被夸大了，而你仅使用 GDP 的增长率，故可能影响不大。如果数据来自问卷调查，则应说明随机抽样如何进行，问卷如何发放与执行等，并在附录中附上具体的问卷。

介绍数据来源之后，通常以表格形式给出主要变量的统计特征（summary of statistics），比如样本容量、均值、标准差、最小值、最大值等，使读者对数据的基本特征有所了解。有时，还会提供关键变量的相关系数矩阵（matrix of correlation），作为对变量之间关系的初步证据。

（6）模型与估计方法（econometric model and estimation）

在此部分，需要结合所研究的问题以及已有数据，给出具体的计量模型，即回归方程。通常会有一个基准（baseline 或 benchmark）的计量模型，然后在此基础上对模型设定（model specification）有所变化，比如增加或替换变量。

此部分着重需说明论文的估计策略（estimation strategy），即究竟应使用什么计量方法来识别主要变量之间的因果关系。初学者易犯的错误是，在论文中直接使用某种计量方法，而未说明为什么这是最合适的计量方法。任何计量方法都有适用的前提条件，需要研究者仔细甄别与判断。如果有两个计量方法，各有优缺点，则可二者都用，然后作为稳健性检验，比较二者的结果。

（7）计量结果（regression results）

介绍计量方法之后，即可汇报回归结果，通常以表格形式来呈现，主要包括以下信息：被解释变量与解释变量的名称、回归系数估计值、标准误（或 t 统计量），以星号表示统计显著性，以及相关的统计量（样本容量、拟合优度等）。在正文中，需要对回归结果进行解读，包括回归系数的统计显著性与经济显著性，符号是否与理论预期相符等。

（8）稳健性检验（robustness checks）

在实证论文中仅仅汇报一个回归结果显然是不够的，因为变量的显著性可能在不同的模型设定下变化。只有在不同的模型设定下，都能得到类似的结果，才是稳健与可信的。对于稳健性检验的结果汇报，如果篇幅比较短，可归入上一部分的"回归结果"；反之，如果做了较多的稳健性检验，则可单独作为论文的一个部分。

（9）结论（conclusion）

结论是论文的最后部分，对全文所作的工作进行总结，并给读者留下最后的印象。结论部分通常概要地回顾本文的研究问题、计量方法与主要结论，也可重申本文的独特贡献。由于任何论文都有局限性，故也可指出未来的改进空间与研究方向。许多读者会先看引言与结论，再决定是否看正文，故结论部分也十分重要。

（10）参考文献（references）

几乎所有研究都建立在前人成果之上，故必然会在文中引用他人的论文或著作。这些论著的详细出处，则一般收集于文末的参考文献。需要特别注意的是，文中所有引用的论著，都应包括在参考文献中；反之，所有参考文献中的论著，都应在正文中被引用。

参考文献的顺序一般按照作者姓氏的字母（拼音）进行排列，对于同一作者的作品则按发表年代排序。另外，不同期刊对于参考文献的具体格式也有不同要求，在投稿前需按所投期刊的要求进行修改。

（11）附录（appendix）

有些论文还有附录，主要收集不影响正文阅读但篇幅较长的细节。比如，对于理论文章，可能把烦琐的证明放在附录。而对于实证论文，有时会把过长的数据说明放在附录。如果数据来自问卷调查，则通常把具体的问卷放在附录。

材料 2 – 1　研究中的问题意识[*]

在我国学术界存在大量的低水平重复研究。这类研究不仅无助于学术水平的提高，而且浪费了大量的人力和财力，从这个意义上说，低水平重复研究也是学术腐败的表现。发生在我国的严重的学术腐败不仅与现存的体制有关，也与能否严格遵守一定的学术规范或研究过程有着密切的关系。本文仅从"问题"和"问题意识"的角度阐述在社会研究过程中如何防止低水平的重复研究。

一、问题的界定和意义

爱因斯坦曾经讲过："提出一个问题往往比解决一个问题更重要，因为解决问题也许仅是一个数学上或实验上的技术而已。而提出新的问题，新的可能性，从新角度去看旧的问题，却需要有创造性的想象力，而且标志着科学的真正进步。"在科学史上，一个重大研究问题的提出和解决，往往会极大地推动整个科学研究的发展，甚至会给科学发展带来革命性的变革，开创新的学科，导致整个科学体系的重新组合。这些重大理论的突破，首先是在提出问题之后开始的。当然，并不是所有研究课题的提出和解决都会对科学研究产生巨大的作用，但是它们在人类对于未知领域的探索，对于深化人类的认识来说是不可缺少的。

有关"问题"的讨论始于 20 世纪 80 年代中期，当时的讨论主要是在哲学或认识论、科学逻辑层面上进行的。所谓"问题"，一类是对科学知识背景无知的"知识性疑难"，一类是产生于对科学知识背景分析的"科学探索性疑难"。"问题"是主体意识到自己在某一方面无知的结果，因此，"问题"可以分为"研究的问题"和"学习的问题"，也可以分为科学问题与非科学问题，及其在科学问题下的正确的科学问题与错误的科学问题、常规问题和非常规问题。在科学研究中，所谓"问题"就是需要进一步探索和研究的问题。也就是说，"问题"是相对于现有的"知识库

---

[*]　该部分是根据相关专家的观点整理得来。

存"而言的是现有的"知识库存"不能解决或解答的问题。

在社会科学中，"问题"的范围显然要比爱因斯坦所说的更大。相对于自然科学来说，在社会科学领域，不仅"提出问题"是问题，"解决问题"有的时候也是"问题"，对"解决问题方法"的研究，即采用什么方法解决问题本身也是一个"问题"。例如，现有的解决问题的方法可能无法解决问题或者会带来不良的结果（其实何谓"不良结果"也是一个问题）；也有可能"解决问题的方法"有多种多样，怎样选择又成为一个问题。因此，在社会科学中，无论是提出问题还是解决问题都是一个"问题"。

科学研究中的问题还有它特定的规定。从人的认识来说，问题的形成和提出往往是人的认识实现新的飞跃的开始。问题指的是在选择和确定研究课题的过程中，寻找自己的研究方向或具体问题，使得自己的研究能够为课题所在的学术领域增加新的知识。科学知识是累积的，任何科学研究都不是简单地重复他人的研究，都要在前人研究的基础上有所发展。社会研究作为一种科学的认识活动，它的每一项具体研究都必须能够在某些方面增加人们对现实世界的认识，能够为人们了解、理解、熟悉和掌握现实社会生活中的各种现象、各种问题、各种规律提供新的知识，而不能总是在同一领域、同一范围、同一层次上重复别人的研究，重提已有的结论。一切重复他人研究的问题，哪怕他的研究设计做得非常周密，资料的收集和分析做得非常规范，但是它所获得的结果只要是现有"知识库存"中存在的，那么他的研究成果就不会被承认。除非这样的研究是为了验证某些具有重大发现、重大意义的研究成果。从这个意义上说，任何研究课题都应该具备创新或学术贡献的特点。社会科学研究的"问题"或"真问题"，主要有以下四类。

首先，所研究的问题在现有的"知识库存"中还无法找到，是"史无前例""填补空白"、开创性的。这样的研究课题在我国社会转型过程中特别多。当一种社会结构被另外一种社会结构所替代时，会产生很多需要研究的问题。当然，有些研究课题放在人类整个"知识库存"中也许不是问题，但是社会科学还不能成为具有高度"普适性"的、"放之四海皆准"的社会理论。由于社会文化、社会形态的多样性，每个国家在社会转型中出现的新问题都具有自己的独特性。作为一个社会研究者要有良好的敏锐性和洞察力，善于"捕捉"本国、本民族在社会转型中出现的新问题。有些问题虽然是人类的基本问题，如婚姻、家庭、性等，在人类的"知识库存"中有很多研究，但是不能说这样的研究已经穷尽了，社会的发展、人类性观念的改变、人类繁衍技术的革命都会给人类婚姻、家庭、性等提出新的研究课题。

其次，所谓"问题"也可以是指采用不同理论对一个已经经过大量研究的问题给予新的诠释，或者采用新的方法对一个旧的问题进行再研究。例如，早期资本主义国家存在的"人口过剩"问题，马尔萨斯提出了著名的"人口规律"，即人口过剩是因为"粮食的增长是按照算术级数增长、人口的增长是按照几何级数增长"，人类只有自觉节制性行为才能防止人口过剩，否则战争、瘟疫、自然灾害将会自发地调节人口再生产。马克思从制度层面上提出了"产业后备军"的重要概念，认为"产业后备军"是资本主义生产的必要条件，只有推翻资本主义制度，实现社会主义，才能做到有计划的人口再生产。同样，当很多研究把自杀仅仅看作个人原因时，法国社会学家涂尔干则从社会整合的角度揭示自杀的规律。当前，我国的社会学经验研究出现了"人类学方法"倾向，这在一门学科或者一个新的问题刚刚开始研究时是不可避免的，因为这个阶段的知识积累一般是采用归纳为主的方法。但是当知识积累到一定阶段，从而能够产生一定理论的时候，量化研究方法将会使原有的研究得到提升，并在理论解释方面具有更大的说服力。有的时候，研究者也可以采用比较研究的方法使得一个旧的研究课题获得新的活力，诸如城乡比较、历史比较、代际比较、国内外比较、文化比较、理想类型法等。

再次，"问题"还表现为随着社会的发展，已经做过的研究发生了新的变化，或者原来的理论已经不能有效地解释已经发生变化的社会问题、社会现象。例如，同样是"大龄女青年结婚难"的社会问题，在 20 世纪 80 年代，表现为大批女知识青年从农村回来以后，面对传统的男女婚配"婚龄差"，因为已经超过了"最佳"的适婚年龄，而无法找到适龄的婚配对象。21 世纪开始，大城市中一些"三高"（高学历、高收入、高资历）大龄女青年无法找到自己满意的配偶，除了传统的择偶标准的影响之外，更主要的原因是女性社会地位提高，获得了与男性一样甚至更高的教育，加上婚姻观念的变化，不少"三高"女青年宁可独身，也不愿意"苟合"。也许再过 20 多年，由于现在的性别比不协调，男女婚配又会发生新的变化。又如，在构建社会主义市场经济时期，我国的社会阶级和社会阶层发生了新的变化，很多学者认为按照马克思的阶级理论无法正确地解释正在发生变化的社会阶级、阶层状况，主张结合西方的社会分层理论分析中国的社会阶级、阶层结构。但随着社会矛盾的加剧，贫富差距日益扩大，有些学者又转向马克思或新马克思的阶级或阶层理论，企图根据马克思理论解释当前我国社会结构和社会分层的变化。

最后，如前所述，在社会科学中解决问题的方法以及问题本身也是一个问题，而不仅仅是一个技术问题。在社会科学中，任何解决问题的方法其背后都隐藏着理论或者方法论的选择，这样的选择无疑是一种价值选择。社会科学研究大量面对的是社会问题，对于所谓的社会问题能否成为"问题"就是一种价值判断。例如，婚外恋、同性恋在我国一度被看作淫乱甚至是犯罪，而从现代社会学的角度看，任何所谓的社会问题都是一种"标签"，是在一定价值判断下的对一种非主流文化的界定。同样，西方社会保障制度背后也有一定的理论选择，就如有的学者概括的那样，西方社会保障理论分为三大流派，即国家干预主义、经济自由主义和中间道路学派。不同的理论下的社会保障制度的政策安排是不一样的，在我国社会保障制度的改革过程中，就不难看出不同理论的影响。因此，对于何谓社会问题以及如何解决社会问题，本身也是一个需要研究的"问题"。

二、知识结构和问题

从社会研究方法的角度看，选择和确定研究课题的重要意义首先在于选题实际上决定了研究的方向或目标，即研究课题一旦确定之后，就要加以具体的规定，其中包括研究范围、研究对象、研究内容等，从而决定整个研究的方向。社会研究作为人们了解社会现象、探索社会规律的一种认识活动，是十分具体、明确、有针对性的。现实生活中的每一项社会研究，都应该是针对特定社会生活领域中的特定社会现象或社会问题的。因此，特定的知识结构也决定了"问题"的发现和确定。

研究者在选题时往往受到以下因素的影响：专业理论知识；研究方法知识和各种操作技术；对社会生活的观察以及个人对问题的悟性或者洞察力和动员社会资源的能力。一项具体的研究课题从开始选择到最终确定，正是上述几方面因素共同作用的结果。这就是说，研究者的知识结构也决定了在选择课题中发现"问题"的能力。

一项研究课题水平高低的评价标准往往是该课题是否涉及一些重大理论或重大社会问题。但是不能就此认为选择宏观问题、追求"宏大叙事"的水平就高，研究微观问题的水平就低。实际上一项研究课题所反映的研究水平的高低，就是看这种选题能否在比较深入的层次上揭示社会现象的内在联系，是否在比较高的层次上概括社会现象的整体状况、发展变化规律，是否回答人们在社会中遇到的、普遍关心的新的问题；而不是在比较低的层次上简单地列举社会现象的个别状况和具体表现，在比较浅显的层次上描述社会现象的表面特征甚至重复研究已经明了的事实、状况和结论。也就是说，不管研究的是宏观社会问题还是微观社会问题，关键还是要能够找到新的"问题"。

毫无疑问，研究者的知识结构直接影响到研究质量和研究结果。例如，前几年我国各地乃至全国开展了大量的有关老年人问题的调查，取得了不少研究成果。但是也有不少老年人问题的调查结果是重复的，基本上以描述性研究为主，缺少理论分析工具，并且定量分析的技术也比较简单。如果研究者选择有关老年人问题的研究课题，就要在前人研究的基础上有所突破，或者能够发现已经或正在出现的新问题。这里不仅需要研究者能够掌握高级统计分析技术、测量技术，也需要掌握相关的社会理论。知识结构还包括研究者的动员社会资源的能力、社会生活的经验积累。如果一项课题的选择与自己的动员社会资源的能力和经验知识相去甚远，也就无法找到自己想要研究的"问题"。

三、研究领域、研究主题、研究问题

"研究问题"的确定是一个过程，而不是简单地选择某个课题。也就是说，在选择和确定研究课题时，除了要明确研究课题的边界条件外，更为重要的是要确定在研究课题中想解决或探索的问题是什么，也就是人们

通常所说的"问题意识"。因此，选择和确定研究课题的逻辑过程应该是：研究领域、研究主题、研究问题。

研究领域一般是指研究课题所在的学术领域。日本社会学家富永健一曾经在讨论经济社会学的研究对象时分析了"学科"和"领域"之间的关系。他认为，"领域"是指认识和系统化的对象的特定化，"学科"是指认识和系统化原理的特定化；一个对象领域可以由几个不同的学科从多方面进行研究，一个学科也可以研究各个不同的对象领域。根据笔者理解，研究领域是指研究课题所在的"对象范围"。例如关于城市居民消费行为的研究，从对象范围来说主要是"经济领域"。在明确消费行为所在的研究领域之后，首先就要搞清楚作为学科的经济学对于消费行为研究有哪些贡献，为什么作为学科的社会学也可以对消费行为进行研究？社会学对于消费行为的研究有哪些贡献？这就是人们通常所说的文献述评或文献综述。它要求研究者在选择和确定研究课题的时候，梳理所选课题所在研究领域中取得的研究成果以及它们在理论和实践上的贡献；采用的研究方法是什么；已经获得的研究成果与当下的状况相比发生了哪些变化；存在的问题是什么。经过对文献的梳理，可以使研究者获得需要进一步研究的问题，使自己的研究在这一领域中能具有创造性的贡献，而不是简单的重复研究。

研究主题是研究的主要方向和研究题目，是研究领域的进一步收敛。例如，关于城市居民的消费行为的研究主题就是消费。明确研究主题可以使研究者为确定研究问题奠定基础，在对文献资料梳理和对社会生活观察的基础上，提出自己在这一研究课题中希望研究或探讨的具体问题。社会学在研究消费行为时，更多的是研究消费的象征性功能。以城市居民消费行为研究为例，其中既可以是对城市居民消费行为基本状况的调查，也可以是对这一领域中出现的新的消费行为的调查，或者调查某一社会阶层的消费行为，甚至可以只研究上流社会（包括高级公务员、企业家、高级知识分子）的消费行为。

研究问题主要是指在研究主题的范围内确定自己需要研究题目何以成为"问题"。如前所说，符合"问题"标准的应是新现象、新理论、新方法、新变化。即需要研究的问题是一种没有被其他人研究过的新的社会现象；对已经研究的问题企图用一种新的理论进行解释和分析，其中也包括采用新的方法对一个曾经进行过研究的问题再进行研究；曾经进行的研究与现实生活相比已经发生了比较大的变化，需要重新进行调查，收集资料，客观描述这一问题的基本状况，或者在此基础上进行解释和分析。

四、"问题意识"和思维方法

科学精神的一个基本要素就是"怀疑"，有怀疑才能有问题，有怀疑才能推动科学进步。从某种意义上说，没有马克思把"怀疑一切"作为自己的座右铭，就不可能引发他对资本主义制度的思考、创立以他为命名的社会理论。但是，"怀疑一切"不是无端怀疑，不是乱加怀疑，怀疑是建立在科学理性基础之上的，是在对研究对象的周密思考中提出问题的过程。因此，怀疑是思考的起点，思考是怀疑的理性化过程，由此最后形成研究的问题。

科学的、理性的怀疑首先与"问题意识"有关，即人们通常说的：什么是问题，你能不能提出问题，从什么角度提出问题，在什么样的理论背景下提出问题，问题的意义是什么，等等。什么是问题意识？到目前为止学界还没有一个明确的、规范的说法。国内学者大多是从教育学的意义上理解问题意识的："所谓问题意识，是指人们在认识活动中，经常意识到一些难以解决或疑惑的实际问题及理论问题，并产生一种怀疑、困惑、焦虑、探索的心理状态"。但是这样的理解只是问题意识的一个方面，对于科学研究来说，史为重要的是问题背后的理论意识，就如当代国际关系批判理论学者罗伯特·科克斯（Robert Cox）所阐述的，问题意识虽然仍以问题为基本内容，即原有理论和客观事实之间的矛盾，但是它更是一种客观事实作用于某种特定环境中的主观意识的产物，具有更强的意识能动作用和行动者的阐释因素，问题意识是在特定历史时期对某些问题或事件的意识。科克斯的问题意识深化了我们对"问题"的认识，也就是说，问题不仅是"科学探索性疑难"，也不仅是强烈的对问题的探索欲望，更为重要的是理论对于问题的能动的阐释，即问题意识是建立在研究者提出问题的理论背景基础上或者能动地选择一种理论观对照一个社会问题，因此，任何问题的产生都和特定的理论或方法论有关。

在当代社会研究中，按照笔者的认识，对研究者"提出问题"的富有启发的有四种方法论：涂尔干的"社会事实"论；米尔斯的"社会学的想象力"；以加芬克尔等为代表的"常人方法论"；吉登斯的"结构二重性"理论，也就是通常所说的"范式"。

涂尔干的"社会事实"论认为，社会事实是先于个体的生命而存在的，是由先行的社会事实形成的。社会事实是以外在的形式对个人的"强制"，并塑造了人的意识。显然这是一种典型的实证主义的认识，即人们的行为和观念都是和一定的社会背景有关的，个人生活在社会中实际上是非常无奈的，如同人们通常所说的"人在江湖、身不由己"。米尔斯的"社会学想象力"认为，社会学的想象力是一种心智的品质，这种品质可以帮助人们利用信息增进理性，从而使他们看清世事，以及发生在他们之间的事情的清晰全貌，即"个人只有通过置身于所处的时代之中，才能够理解他们自己的经历并把握自身的命运。他只有变得知晓他所身处的环境中所有个人的生活机遇，才能明了他自己的生活机遇"。并且认为，人们所面对的"问题"可以分为两类：一类是"个人困扰"，它只关系到个人直接体验的有限的社会生活领域，个人感到所珍重的价值受到威胁；另一类是"公众问题"，它常常包含制度上、结构上的危机。社会生活中问题并不都是社会问题，只有那些和社会制度、社会结构有关的问题才是社会问题。同时，对于属于"个人困扰"问题的认识需要超越个人所处的局部环境，发现可能隐藏的结构性问题。常人方法论的最大特点是不把"理所当然"看作"理所当然"，认为人类是在一种持续的基础上，不断地在实践上创造和重塑这个世界，当这种"理所当然"的常规被打破之后，人们可以发现这种常规背后所隐藏的潜在的社会事实。影响人们行为的各种游戏规则不管是明文规定的还是约定俗成的，都是千百万人通过自己的行动有意和无意建构起来的。一般认为，"社会事实"论和"社会学的想象力"是结构主义的认识方法，常人方法论是建构主义的认识方法。当把这两种认识方法结合在一起，也许就是吉登斯的"结构化理论"或"结构二重性"理论的认识方法，即"人们在一个受制约的社会里建构一个制约自己的社会"，"社会"是理论或意识形态和行动者之间双向互动的结果。

从社会学的角度看，所谓"问题意识"就是人们在考虑任何问题时都要把这些问题放在一定的历史的、社会的背景下，都要分析无数个个人是怎样主动参与，"共谋"这样的行为规范，并采用"适当"的理论解释或诠释人们的行为或观念。"问题意识"的形成依赖于研究者的知识结构，尤其是理论知识结构。没有理论，就不可能有科学的、理性的怀疑。因此，"问题意识"又是和"理论意识"密切关联的，即在一定的理论概念下思考和分析特殊的社会现象。同时，怀疑是建立在对社会生活观察的积累之上，是在对社会生活的观察过程中提出自己的疑问。但是，提出疑问还不够，还必须考察这样的疑问在人类的"知识库存"中是否得到解释。从现有的"知识库存"中获得问题的具体方法就是文献述评。因此，对社会生活的观察和文献述评实际上就是研究课题和研究问题的重要来源。

综上所述，笔者认为，选题及其问题或者问题意识的凸显，是社会研究中非常关键的一环，它直接影响到研究的质量及其学术意义和实践意义。如果我们在社会研究中具有强烈的"问题意识"，不仅有助于学术水平的提高，也有助于遏制低水平重复研究的不良学术风气。

材料 2 – 2　科学问题与科学研究*

科学始于问题。科学研究的过程，其实就是对科学问题作出解答的过程，简要地说，就是解题。既然是解题，首先就必须理解题意、表征问题。科学问题的题意，当然不在于其不同的语言表达形式，而在于其内在的逻辑预设。科学问题的预设应是进行有效科学研究的桥梁。

一、预设

（一）预设界说

"预设"，本是自然语言逻辑的一个基本概念，是指在交际过程中，交际双方有言明并共同接受的事实或命题。例如，在"请问北京大学的博

---

*　该部分引用如下论文：王习胜. 科学问题与科学研究——从本体论、方法论角度看科学问题的预设对科学研究的影响［J］. 科学技术与辩证法，2001，18（2）：41 – 43.

雅塔在哪里"这个问题中，就含有这样一些预设：①提问者知道北京大学有博雅塔；②提问者不知道博雅塔在哪里；③提问者希望知道博雅塔在哪里；④提问者相信听话人知道博雅塔在哪里等。我国逻辑学家周礼全在前人研究成果的基础上，为语用设下了一个比较完备的定义：说话人 s 在语境 C 中的话语 a 预设 b，当且仅当：①b 是 a 的一部分信息；②说话人 s 知道 b；③s 知道听话人 h 知道或相信 b；④s 知道 h 知道 s 知道 b；⑤b 从 a 中根据语用规则推出。

（二）科学问题的预设

1. 科学问题的结构

分析科学问题的预设，首先必须弄清楚科学问题的结构。因为，科学问题预设是载负于问题结构的要素之中的。我们知道，问题从语言形式上说，有很多种类，诸如："是什么问题""怎么样问题""为什么问题""是否问题"，等等。但是，所有这些形式，在集合论意义下，通过等价转换方式，都可以规约为一种形式，即"是什么问题"。因为，所有问题的答案，最终都可以规约为集合 {X/x 是 abc…} 的方式。即有明确解答范围的问题，其答案便是一个有限量的集合；而无明确解答范围的问题，其答案便是一个可能的无限量的集合。撇开答案问题，仅从结构上看，对于"是什么问题"，我们大致可以将其解构为三个要素，即问题的指向、问题的疑项和问题的解答域。所谓问题的指向，就是问题所指的研究对象。问题的目标，就是要对指向的对象进行研究。例如，在"燃素的比重是多少"这个问题中，"燃素的比重"就是这个问题的指向。问题的目标就是要给出比重量的多少，而不在于有没有"燃素"问题。问句中的疑问词连同语法上的符号"？"（问号）一起，可以称为问题的疑项，表示的是问题的研究对象与其可能的答案范围之间的某种不确定性。例如，在"燃素的比重是多少"这个问题中，"是多少"就是该问题的疑项，意即有比重，但量的程度多少不确定。所谓问题的解答域，就是问题的答案范围。再如，在"燃素的比重是多少"这个问题中，其解答域所限定的范围就是比重。

2. 科学问题的预设

由于问题的疑项只能决定问题的语言表达形式，即疑项不同，问题的语言表达方式各异。前文我们已经说过，不同的问题语言表达方式，仅仅说明问题有不同的提问方式，而不同的提问方式又都可以规约为一种形式——"是什么问题"，因此，问题的疑项并不能决定问题的实质内容——问题的预设，这样，问题的预设便主要载负在问题的指向和解答域要素之上了。

（1）科学问题的指向预设

问题的指向是问题的主体。问题的指向预设，主要是从对象角度，预设某种实体、性质状态、原因（因果关系）以及命题等的存在。可见，这类预设，其实就是对问题的对象所作的本体论预设。一个问题，如果没有这种预设，就无法提问出来。即使是否定某种实体、某种因果关系，或者假设了某种实体不存在，其本身也都是对一种本体的预设。例如，在"燃素的比重是多少"这个问题中，在本体论上就作出了"燃素是存在的，而且是有比重的，并且这种比重是可以测量的"等等预设，尽管"燃素"在客观上是不存在的。

（2）科学问题的解答域预设

作为一种认识形态，科学问题不仅会提供探索的对象，而且还会提示答案的范围。所谓科学问题的解答域预设，就是问题自身所认定（或假定）的问题解答范围，它指示着解答者到哪个域限中去寻找答案。所以，这类预设，其实就是科学问题的方法论预设。根据问题的方法论预设的限定或指定情况，我们可以将这类预设分为几种类型：一是全域型，即对问题的答案范围没有给予任何限定，例如，在"DNA 分子的结构是怎样的"问题中，除了作了本体预设，即肯定了 DNA 分子有结构外，便没有规定任何具体的答案范围；二是类域型，即对答案范围给出了程度不同、范围大小不等的限定，例如，在"DNA 分子是由怎样的四链结构构成的"问题中，就把问题的解限定在"四链"这一具体的类中了；三是特域型，当答案域限定在某个具体的对象上时，即为特域，哥德巴赫猜想就属于此类问题。尽管他已经猜想了一个答案："大于 4 的偶数可表示为两个素数的和"，但它仍然是问题。因为，其答案是假定性的，要求解答者去证明它或否证它。

二、科学问题预设对科学研究的影响

（一）科学问题的本体论预设对科学研究的成败有决定性影响

①正确的科学问题本体论预设是科学研究获得成功的必要条件。

由于本体预设是问题预设的主体部分，因此，这类预设的正确与否对科学研究的成败有着决定性的影响。在本体上，如果正确地提出了问题，即便不能保证科学问题在某种条件下一定能被解答，但有关解答问题的条件和方法也只是一个历史问题。例如，爱因斯坦关于统一场论问题，恩格斯关于从无机物中制造蛋白质的问题等，即便在当时的情况下被看作不可思议的问题，但在后来也都得到了某种程度的解答。

②错误的科学问题本体论预设，将使问题不可能获得正面的解答本体预设错误，就从根本上决定了这类问题不可能获得正面的、有效的解答。

科学史上，关于测量"燃素"比重问题，测定"以太风"速度问题等，由于问题本体论预设的错误，而导致其研究失败的例子不胜枚举。至于欧几里德（Euclid）的平行公设的证明问题，以及制造永动机问题，研究的最后结果，虽然导致了非欧几里德几何的创立，能量守恒和转化定律的问世，但这些"答案"已不是原来问题的解了——而是对原来问题否定后的解。

③本体论预设限制着科学研究者的认识域。

一个科学问题的本体论预设，往往代表着提出该问题的科学家的自然观，或如 S. 图尔敏（Toulmin，S.）所说的"自然秩序理想"。因此，每一个科学问题的本体论预设，其实都是对该问题对象的一种定向，这种定向当然会限制着解题者的认识域，使之看不到域外的东西。科学史上，科学的重大进展，总会涉及科学问题本体论预设的根本改变——比前驱理论的本体论更为深刻或以全新的本体论代替了旧有的本体论。盖伦派医生看不到也不相信心间隔孔根本不存在，也就不会想到血液是循环的。这是由于盖伦（Galen）的血液涨退模型在起作用。从涨退模型到哈维（Harvey）的血液循环理论，充分反映出科学研究者不同的本体观对科学研究的影响作用。

（二）科学问题的方法论预设对科学研究有指示性影响

如果说本体论预设只是为科学研究指明了对象，那么，科学问题的解答域预设——方法论预设，则是为科学研究指出了研究的方向、认定了研究的范围。在科学研究中，怎样求得问题的解，往往比什么是问题的解更为重要，因此，问题的方法论预设对科学研究的影响也是举足轻重的。

1. 方法论预设对科学研究具有诱发性功能

贝费里奇（Beveridge，W. J.）说过："问题就是激励"。问题的方法论预设就像路标一样，指示并诱导着科学研究人员向某个方向不断地探索下去。例如，19 世纪末、20 世纪初，人们提出了生物究竟是怎样遗传的、有无规律可循、遗传的本质是什么等问题，这些问题的方法论预设诱导着孟德尔（Mendel，G. J.）和摩尔根（Morgan，T. H.）等人，在生物繁殖和遗传领域进行着不懈的探索。先是孟德尔和摩尔根发现了遗传学三定律：分离定律、自由组合定律和基因连锁定律；后是英国的科学家布拉格、贝尔纳（Bernard，C）在核酸和蛋白质结构方面取得了重要成果；接着，又是美国的生物学研究生沃森（Watson）和英国物理学研究生克里克（Crick，F. H. C.）二人携手合作，将问题向纵深方向推进，在 1953 年提出了震惊世界的 DNA 双螺旋结构模型，导致了分子生物学的诞生。今天，人类已经绘制出了基因草图，基因密码的破译也只在旦夕……问题无穷，探索不止。科学问题方法论预设的诱发性功能，是激励科学研究人员不断地将人类的认识推向深入的动力之一。

2. 错误的方法论预设将会使科学研究误入歧途

由于科学问题的方法论预设有很强的诱发性，一旦这种预设是错误的，则会使科学研究步入误区，甚至深陷于泥潭。例如，在"脚气病是由什么细菌引起的"这个问题中（这是当年荷兰政府委托著名科学家克里斯琴·爱杰克曼研究的课题），旧的方法论预设便是：脚气病是由细菌引起的。但是，如果脚气病并不是由细菌引起的，而是因缺乏维生素 B 所致，那么，为解决这个问题而在细菌领域内的所有的艰辛探索，都将是徒劳的。再如，"怎样用一些正圆形描述火星的公转轨道"问题，其所作的方法论预设就是：火星公转的轨道是一些正圆形。我们现在知道，火星的公转轨道并不是正圆形的，而是椭圆形的。如果当年开普勒（Kepler，

J.) 不摆脱这种预设的诱导，那么，在正圆形上，他是不可能建立起行星运行第一定律的。

3. 方法论预设的详略关系着对科学研究指导的强弱

方法论预设的限定程度与问题解释的指导性强弱呈正相关。方法论预设限定得愈具体，它的指向性就愈明确，从而对问题解答的指导性也就愈强；反之，方法论预设愈缺乏限制，它所排除的东西愈少，指向性亦就愈不明确，那么，它对问题解答的指导性也就愈弱。所以，一个确切的科学问题，不仅在于它的本体论预设是正确的，还在于它的方法论预设是具体的——排除了许多东西，本身含有很大的信息量，从而使问题的解答具有了明确的指向性和有序性。"提出正确的问题"，之所以"往往等于解决了问题的一大半"，就是因为"一个经过很好整理的问题，答案就在其背面，正如蜗牛驮着它的壳"。

三、结语

"只要我们没有提出正确的问题，那么，我们就永远不能期待问题的正确答案。"由于科学研究是由科学问题定向的，而科学问题又是由其预设定向的，所以，科学问题预设的正确与否、具体与否，与科学研究的成功与否、效率高低与否是密切相关的。因此，分析科学问题预设的意义，不仅在于希望科学问题的解答者能够正确地表征科学问题，提高科学研究的效率，同时还在于期盼科学问题的提出者，能够在正确的世界观的指导下，在对翔实的科学背景知识作出分析的基础上，提出正确的问题，以提高科学问题的质量。

材料 2 - 3　问题导向：管理理论发展的推动力*

一、引言

理论研究的问题导向是指以问题需求为引导方向开展理论研究。关于

---

　　* 该部分引用如下论文：盛昭瀚. 问题导向：管理理论发展的推动力［J］. 管理科学学报，2019，22（5）：1 - 11.

这一点，马克思在《莱茵报》第 137 号刊论《集权问题》中说得非常直白："历史本身除了通过提出新问题来解答和处理老问题之外，没有别的方法。"

世界上凡具有旺盛生命力的一切管理理论研究活动的出发点与归宿都是在回答和解决人类社会面临的重大管理问题，体现出鲜明的问题导向性。就管理理论研究而言，问题导向是指人们自觉地发现问题，敢于直面问题，科学剖析问题和正确解决问题的认识路线、研究路线与方法路线。

无论是理论研究还是实践工作，总体上都要以问题导向为原则，这一原则贯穿于管理理论研究的完整过程中，并在该过程中表现出不同的关键节点，如最初的实际问题向理论问题的转化、理论问题的抽象化、最终的理论结论的管理真理性检验等，能否把这些关键节点上的关键问题处理好，直接关系到管理理论研究的质量与水平。

本文在对管理理论研究中问题导向的内涵、意义、原则等进行论述的基础上，重点对问题导向过程中的两个关键要点进行分析，以提高管理理论研究过程中问题导向原则的精准性和功效。

二、问题概论

（一）管理问题概述

《管理：从系统性到复杂性》一文中曾经指出，管埋（活动）之所以需要和重要，是因为它在工程、生产、制造等各类生产活动中能够根据活动的预期目标（目的），使该生产活动更为有序和有效。这暗示着，在现实的管理活动中，的确存在着管理者依据期望目标而不满意、不认可并力图改变现状以提高其有序性或有效性的情况。这一类"情况"首先是一个客观存在的事实或现实，此是客观存在的"原生态"管理问题，也就是所谓的实际管理问题（现象）。

管理者在管理活动中通过自己与外界的直接接触，眼中看到、耳朵听到"原生态"管理问题的种种现象，并且将各种感知传导到大脑中，经过初步的思考形成对实际问题最初的反映和印象。比如在头脑中对实际问题有了大致边界与轮廓、对问题的关键要素与性质有了初步的判断等，并且在管理者心里有了想进一步搞清楚问题属性与规律性的愿望，此即为人们常说的形成了"研究问题"。

研究问题与实际问题最大的不同是，实际问题是客观的、原生态的，而研究问题是已经在主体的头脑中形成了初步的主观认知，如在对实际问题各种感觉基础上形成了知觉等，但这类认知相较于实际问题的客观属性和规律性往往还不尽完整、不尽准确。

研究问题根据不同的目的可以分为不同的种类。例如，如果是想设计一种工具解决某个实际问题，那研究问题就成为技术问题；如果是想揭示问题禀赋的客观规律和属性，那就成为理论问题。不同类型的研究问题在研究过程中遵循不同的研究路径。例如，技术问题主要是通过发明工具来解决问题；理论问题则主要是通过抽象化来发现规律或者设计规则。

举一个例子，苹果从树上掉落下来砸坏了，这是个实际问题。有人想办法保护苹果，这是技术问题，比如在地上铺一块毯子解决问题；而牛顿思考为什么苹果总是落到地面，其中有什么道理和尚不明白的规律，这就是理论问题，最终发现了万有引力定律。

综上所述，管理理论研究有从初始的实际问题通过感官认知形成研究问题再提炼为理论问题这样一个完整的过程。主体之所以要把管理活动中的"实际问题"抽象成"理论问题"是因为研究问题被抽象后，主体更容易通过规范的研究范式揭示实际问题具体性之上的普适性、把握住超越其独特性的规律性，从而改变主体对问题本质与规律的知之不深、知之不全、知之甚少甚至完全不知的状况，这就是研究理论问题对理论发展的贡献。

管理理论所研究的基本上都是理论问题，或者说是具有理论贡献的研究问题。不作特别说明，后文在理论研究语境中提及的问题都是指这类理论问题。

（二）理论问题的价值

前文说到，在研究问题阶段，虽然人们已有了对实际问题属性的某些判断，但其中不少是主体的初步认知，表现出问题的表象性、直接性，其中不都是客观的、深刻的、本质的，还需要通过规范的方法对理论问题进行研究才能得到实际问题本身固有的、物质的、第一性的东西，使人们的认知更客观、本质，这就是理论研究的价值。

从理论价值概念出发，可以认为理论问题是这样一类问题：它们具有一定的现实形态，但对它们表现出来的现象、现象背后存在的规律用已有的管理理论解释不深刻、不周全甚至解释不了，需要通过研究理论问题而形成的新理论去做到、做好这一切，理论问题这种引导、催化新理论诞生的功效就是理论问题的理论价值。

从学理上讲，具有较大社会影响的理论问题将孕育着那个时代较旺盛的理论生命力及鲜活度，自然具有较高的理论价值。一般地，问题越重大，可解释的覆盖面越广、学理越深刻，理论价值也越大。

三、问题导向的原则与价值

（一）问题导向的原则

管理理论研究的问题导向根本上是由管理活动的目的决定的。因为人类管理活动自身是个在管理现实中不断发现、认识和解决问题的实践过程，而管理理论研究则是在此基础上的理性认知升华。所以，管理实践活动与管理理论活动在认识世界和改造世界的基本范式上是一致的和统一的，即无论在实践应用层面、理论研究层面，还是理论与实践结合层面，管理的出发点与归宿都是以解决问题为原则。

关于问题导向与理论时代性的辩证关系，恩格斯有精辟的阐述，他指出："我们的理论是发展着的理论，而不是必须背得烂熟并机械地加以重复的教条"，而发展着的理论是发展着的实践的"时代精神上的精华"。

习近平总书记也明确指出："问题是创新的起点，也是创新的原动力。"

上述深刻论述使人们明确问题导向应该坚持以下基本原则。

①以问题为导向首先要树立"问题意识"。所谓问题意识，就是学者不仅应该坚持从客观实际问题出发，洞察和发现问题并发掘问题的理论价值，还应该具备开展问题研究与解决问题的主动能力以及科学的研究方法和技术。问题意识是学者的抽象思维、具象思维，强烈的自我反思与批判性思维，理论创新性思维和注重研究实际效应的建设性思维的综合体现。

②以问题为导向不仅仅是理论研究的"起点"，更是个发现、分析与解决问题的完整链。它应该完整地体现管理理论研究的推动力来源、理论

价值选择与优化、理论研究路径设计、理论结论真理性检验及管理实践的改进等。学者在理论研究过程中必须具备全局性和整体性观念，避免只陷入某一节点或某一阶段的局部环节，因没有"瞻前顾后"而使得管理理论研究的完整链条脱节。

③以问题为导向不应该把问题只限于逻辑存在而非现实存在，即问题的组成要素、关联与整体都应该具有明晰的物理、管理与行为内涵，而不能只是符号形态与抽象的逻辑体系，更不能仅仅依靠同义反复式的逻辑证明来构建被揭示的理论规律。这就要求在管理理论研究过程中，避免仅仅用逻辑推理、概念证明概念，避免只能从可能性推断现实性、从预设性推断合理性。这样的理论研究结果既缺乏经验证明，又往往空洞，没有应有的实际意义。

（二）问题导向的价值

就当前管理理论研究而言，既需要站在更高的理论哲学思维层面进行思考，又要在理论层面揭示问题的本质属性，还要在方法论上提出新的解决问题的方法与技术，最终还要用实践来验证所有这些理论与方法的科学意义与真理价值，而所有这一切，都是在问题导向过程中实现的。因此，必须整体、系统地明确问题导向原则的学理价值。

①问题导向原则保证了管理是时代性的致用学问，保证了管理理论研究直面时代问题，回应时代问题呼唤的基本品格。一般地，理论研究的问题导向原则尽可能要求人们捕捉到理论价值高的问题，这一方面要求尽可能站在理论哲学思维的高度，提高看透问题本质属性的能力，或者给人以思想的力量；另一方面在面对管理复杂性或面临资源不足、经验不够的情况下，要求能够获得解决复杂问题的能力，并且能在解决问题过程中不断增强自适应能力。这种"获得性能力"与"自适应能力"是当今管理主体坚持问题导向时的"上乘"表现。

②问题导向原则保证了中国化为管理理论研究的主旨。当前现实情况是，在我国重大社会经济变革实践中产生了众多复杂管理问题。面对这些问题，无论从现实逻辑还是理论逻辑，既不可能完全从西方管理思想与理论中找到现成的样板，也不能简单地从我国过去的管理经验中轻而易举地找到解释和解决的模板，只能根据当下中国现实问题，提高我国管理理论

与实践相互融合的自洽性，做出原创性的中国化理论创新。要持久、稳定地保持这一研究范式，必须在问题导向原则引导下，坚持我国管理理论研究主要从本国国情出发，以解决我国现实问题和指导我国管理实践为主旨。

③问题导向原则保证了我国管理理论研究的时代化与中国化的统一。我国管理理论研究中作为"导向"的问题固然包括我国情景与文化背景下的独特性具体问题，但主要还是那些源于中国管理实践并具有普适性、基础性与拓展性的理论问题。这类问题中既包含在国内外管理实践中都出现，但中国学者自主性地以新的知识变革与理论创新来进行诠释和解决的问题；也有至今仅仅在我国管理实践中形成、国外罕见但表现出鲜明的前瞻性、普适性理论价值的问题。因此，问题导向原则要求不能囿于我国地域概念，而应该展现出世界大国的文化开放情怀，在充分学习、发挥和拓展国外管理思想与理论文明的同时，更注重扎根于我国管理的实践土壤，用发展的实践创新发展的理论、以发展的理论指导发展的实践。在让国际管理学术界听到中国管理学术创新声音的同时，使中国管理学术逐渐成为当代世界管理学术格局中一个相对独立的重要组成部分。

④问题导向原则保证了重点关注原创性理论问题研究。要认识到作为问题"母体"的管理实践本身就是伟大的思想者，真正有价值的理论创新研究不可能完全诞生在别人的思想栅栏和理论围城中，更不能依傍别人的理论道路，从别人论文的"狭缝"中拾遗。特别对于年轻学者，如果长久地脱离生动的管理实践，或主要用中国的事实来证明国外管理理论正确，终究会使自己的理论研究能力逐渐衰弱、研究工作价值逐渐"贬值"。

四、问题导向中关键要点分析

不难看出，以问题导向为主线的理论研究活动主要由一定的研究平台、研究主体行为和研究范式组成。其中，基本研究范式为：实际问题—经研究问题形成理论问题—理论问题抽象化—理论研究—结论真理性检验—理论实践应用与改进。

上述管理理论研究基本范式中有两个关键节点：一个节点是从实际问题经研究问题凝练成理论问题，使用了从原生态情景中剥离出理论问题的手段；另一个节点是对理论问题抽象化，这两个节点使用的手段成为问题导向过程的两个关键要点，它们对于完整的问题导向流程是基本的、必需的，但也往往可能对问题导向原则与理论研究整体质量造成负面影响。本小节主要对这两个关键要点进行探讨。

（一）关键要点之一：情景剥离

第一个关键要点在从实际问题经研究问题凝练成理论问题，主要是如何尽可能降低剥离原生态实际问题情景的损失。

1. 情景

直观上讲，任何具体的管理活动与过程，如同一个有物、有事、有主体、有对象、有关联、有因果、有变化并且依时空顺序展开的各个环节相对独立又有整体性与连贯性的"故事"。凡故事都有背景、情节与情节的发展，此即为管理情景。实际问题就存在于情景之中并与情景融为一体。这一基本事实表明，任何实际问题都与管理情景有着"基因"与"血脉"的关联，永远打上情景的烙印。所以，当人们要在理论研究中研究一个问题时，必须通过抽象和凝练手段将它从原生态问题的特定情景中"剥离"出来。

从理论研究逻辑上讲，这种剥离是合理而且必要的，因为理论研究属于抽象思维，是在一般意义上认知实际问题的"普遍道理"，这就要求在一定程度上摒弃个别具体实际问题细节的独特性和差异性，揭示问题的共性本质与基本规律。但在这一过程中，要剥离原本附着在实际问题身上的情景要素，有可能会对实际问题属性造成"伤害"。所以，研究问题并不完全等价于原生态实际问题，会有适当的"损失"，这相当于为了揭示实际问题的共性本质与基本规律而付出的"代价"。

这样，理论问题所揭示的属性与规律就不能简单地完全代表或等价于那个（类）实际问题的属性与规律。从逻辑上讲，只有将理论问题的研究结论再"放回"到原来的情景之中，这些结论与原来情景再度融合并得到修正、完善和补充后，原来问题的固有属性与规律的现实表现才能以最可能的真实性显现出来。因为，一个问题的整体属性与规律永远是问题自身与情景共同作用的结果，所以在管理理论研究过程中，如果尽量在原情景中、或者尽可能地保留一部分情景来研究问题，就能够保证"被抽象和提炼"的理论问题与"原生态"实际问题之间尽量一致，也可以尽可能减小两者之间由于情景剥离而造成的属性与规律的损伤。

特别是，当今管理问题的复杂性越来越强，问题的属性与情景的关联度越来越大，这就更需要尽量在情景中研究理论问题并挖掘它们的属性与规律。所以，对一个理论问题的研究应该更深一步地在这个问题所处的情景环境中看问题、想问题和分析问题。这样找出的问题属性、规律与解决问题的方案将会与实际问题的真实情况更加接近，这恰恰是问题导向的初心。

以上学术思想将催化人们在复杂性管理思维下，提出更具深刻内涵的情景概念：所谓情景，是管理活动环境或管理活动—环境复合系统在整体层面上形成的宏观形态、形态的演化及形成该形态的可能路径，是人的管理活动与过程所有细节信息的整体形态。

对这一概念有几点需要强调说明。

（1）连续性

在管理活动的任何一个时间点上，现在、过去或未来都有情景的生成与演化，并且是个连贯过程。

（2）涌现性

管理情景包含了丰富的物理、管理、行为、文化、心理等要素，既有反映客观自然规律的结构性成分，又有反映行为、系统等社会规律的半结构性成分，还有反映文化、价值偏向等人文规律的非结构性成分，更有三者之间的相互融合。在情景的动态变化上，既有客观规律和人的他组织表现，还有自组织涌现的结果。

（3）演化性

一般情况下，情景在管理理论研究中是普遍又普通的现象，并且有着自身复杂的形态。在复杂性意义下，管理学情景概念的内容出现了鲜明的从系统性到复杂性的演化。

（4）在管理学领域，有与"情景"概念类似的"情境"概念，但是侧重点略有不同

情境是人物所处的特殊环境，情景是未来将发生的事件集合，情景更注重因果。情境理论着重研究环境对于人的行为影响，而情景更侧重表述

管理复杂整体性。

2. 问题导向中的情景分析

由此可见，在把实际问题从其存在的情景中剥离成为理论问题的过程中，不应该忽视情景的复杂性以及可能对理论研究造成的影响。对此，拟确立以下几点：

（1）关注情景重构的嵌入性

问题导向中的问题情景在时间维度上一般都是连贯的，都有着过去、现在和未来的连续演化。因此，对管理理论研究而言，研究者除了要关注未来的情景，还应关注过去和现在的情景，即除了要关注情景的预测，还要关注情景的重构与再现。因为在人类管理活动中，管理方案的形成与实施本身就是在原来的情景系统中"嵌入"了新的"情景"。这表示我们不再仅仅承认未来情景的不确定性，过去与现在又何尝不曾是处在不确定性之中呢？进一步地，把"未来"、"现在"与"过去"连贯起来，不难发现"今天包含着过去，但今天未必包含在过去之中，明天也不完全包含在过去与今天之中。"

（2）关注情景预测深度的不确定性

复杂管理问题的未来情景的形态本质上是复杂和深度不确定的。传统的情景类预测方法过于依赖决策者的主观直觉，容易出现人因性失误。虽然管理者在一定程度上能够依据经验与知识以及可推导的因果关系来构建、预测与想象未来情景，但不能认为人可以完全凭借自身的意志来设计和指定未来情景，未来还可能会出现从未见过、甚至连想象都困难的"意外"情景，而这些意外的、令人"大吃一惊"的情景，远远超过了人的预测能力，并会给研究者造成巨大的潜在风险。

（3）关注情景演化的复合性

复杂的管理环境或管理决策中的未来情景，除了包括环境系统自身的情景，还包括管理活动—环境复合系统涌现出来的新情景，即管理活动形成的物理新系统与原来环境复合在一起组成的系统所表现出的情景，这是在复合系统整体层面上涌现出的新的、而在低层次系统中没有的情景。因此，管理主体不能完全站在管理活动之外来"旁观"情景，而应该认识到：一方面，管理活动会受到环境情景的影响；另一方面，管理主体的管理活动及行为本身还会在管理活动—环境复合系统整体层面上"制造"出新的情景。如同人们坐在船上看河岸，岸上尽是"风景"，而人与船从河中驶过，这连同岸上的风景在一起何尝不是一道"新风景"呢？

（4）关注情景的路径依赖性

任何管理活动都具有后效性，因此，在原环境情景以及复合系统情景双重意义下，未来情景空间的构成和到达未来空间某个"情景点"的演化路径都会受到这两类变动和演化着的情景复杂性的影响，所以充满着深度不确定性。因此，管理者需要做好必要的情景风险防范，既不能只关注自以为有更大可能性出现的情景（前景），也不能依据价值偏好而只关注更期望出现的情景（愿景），更不能把自己不希望出现的情景从未来情景空间中主观地剔除掉。

综上所述，通过对问题导向的具体实施路径的情景分析，可以看到实际问题与理论问题之间由于情景剥离而可能造成的深刻的相互影响。根据学理逻辑，要么把抽象后的理论问题尽量放回到原来的情景中去研究，以避免理论问题因过度失去情景而"变形"；要么在对抽象的理论问题研究后，尽量对研究结论给予情景作用的补偿性再思考，使理论问题与原来的实际问题之间因情景剥离造成的"损伤"得到一定的"修复"。近年来，学术界已经在这方面开展了相关研究，如"情景耕耘技术""情景鲁棒性决策"等。

（二）关键要点之二：数学化

第二个关键要点是对理论问题的抽象。因为理论问题的表述要尽可能抛弃个别具体的实际问题的细节及独特性，实现这一过程的主要手段就是抽象。抽象是许多学科理论研究的通用手段，一般的抽象方法是所谓的模型化。模型被定义为现实问题的抽象代表（表示），是人们为了研究问题方便，把现实问题组成要素以及要素之间的关联抽象化的结果。提出、设计、建立、论证及使用模型的过程称为模型化，模型化亦称为建模。从不同的视角出发，可以构造出不同类型的模型，如物理模型、数学模型、仿真模型等，比较而言，其中数学模型最抽象、灵活、成本也低，对问题构建数学模型简称问题的数学化，这也是管理理论研究过程中最普遍使用的一种方法。下面，针对数学化这一关键要点进行探讨。

1. 管理问题数学化的"来龙去脉"

作为方法论，问题数学化的基本思想为：尽可能撇开问题的具体特性，只抽取出各种量、量的变化以及各类量之间的关系。在一定的前提下，使概念或原理符号化、公式化，再利用数学语言（即数学工具）对符号系统进行逻辑推导、运算、演算和量的分析，以形成对问题的数学解释和预测，或从量的方面揭示研究对象的规律性。管理理论研究中的数学化现象有其历史逻辑、理论逻辑和现实逻辑。

（1）管理问题数学化的历史逻辑

在历史上，西方经济学的发展和工具路径依赖对管理理论研究方法论有着很大的影响。在科学哲学范式上，培根的归纳法和笛卡尔的演绎法不仅对现代自然科学方法贡献极大，而且深刻影响了早期西方经济学研究模式的形成。具体地说，西方经济学仿照物理、数学等自然科学强调研究的实证性，并努力把经济学变成"像自然科学一样"的科学。

经过一百多年的发展，严密的实证方法，特别是数学模型的运用逐步成为经济学研究的基本范式，同时也使经济学越来越"科学"。而管理学的学术历史则要短得多，在最初相当长的一段时间内，管理学研究什么问题、如何研究、用什么方法研究等都在模糊和混沌中探索。这样，借鉴和模仿便成了最容易和有效的办法。由于经济学与管理学在学术思维、研究问题内涵等基本点上比其他学科更为一致，而且社会科学中经济学在漫长的发展道路上运用数学方法尤为成功，于是，管理学在理论研究中模仿经济学的数学化做法，"拜其为师"是最自然不过了。20世纪以来，西方科学哲学把经验科学视为哲学问题的理论来源，这种自然化的研究趋势深刻影响了社会科学的研究模式，所有这些就是管理研究数学化的历史逻辑。

（2）管理问题数学化的理论逻辑

另外应该看到，过去的管理问题无论是环境、目标、主体、对象等都比较简单，整个管理问题的结构化成分多、确定性比重大，因此，采用结构化数学模型或比较"规矩"的不确定数学方法等相对简单的数学化手段便能够较准确地实现对管理问题属性的抽象描述，加之所采用的数学模型比较简单，数学模型常常都"可解"或者能够对数学模型开展性质分析、趋势分析、阈值分析。特别是过去管理问题的情景不很复杂，情景剥离对理论问题的损伤也不严重，所以数学化研究结论与实际问题状况"差距"较小，从而更易使研究者看到管理问题数学化方法的成功。这样，管理理论研究的数学化的合理性以及后来出现的对数学化路径依赖性就很自然了。这是管理研究数学化的理论逻辑。

（3）管理问题数学化的现实逻辑

近代以来，西方自然科学与社会科学的发展相对更为先进和发达，从而在相当长的时期内，自然科学取得的成就使西方学术界一直恭敬和崇拜自然科学研究范式。同时，现代管理学的发展也起源于西方，西方以其发达的经济体系和管理平台，不仅创造了大量的管理理论，而且取得了牢固的学术话语权和裁量权，如制定学术行为规则，并以这些规则背后的话语强势来强化自己的学术地位。例如，美国福特基金会和卡耐基基金会于1959 年发布"管理研究和教学应着重于科学与学术化"的报告；20 世纪80 年代，AMJ（美国管理学会会刊）宣布其全部版面只接受所谓严谨的实证科学研究论文。容易理解，这样的学术价值倾向在其各种学术与文化资源的支撑下，必然具有其强势性和强制性，甚至在管理学学术共同体内形成这种由于"设计的文化"挟持而非客观规律引起的学术价值观与行为方向。这一现实背景进一步强化了管理研究数学化成为管理学界的一种重要的价值追求。

几十年来，由于中国管理学历史传承较少、发展时间较短，在一段较长时期内，中国学者的工作主要集中在引进、介绍、传播、跟从国外管理思想和理论体系，导致不少学者也不同程度地接受了管理数学化学术价值观。另外，随着我国学术开放性的增大，更直接或间接地刺激了这一学术价值观的扩散，甚至成为高校管理学科对人才评价的重要标准。这是管理研究数学化的现实逻辑。

2. 管理问题数学化的认知

面对当前这样的现实情况，应该对管理理论研究问题数学化有所反思。一般地，管理问题数学化过程就是数学模型化过程，其基本流程为：模型化构思—模型化方向表述—问题原型机理分析—模型化假说（管理假说与数学假设）—模型的构造与推导—模型的数学性质研究—性质的背景分析—算法的设计与公式化—程序开发—辅助支持系统配备—模型化结果验证与调整—完善与迭代。

因此，根据问题导向的完整流程，管理问题数学化在问题导向过程中能否发挥作用和发挥作用的大小关键在于是否较好地满足以下三点。

①管理实际问题要能够通过一定规则映射到数学空间中，如问题概念要明确且建模需要的数据、信息必须齐全；假设要合理并在数学空间中存在与假设对应的数量关系或逻辑关系；能够推导或证明得出有意义的数学结论。

②数学模型在数学空间中可研究，需要的数学理论与方法是完备的，模型具有可解、可计算、可挖掘性质（稳定性、周期性、非线性等），且结果必须由数学逻辑推导得出或者由计算机实现。

③所有的数学结论与计算结果的管理真理性都要映射回管理现实空间，验证其正确性、合理性。管理结论的可解释性与实际意义必须接受实践的检验。

由以上三点可知，管理问题数学化是研究主体在现实空间与数学空间之间进行多次信息和思维转换并形成新的管理思想和理论的完整过程。所以，需要建立以下两点认知，否则认知上的偏差与实际操作上的缺失必然会对问题导向造成负面影响。

①问题数学化仅仅是管理理论研究过程中某个节点处所采用的一种方法论，而且要运用得当。如果不能把实际问题的属性与特征比较完整地"映射"到数学空间中去，或者没有对所得数学结论的管理真理性进行实践验证，那么即使数学模型和计算技巧再"漂亮"，也难以说明问题数学化有什么真正的管理理论研究上的意义。例如，在从现实空间转换到数学空间的过程中，如果以过度简化问题的现实性来迎合数学模型可解、可研究的局限性，从而会活生生地使一个原本鲜活的实际问题"枝叶破败"，或者非得让实际问题"削足适履"，最终必然会大伤实际问题现实性"元气"。另外，到了数学化必不可少的要用实践检验数学结论管理真理性的时候，如果检验的真实性和严格性不够，最终会导致数学化只有数学意义而不再能够体验出管理的"本味"，这些数学化过程中的"掐头去尾"现象必然会影响问题数学化的实际价值。

②当今人类管理活动中，各种复杂性、不确定性和难以结构化的情况

日趋普遍，实际问题中大量半结构化、非结构化关联、复杂情景及演化等都难以用结构化数学模型来描述。其中，最突出的例子是"人"，"人"是管理的核心，管理问题中人的心理、感知、思维、顿悟、文化、价值取向等等都充分表现出了各种复杂性、不确定性和难以结构化的特点。因此，针对实际管理问题中人的心理与行为的要素及复杂形态、人作为主体的管理情景及情景演化等，至少目前是难以精准数学化的。这需要采用包括数学化和其他方法组成的综合"符号系统"才能较完整地抽象和提炼问题属性，硬性地使用单一的数学化方法来抽象一个复杂管理问题在学理上是欠缺的。

从更深层次上讲，管理理论研究要关注管理问题的现实性与独特性、关注管理过程细节与情景的相互依存性、关注人的社会性与适应性、关注解决问题方案的操作性与有效性，这些目标将同时涉及自然科学、社会科学、人文科学等多个领域，仅仅依靠数学化手段是难以实现的。这不仅是由于数学模型自身结构化的局限性，还因为数理论证过程的封闭性以及管理科学自身"像自然科学一样的科学"的自洽意识，排斥或阻断了实践与经验对管理研究结论的科学性与真理性验证。这导致在微观的管理学学术研究中出现以抽象的数学命题替代具象的管理实际；在宏观上出现以管理数学替代管理工程与管理实践的扭曲现象，这显然都不是人们希望的。

总之，在"问题导向"上，问题数学化是重要的研究方法之一，数学化在管理理论研究中已经发挥并还将继续发挥重要作用，随着管理复杂性的不断增强，服务于管理研究的数学思想、工具和方法不是过剩，而是需要更新颖、能力更强的数学知识的帮助和支持。但是无论如何要明确数学化仅仅是手段，而不是原则；是工具，而不能成为"工具主义"，更不能以管理数学化中的数学化比重的多少与水平的高低作为衡量管理学术水平的标准。

五、问题导向与研究模式

除上面两个关键节点外，研究模式与学术价值取向对问题导向也会产生不同的作用。

（一）研究模式中的多学科协同

面对当今时代性管理理论问题，必须在整体层面上直面问题的复杂整体性，例如，在研究层次上，不能将体制性问题降格为机制性问题，再降格为技术性问题，最终落点成操作性问题，从而失去重大问题原有全局性理论意义；再如，不能为了避开重大问题整体性的复杂难点，而把一个局部小问题的简单研究结论不加制约地放大成对全局大问题的复杂研究结论，如此等等都不是以问题为导向的正确态度，更不是应有的做大学问、真学问的态度。

简言之，能够回应时代性重大问题的理论创新就是大学问；无论问题大小，探究其真实、深层次规律就是真学问。面对这类理论研究，就要冲破学科的人为划分和隔离，开展多学科协同的整体性理论研究模式。

众所周知，随着管理学知识体系的丰富和发展，在整体性理论体系内部，出现了学科的概念。所谓学科，就是在管理知识整个大体系内部，某个相对独立且具有一定边界的知识体系。一个学科往往存在一个"志趣相投"的学术共同体，大家有一致或者相近的学术目标、研究原则、研究宗旨、研究方向以及主要的研究工具、手段和方法等。面对同一个理论问题，不同的学科通常会根据本学科的研究视角和研究范式开展研究，并得出符合本学科逻辑和规范的结论。

然而，复杂管理问题不应该成为被学科透镜处理过的"问题谱"，就像自然光被三棱镜折射出红橙黄绿蓝靛紫7种颜色的光带。因此，不能仅仅用还原论，而要用还原论与整体论相结合的系统论，运用系统思维来认知、分析和解决整体问题。因此，研究复杂管理问题不宜采用单学科思维，也不能仅仅采用某一个或某几个学科的工具和方法，需要在研究过程中充分体现学科的综合性而不是排他性。这就要求学者基于"问题导向"原则开展重大管理理论研究时，要做好顶层设计，组织多学科协同的研究团队，仔细分析各学科的独特视角和优势，安排好各学科的研究切入点，并在不同学科之间处理好研究程序的衔接与认知互补，既认识到解决重大问题需要多学科融合，也要充分发挥各学科的优势。因此，坚持问题导向、回应重大管理问题，复杂性已经不允许单学科孤立作战，多学科协同研究已成为基本模式，多学科人员形成的团队也已成为有效的组织形态。这时，最重要的是多学科综合团队的总协调人要有复杂整体性思维和整合多学科资源的能力，而整个团队要形成协同、协调和协作的文化。

（二）学术研究中的价值取向

在管理理论研究过程中，作为"导向"的问题有大有小、有难有易、有重大有一般，而重大、一流的管理理论创新，一定是以重大问题为起点的。尤其，当今的中国作为世界大国，在世界管理学领域应该有与国之地位相称的学术建树与理论贡献。虽然并不要求所有的学者都以这一类重大问题为导向，但学界一定要有一批理论研究人员以它们为主题开展研究，并争取在理论发展上有重要突破。为此，当前亟须构建良好的理论研究环境，树立正确的理论研究价值观，让一批有能力的学者在比较稳定和宽松的环境中聚焦于管理大问题、真学问，经过一段较长时间取得影响力广、贡献度大的理论成果。

这里所说的大问题主要应该是宏大的、具有全局影响力的理论问题，这样的成果必然是真学问，不仅是前沿性成果，还可能是突破性成果。突破性理论成果是管理理论研究成果的"最高境界"，所谓突破性是相对于已有的学术思想、理论体系新开辟的理论道路，例如，提出了"颠覆性"新概念、新原理、设计出基于新原理的重要科学方法等，这样的成果已经不是简单地用罗列几个创新点来表述其学术贡献的成果，而是要能够用清晰、准确的科学语言表述清楚在学术体系上突破了什么、用什么科学方法取得了突破、突破的具体科学结论是什么和突破的学术意义是什么。事实告诉我们，要能够对这些具有整体学理性的问题有高质量和实实在在的回答，绝非两三年时间就可以做到，可能需要在寂寞的环境中坐上 10 年甚至更长时间的"冷板凳"。此外，由于这类突破性成果原创性强，对传统学术的批判和反思力度大，因此往往需要较长的时间才能够被学术共同体认可和达成共识，这一过程中充满了学者学术前途的风险，就研究成果载体形式而言，以发表论文的形式为学者自己"发声"真的非常不易。

以上种种，不仅是对学者研究大理论问题能力的考验，还是对学者学术品格的考验，更是对学术大环境的拷问。尤其是当前，学术和人才评判主要以论文为标准，单这一点就容易令研究管理理论大问题的学者萌生退意；再加上如果职位晋升靠论文数量，连"饭碗"都不保，谁还愿意静下心来研究大问题、做真学问？因此，在学术管理和水平评定上，要看论文但不能"唯论文"，宜进行分类管理。例如，通过一定的甄别程序，为一部分具有优秀理论研究潜质并执着于重大理论创新研究的人提供一定的宽松环境，让其"安心地"开展重大问题研究。要明白重大理论问题研究者不仅要具备高度的理论兴趣和自觉性，面对研究道路上的巨大困难和风险还要具备一定的信念、韧性和耐性。因此，不宜对他们一味地"逼论文""数论文"。设想倘若当年要求李白、杜甫每年都上交一定数量的诗篇，恐怕他们也只好疲于应付，导致产生许多平平之作，不仅其个人历史地位，甚至连唐文化瑰宝也都会因之受损。

六、问题导向与管理学学术中国化

从学理上讲，管理学研究的问题导向原则自然会引起推动管理学学术中国化这一话题，特别是当把这一话题放到我国现代学术体系形成的大环境、大背景中去思考，它的重要性与意义会更清楚。

在过去一段较长时期，我国管理学学术的"大头"属于"在中国的管理学学术"阶段。这一阶段的基本形态是在中国社会文化环境与语境中，中国学者主要按照西方管理学研究的范式、遵照西方管理学思想与理论研究和国外学者提出的管理学学术问题解释、说明、分析中国本土形成的管理学学术问题。这是中国现代管理学学术体系发展的初始阶段。

目前，这一阶段正在向"管理学学术中国化"阶段提升和演化。"管理学学术中国化"的基本含义是：中国管理学学术界在学术研究上逐渐形成了从以"照着讲"为主到"接着讲"为主的重要转变、从以"学徒状态"为主到"创新状态"为主的重要转变。在学术研究过程中，在继续充分学习、发挥和拓展国外管理思想与理论文明的同时，更注重扎根于我国管理的实践土壤，坚持问题导向原则，回应国家重大实践需求，并让国际管理学学术界听到中国管理学学术创新的声音。这强烈体现了中国管理学学术界经过几十年的成长不断成熟并表现出强烈的主体意识、文化自信、理论自觉，同时也反映了中国管理学学术正逐渐成为当代世界管理学学术格局中的相对独立的重要组成部分。

管理学学术中国化重要的不仅仅是围绕某个具体的管理学学术观点和方法，或某个具体的管理学概念与问题讨论具体的管理学中国化创新，而更是要弄清楚当前是否存在这种转变的历史必然性、转变的客观规律与基本的学术范式，要弄清如何保持这种转变的持久张力以及使这种转变超越民族与地域的局限而融入人类管理学学术整体文明之中。这是中国现代管理学学术体系发展进入自主性创新的新阶段。

这一新阶段意味着我国管理学学术发展与理论创新的步伐滞后于管理实践脚步的现状将得到改变，长期以来"向欧美看齐"的学术研究标准的自我学术失语现象将得到纠正。这是我国管理学学术发展新的现实道路和美好前景，它已经显露出萌芽和曙光。

管理学学术中国化发展的顶端是构建具有中国特色的管理学派。回顾中华民族在历史上对人类文明曾经做出过的巨大贡献，对于我国这样的当今世界大国的地位，毫无疑义地，构建中国特色管理学派既是当今我国管理学界的必然发展方向和历史责任，又是我们民族与国家在世界管理学学术界应有的学术尊严。

学派指的是拥有共同学术研究领域、共同基本学术思想、共同研究方法体系并取得公认的历史性学术成就的科学共同体，是人类在该领域认知水平和能力的最高标志与象征。一个学派基本上要具有以下几个要素：一个有战略眼光的带头人并开辟了一个重大学术领域，在该领域内形成了完善的基础性学术思想、理论、方法体系；沿着上述路径有持续性的研究队伍不间断地拓展和深化相关研究，并不断丰富学术成果；该共同体的影响持久扩大，并形成更大学术范围内的地位、影响力和话语权。

人类管理思想史告诉我们，管理学派无不是在那个时代重大管理实践变革的基础上与理论突破性创新的催化下，经过作为代表人物的管理思想家的引领、科学共同体长期坚持不懈的探索而诞生和形成的。在我国，以钱学森先生为代表创立的系统科学思想、理论与技术体系就是我们国家自主创立的科学学派的光辉典范。

虽然我国管理理论研究从"在中国的管理学术"阶段到"管理学术中国化"阶段再到形成中国特色管理学派的道路是漫长而充满崎岖的，但是，我们有这样的理论自信。理论自信的基础是理论自觉，理论自觉就是坚持以问题为导向，以创新为动力，以学术创新为目的开展自主性学术活动；就是坚持管理学学术与管理实践的紧密结合、相互促进与共同发展。

特别是以下两点，对于实现我国上述管理学学术阶段的升华与递进提供了重大的平台优势。

（1）管理学学术中国化深厚的实践平台

当前，我国各个领域大量、丰富的变革性管理实践正催生着管理学思想、理论与方法的全面而深刻的变革。虽然管理学学术发展的具体路径和重要里程碑事件具有这样或那样的偶然性，或者说，虽然"浇灌同一时，萌芽或先后"，但管理学学术中国化重要创新的幼芽正在"破土而出"。

（2）管理学学术中国化理论哲学思维平台

只有确立正确的理论思维原则，才能实现对当今复杂管理本质属性的准确把握。在这一重要问题上，中国特色的系统科学体系对我们正确认识复杂管理的本质属性具有重要指导意义。另外，理论思维原则要求认识论与方法论的一致性，针对复杂性问题，我国学者构建的综合集成方法论与方法体系也使我们可以设计具体的复杂管理问题研究方法体系。

不难看出，在上面两个重要的基础性平台支撑下，从现在起，只要我国管理学界数代人不懈奋斗并持久保持我国管理学学术发展与创新的张力，诞生我国特色管理学派不会遥无可期。

七、结束语

当前，在管理理论研究中秉持问题导向原则，其根本宗旨是基于中国管理实践构建解释中国管理现象的理论，不仅以中国的理论创新指导中国的管理实践，同时也以中国学界的管理思想与理论创新为人类共同的管理文明发展和繁荣做出贡献。

所有的这一切，都与管理理论的时代性、时代化、实践性、中国化密切相关。这要求我们站在时代的高度，确立中国管理学学术的历史担当意识，秉持理论自信之精神，直面中国管理实践的问题与需求，努力做管理学学术的真学问、大学问。

可以预计，当今我国管理学学术这一新气象以及关于管理学认识论、方法论、实践论的进一步辩证统一将会越来越充满活力，并在我国管理学学术发展的进程中，通过广大管理学学者的努力践行，形成可持续发展的前行态势。

材料 2-4　管理理论研究中"问题导向"之问题[*]

一、引言

盛昭瀚教授在本期《管理科学学报》发表的大作《问题导向：管理理论发展的推动力》（以下简称《问导》），对问题导向的原则与价值、问题导向总的关键要点分析以及问题导向与研究模式等有重要论述，对"问题数学化认知"一节的剖析尤其深刻。文章强调指出，问题是理论研究的起点，在人类管理理论时代性贡献与实践性关系上，主要的困难不是答案而是问题。诚然，真正有价值的实际问题既能使管理理论具有旺盛的生命力，又能使管理理论保持与时俱进的鲜活度，并且理论的学术价值与真理性最终只能用解决实际问题的实践来证明。

然而，对管理理论研究中的"问题导向"，仍需追问和深入思考如下问题。

二、"问题导向"中的"问题"是什么问题？

"问题导向"中的"问题"是什么问题？是实践问题、现实问题，还是理论问题、逻辑问题？是定性问题还是定量问题？之所以提出这样的问题，是因为研究方法（范式）在自然科学和社会科学研究中的重要性日益凸显。一般而言，管理学的主要研究方法或主流研究范式有三种：一是基于哲学、伦理学、心理学、经济学等学科，以概念抽象、学理思辨及逻辑演绎为主要特征的规范性研究；二是基于社会学、行为科学、脑科学、认知科学、神经科学等学科，以实验研究、预测研究、案例研究、经验分析、田野调查为主要特征的实证研究；三是基于系统科学、运筹学、数理统计学、数据科学和大数据技术、人工智能（AI）等学科，以数学建模、模拟仿真、数据挖掘为主要特征的量化研究。

＊　该部分引用如下论文：徐飞. 管理理论研究中"问题导向"之问题 [J]. 管理科学学报，2019，22（5）：12-14.

大体上，方法一对应理论问题和逻辑问题，方法二对应的是实践问题和现实问题，方法三对应的则是（可）定量问题。黑格尔在谈到研究方法时强调指出"方法并不是外在的形式，而是内容的灵魂和概念"，"方法一定由内容决定"。依此逻辑，方法由问题决定。因此，弄清楚问题是什么至关重要。

通读《问导》，"问题导向"中的"问题"应是实践问题或现实问题，亦即原汁原味未经提炼的"原生态"实际问题。其实，"原生态"问题不是问题，而是问题情境（景）、情况、背景、现象或素材。问题不会自动呈现，需要揭示、提出或定义。这也是《问导》作者强调需要把"实际问题"抽象成"理论问题"并突出强调理论问题价值的原因。

作为学术研究对象的（理论）问题，可以从四个方面来界定：其一，要求回答或解答的题目；其二，需要研究讨论并加以解决的矛盾、疑难，毛泽东在《反对党八股》中指出"什么叫问题？问题就是事物的矛盾"。其三，造成差距的因素，对管理而言，造成应有状态与现有状态之间存在差距的各种影响因素就是问题；其四，关键或重要之点，在把实际问题从其存在的情景中剥离成为理论问题的过程中，还需要关注情景重构的嵌入性、情景预测的深度不确定性、情景演化的复合性以及情景的路径依赖性，以确保理论问题对实际问题的"保真"。

学术研究的第一步，就是要在深入研究问题背景的基础上，明确问题的性质、类型、范围或论域，这是思维展开和深入的前提。想必《问导》最本源最质朴的意义，就是以问题作为研究的起点，经过概括、提炼、抽象然后加以深入研究。实际上，管理理论研究，需要从"原生态"问题出发，透过表象问题不断追问深层次问题直至最本质最深刻的"元问题"。一旦找到"元问题"，往往就找到解决问题的方向和钥匙，甚或问题即答案。在不断追问的过程中，还需要仔细研判和甄别是真问题还是伪问题？是主要问题还是次要问题？是具体性、特殊性、个性问题，还是一般性、普遍性、共性问题？是宏观问题还是中观问题或微观问题？是个案问题还是"现象级"问题？如此等等。

三、"问题导向"何以成为问题?

问题是思维的起点,是创新的源泉,一切发明创造和理论研究从本源上讲都是从问题开始。爱因斯坦曾言:"提出一个问题往往比解决一个问题更重要,因为解决一个问题也许仅是数学上或是实验上的一个技能而已,而提出新问题、新的可能性、从新的角度去看旧问题,却需要有创造性的想象力。"他进一步指出"提出新问题标志着科学的真正进步"。《问导》也指出,世界上凡具有旺盛生命力的一切管理理论研究活动的出发点和归宿,都是回答和解决人类社会面临的重大管理问题,体现出鲜明的问题导向性。

既然如此,管理理论研究中的"问题导向"为何还成为问题,以致需要提倡和强调?

原因主要有三:一是将问题作为研究起点的"问题导向"方法固然是研究中的重要方法,但并不是唯一的,也不是必需的。将文本、概念、逻辑甚或理论作为研究的起点,与之相对应的"文本导向""概念导向""逻辑导向""理论导向"等研究方法也十分重要。实际上,学科发展历程表明,越是发展相对成熟、充分的学科(如数学、物理学),逻辑导向、理论导向的色彩越鲜明。

以物理学为例,最早的理论物理都是从实验(实践)出发,通过做大量实验然后总结规律得出定律。后来,直接从理论出发产生新的理论,如把电学和磁学(以及一部分波动光学)的规律加以概括抽象,产生 Maxwell 电磁理论。再接下来,根据不同的理论间的相似性进一步提炼、抽象,可创造出通用的产生理论的工具——理论发生器(theory generator)。在理论发生器里给定所需要的量,就会自动生成理论,如 Lagrange 动力学,Hamiltonian 力学等。若将理论应用于不同情景,还可获得一些具体的定律。

当然,管理学因其涉及学科的庞杂性、综合性以及研究对象与内容的复杂性、模糊性,其理论难以在"象牙塔"里凭空产生,不能纯粹地从逻辑到逻辑,从理论到理论,必须扎根社会实践和管理实务,但"逻辑导向""理论导向"的研究方法对管理学无疑具有参考性、借鉴性和启发性。

二是研究者尚未建立起强烈的问题意识。问题意识是研究者面对一些疑惑难解的实际问题或理论问题时，所产生的具有探索情景的真实问题或想做出发现式创新的一种怀疑、困惑、焦虑、探究的心理状态，是个体对问题能够敏锐感知、不断提出问题和解决问题的心理品质。多年来，一些研究者习惯于把现有管理理论视作不容改变的"金科玉律"，一味被动地加以接受，几近丧失了发现问题、提出问题的能力。探究精神和问题意识的缺乏，必然导致对大量管理实践和管理变革中出现的管理现象和管理问题视而不见、习而不察、浑然不觉。特别是洞察力的严重欠缺，也使得研究者难以从纷繁复杂的管理现象中提炼出有价值的"真问题"。

三是诚如《问导》作者所言，现代管理学的发展起源于西方，西方以其发达的经济体系和管理平台，不仅创作了大量的管理理论，而且取得了牢固的学术话语权和主导权。几十年来，由于中国管理学历史传承较少发展时间较短，在一段较长时期内中国学者的工作主要集中在引进、介绍、传播、跟踪、追随国外管理思想和管理体系，导致不少学者不同程度地接受了西方管理数学化等学术价值观。此外，较之"问题导向"需要极具直觉力、洞察力、想象力去发现和提炼问题，所谓严谨的程式化结构化的实证科学研究方法相对简单，也迎合（国际）主流期刊偏好，文章易于发表。因此，基于趋利避害的功利主义考量，我国研究者自然不太愿意选择费力不讨好的"问题导向"方法。

这些年来，中国管理学界逐步完成国际接轨，大批中国管理学学者已经快速学习并掌握了西方规范化的研究方法。当下，我国管理学学者最应该做的就是扎根中国经济管理实践，充分利用中国改革开放 40 年日新月异的管理变革和正在经历的"百年未有之大变局"，通过问题导向捕捉管理变革中涌现的新问题和新机会，深刻反思本土情境对于管理学研究的意义和价值，揭示中国经济快速发展带来的管理新现象。进而兼收并蓄、顶天立地，构建具有原创性的管理新理论和新思想，创造具有中国特色世界意义的管理学新方法和新范式，这是当代中国管理学者的重大使命。

材料 3 –1　文献综述及其撰写 *

文献综述是一篇规范的研究论文所必需的要素。何为文献综述呢？文献综述是在确定了选题后，在对选题所涉及的研究领域的文献进行广泛阅读和理解的基础上，对该研究领域的研究现状（包括主要学术观点、前人研究成果和研究水平、争论焦点、存在的问题及可能的原因等）、新水平、新动态、新技术和新发现、发展前景等内容进行综合分析、归纳整理和评论，并提出自己的见解和研究思路的一种不同于毕业论文和研究论文的文体。它要求作者既要对所查阅资料的主要观点进行综合整理、陈述，还要根据自己的理解和认识，对综合整理后的文献进行比较专门、全面、深入、系统的论述和相应的评价，而不仅仅是相关领域学术研究的"堆砌"。

文献综述的目的是帮助读者确认该论文所研究的问题与以往同类或同领域论文相比较所具有的价值及在选题或研究内容与方法上是否具有创新性或新的进展。在科学研究的道路上，后人总是踩在前人肩膀上的。因此，文献综述事实上就是在寻找和确认前人肩膀究竟在哪里的过程。在科学研究中，如果缺少全面系统的文献综述工作的话，该项研究很有可能只是踩在别人的腰上，甚或是没踩到前人任何部位即踩空了或者踩偏了。另外，文献综述也有助于编辑和审稿人迅速有效地对该项研究的价值予以判断。由此说，文献综述其实对提高投稿的命中率是有一定帮助作用的。

一、文献来源

文献来源是指你想阅读的文献从哪里来。对于专业研究者而言，毫无疑问，文献来自专业出版物，主要包括期刊、图书以及部分报纸的理论版等。随着数字出版的不断壮大，越来越多的数字期刊也逐渐成为文献的来源之一。但总体上，目前还是以纸质版的专业出版物的电子版为主要的文

---

* 该部分引用如下论文：韩映雄，马扶风. 文献综述及其撰写［J］. 出版与印刷，2017（1）：64 – 69.

献来源。大学和研究院所的科研工作者所在机构的图书馆一般都提供较为全面丰富的电子资源文献。最为常见的数据库包括中文和外文两种。

如下是常见的中文数据库：

· 中国期刊全文数据库（中国知网）

· 万方资源（含期刊、学位论文、会议、成果等）

· 读秀学术搜索

· 超星数字图书馆

· 万方学术期刊

· 万方学位论文

· 人大报刊复印资料

· 中文社会科学引文索引（CSSCI）

· 龙源期刊网

· 人民日报

常见外文数据库有：

· ScienceDirect

· Web of knowledge 平台（含 SCIE，SSCI，AHCI，INSPEC，BCI 等）

· EBSCO 总平台（含 ASP，BSP，PsycInfo，PsycArticle，ERIC，Ebooks 等）

· SpringerLink Journals

· JSTOR

· SpringerLink Books

· Reaxys

· ProQuest 学位论文全文库

· Oxford Journals

· Royal Society of Chemistry（英国皇家化学学会，RSC）

· Cambridge Journals

上述每一个数据库都有专属的特色，这些特色既有可能体现在学科或主题上，也有可能体现在文献年代上。科研工作者可以在图书馆的数据库介绍中了解和知晓不同数据库的文献特色，并在此基础上选择能够有效服务你当前研究领域或主题的特定数据库。

二、关键词和文献检索

有了这些数据库，仅仅表明你找到了蕴含你想要的文献的"矿山"，但具体的矿藏究竟在哪个具体位置，还需要进一步借助搜索工具来确定。在电子资源数据库中，一般都提供多种形式的检索方式，如"主题""篇名""关键词""作者""单位"，等。任何一种检索方式都可以帮助你找到想要的文献或论文，究竟使用哪种检索方式，取决于你的检索需要或使用习惯。一般而言，"主题"和"关键词"是人们最常使用的检索方式，因为使用这两种检索方式可以搜索到尽可能多的与你研究领域或主题相关的论文。使用"关键词"检索方式的另一个优势在于所检索到的论文"精准度"相对较高，因为每篇论文在发表时都标有关键词。像类似"作者"这样的检索方式的使用机会就很有限，除非我们事先就知道谁在该领域发表过论文，但往往很多时候我们是根本不知道的。为此，关键词的选择或确定就成为有效检索时必须要做好的一项工作。

何谓关键词？论文中的关键概念或术语、关键变量等就是关键词。在一篇论文中，一般会有 3 ~ 5 个关键词。我们在投稿时，杂志编辑一般会要求作者列出关键词。之所以这样做，其作用在于便于读者将来检索。由此看来，在投稿时，关键词很重要。如果关键词选择不当的话，将很有可能影响该论文将来的检索及引用率。那究竟该如何选择和确定关键词呢？

假如我们想研究新高考背景下的大学自主招生这个问题的话，哪些词是关键词呢？依据这个题目，关键词应该是：新高考、大学、自主招生。如果没有"新高考"这个关键词，你查到的文献可能就包含新高考政策出台之前的讨论大学自主招生的文献；如果没有"大学"这个关键词的话，你有可能会查阅到高中自主招生的文献；如果你没有"自主招生"而只是"招生"这个关键词的话，你有可能查阅到既包含自主招生也包含非自主招生的文献。由此看来，关键词的最大作用在于有效地给你所需要的文献划定了边界，以帮助你少阅读一些与主题关系不太密切的论文。

一个最简单的确定关键词的办法就是从论文的题目中析出。如《智能化时代职业教育人才培养模式的根本转型》这篇论文的关键词就是智能化时代、职业教育、人才培养模式。当然，有时候也不能完全凭论文题目来确定，因为论文题目中可能只有一个重要概念或术语。以《教育领域供给侧改革的几个关系》这篇论文为例，该论文题目中的重要概念只有一个——供给侧。尽管如此，"供给侧"这个词组还不能作为关键词，因为这个概念最初来自经济学领域而不是教育学领域。如果直接将其用作关键词的话，我们将会搜索到很多经济学领域的论文。于是，为了更加准确，我们应该将"教育供给侧"作为关键词。除此之外，还有哪些关键词呢？

从论文题目中能析出吗？有些作者或读者可能会将"改革"这个词作为关键词，这样做合适吗？不合适，因为这个词不是专门术语且用途过于广泛。你可以试一下，如果以"改革"为关键词来检索的话，会得到怎样的检索结果。针对这个题目，另外的关键词就需要从论文中去挖掘和提炼。这时候的原则就是尽量去寻找那些与"教育供给侧"这个关键词有紧密联系的概念，如"有效供给""结构性改革"等。

限于时间和精力，我们往往不可能阅读所检索到的上千篇论文。那如何精选我们最需要的论文呢？以中文文献为例，为了节约时间并基于当前大部分院校的论文评价要求，建议读者优先查阅、下载和阅读那些被列入有一定影响力的引文索引库中的期刊，如中文社会科学引文索引、中国科学引文数据库等。即使如此，你也可能会遇到上百篇论文，时间还是很有限，怎么办？这时候建议你依据所研究的主题缩小论文发表的时间，如近五年或三年。一般而言，后续的研究总是覆盖并反映之前的研究成果。

三、文献综述的文本特点

文献综述既要有综合的叙述，也要有评论。初学者往往注重或容易做到叙述，但不一定能够综合。与此同时，初学者往往很难评论。初学者或在读研究生们看完若干文献后经常觉得很苦恼，因为感觉文献中的观点都是正确的，似乎找不出已有文献的问题或不足。于是，他们就撰写不出恰当的或有说服力的评论。概括起来，文献综述的文本具有以下两个特点。

一是综合性。这是指要尽可能地把前人在某个研究领域的所有重要研究成果都要予以体现或呈现出来。切忌只是叙述或引用你认为正确、赞同或喜欢的观点，也切忌只是叙述或引用该领域某几个知名学者或某个学派的成果。当下有一种潜规则就是有些杂志社要求作者尽可能多地引用你欲投稿的某刊物上的论文，也有一些作者被要求要尽可能多地引用同一个研究机构其他同事的论文。有些时候，作者也会尽可能多地引用自己曾经发表过的论文。凡此种种，都与当前刊物或论文的评价规则有紧密关系。但是，这些做法都有可能会对综合性这一特点造成潜在的影响。

二是代表性。代表性事实上是在综合性基础上的筛选。综合性尽管要求要尽可能囊括所有研究成果，但一篇综述的容量有限，因此就涉及如何选择的问题。代表性就是要求去选择那些能对后续研究产生持续影响或起推动作用的观点或看法。最典型的就是有一定的学派传承的那类成果。关于文献评论，最重要的并不是要求你忠诚地说赞成。恰恰相反，你应该指出该领域研究或研究成果的下一步研究空间在哪里。一般而言，可以从以下几方面去思考和寻找。

一是概念的界定。某个概念可能在某作者当时撰文时是正确的，但随着时间推移以及人们理解的深入，概念本身的内涵或外延发生了变化。基于此，该作者文中建立在该概念基础上的判断和观点也随之有进一步研究或讨论的空间或必要。

二是自变量的变化。某论文实证研究发现，某教育现象 Y 在 T 年代主要受 X1、X2 和 X3 三个因素的影响。但现在到了 T + 5 年代，有可能随着社会背景变化，其所受到的影响因素有增加或变化。这个假设就足以支持一项新的研究。与此同时，也就构成了文献评论的一个主要切入点。

三是样本局限。在教育类的实证研究中，即使再怎么完善或大型的抽样，总是存在着样本局限的某些缺陷。也就是说，总是存在着被遗漏的样本。而这恰恰就给了你进一步研究的空间和机会。

四是研究方法或工具局限。尽管学者们之前普遍认为，某类特定的教育问题总是存在着某种相对而言较为恰当的研究方法，要么是质性研究，要么是量化研究。但现在随着教育现象复杂性的增加以及信息科技与人工智能的不断发展，越来越多的学者开始探索并倾向于使用混合研究，即既使用质性也使用量化的研究方法来推动研究。由此，这就为我们创造和引出了难以估量的新课题或新命题。另外，研究工具如问卷、量表或试题等也会不断地得到改进或优化，这也会催生一批新的研究机会。

当然，能够帮助我们寻找下一步研究空间的入口或线索还有很多，这里并未穷尽。有时候，有些论文会在结尾时自己报告或指出该领域或该论文的不足或进一步研究的方向或议题。例如，王祖林曾直接在其文章中指出了我国大学发展战略与规划研究"定性研究方法居多，学理探究不足，有关发展战略与规划的具体操作技术、评估与监控方法、规划效能评估、基础理论与典型案例研究不足，尤其是发展规划与组织结构变革相结合的研究有待开拓"。

四、文献综述的结构

这里所说的结构是指一篇文献综述的文本结构，即段落结构。一般而言，常见的有如下几种样式。

（一）年代序列式结构

这种结构就是指将某领域的研究成果按照一定的年代顺序由远及近依次叙述。这种结构与历史教科书或著作中很类似。在每一个年代或时期，撰写者还会尽可能地总结不同历史时期的特征并分析其与特定时代之间的关系。或者说，会尽可能寻找和挖掘不同历史时代的特定影响因素。诸如教育理念、教育政策的演变等议题，人们会经常使用这种结构来安排综述。在教育史领域的研究论文中，这种结构样式也被经常采用。以柳靖和柳桢的《论职业教育价值观的嬗变》一文为例，文章按年度顺序列举了职业教育价值观的六个发展阶段的嬗变历程。文章的时间线索经历了从原始社会到中世纪，然后到 18、19 世纪，最后到达 20 世纪末、21 世纪初这样一种序列式发展。

（二）学派发展式结构

这种结构就是指将某领域的研究成果以某些学派代表性学者的观点为主要脉络依次分别叙述。其中，会有可能产生多种微样式。既有并列式的，即学派 A、B、C、D 相对独立的叙述；也有交叉式或分叉式的，即学派 A 中衍生出了学派 B，或是学派 A 和学派 B 的结合中生成了学派 C 等。以王帅的《当代西方主流教育领导理论新进展》一文为例，其在文章中列举了六类当代西方主流教育领导理论。这六类在时间上都同属于当代，但都是教育领导理论的主流代表。相互之间并没有明确的继承和发展的关系，而是相对独立而存在的。但是，作者经过总结发现了教育领导理论发展所存在三个方面的特征。

（三）货架问题式结构

这种结构就是指将某领域的研究成果归为某几个问题或议题并加以详细叙述。在这种结构中，问题或议题之间并不是没有一点逻辑关系，但有时候这种逻辑关系却很微弱。换句话说，它们之间的关系如同同姓家族的后代们之间的关系。由此，这类结构的综述在取材上就因人而异了。更多的时候，取材完全依赖于作者所关注的问题及其界限。以俞佳君的《以学习为中心的评价研究：理论与方法述评》一文为例，其把文章分为了概念内涵、逻辑基础、标准研究和方法研究四个部分。文章的四个部分其实只是作者研究需要，四个部分相互之间关系并没有任何显性的逻辑关系。如果你对该问题的其他方面感兴趣，你完全可以加入到你的研究之中。

上述不同结构并无优劣之分。究竟该采用哪种结构，事实上没有固定的原则或要求，这完全取决于你所研究的问题和文献的现状。可是，没有分类原则也没有逻辑地将若干研究者的成果依次引用或叙述出来的这种文献综述样式是最不可取的，但却也是当前最常见的。这种做法存在以下问题：一是你为什么选取这些人的成果而不是那些人的成果？二是这些研究成果之间究竟有什么内在的关系呢？这种做法还有一个潜在风险就是会导致论文的查重率比较高。要知道，有些杂志或是研究机构对查重率都有一定的明义规定的。比较妥当的做法是，对于同一个议题，要依次表达出人们在该议题上的认识和变化过程。以辛涛等人的《教育测量理论新进展及发展趋势》一文为例，全文从理论和理论应用两个模块分别介绍了教育测量研究进展，在两个模块之下又分别介绍了多种理论的变化发展过程。

在语言上，最好的做法是用自己的话概括出原作者的主要观点和主张，万不得已时才原句引用，如那些原作者提出的专门术语或概念等。也可以用自己的话把若干作者的共同或相近认识或主张概括在一起。一句话，最好的综述在语言上是用自己的话讲别人的观点。

文献综述结构的背后其实还隐藏着语言的逻辑关系问题。逻辑关系是否清晰是评价一篇论文质量的最基本标准之一。逻辑关系既体现在段与段的关系中，也存在于同一段落内的句与句的关系中。当你读完某篇论文后，你是不是觉得该文观点很多，议题也不少，但你很难用几句话概括出作者的主要观点或是你甚至不知道作者的论文到底在说什么（天哪！我怎么看不懂这篇论文？）。之所以如此，就是该论文的逻辑有问题了。

上述四个方面是撰写文献综述时必须要经历的，它实质上回答了文献"从哪里来""如何寻找""规范的文献应该是什么样子"等基本问题。当然，上述只是期望能够帮助初学者能对文献综述是什么以及怎么做有一个大体的了解和感知。事实上，要撰写好一篇好的文献综述的话，还需要较长时间的练习和摸索。读过好的文献综述和撰写好的文献综述之间其实还是有一定距离的。尽管如此，对于科研工作者来说，撰写一篇规范的甚或是好的文献综述在任何时候都是一项基础性工作和"功夫"。

材料 3 - 2　14 种文献综述类型 *

第 1 种：文献评论/批判综述（critical review）

描述：critical review 一般需要作者广泛研究文献并对文献质量进行批判性评估。它不仅仅是对文献的描述，还包括一定程度的分析和概念创新。

一篇有效的 critical review 展示、分析和综合了不同来源的材料。critical review 的产出通常表现为假设或模型，而不是答案。凭借它产生的模型可能是现有模型或思想流派的综合，也可能是现有数据的全新解释。

优势：综述的"critical"部分是其价值的关键。critical review 总结和评估了先前工作的价值，可以为后续新阶段的概念发展或测试铺平道路。

劣势：虽然这种综述确实有助于汇总关于某一主题的文献，但解释性要素必然是主观的，最终产出往往是进一步综述的起点，而不是终点。

举例：Kulviwat, S., Guo, C., Engchanil, N. Determinants of online information search: acritical review and assessment [J]. Internet Research: Electronic Networking Applications and Policy, 2004, 14 (3): 245 - 253.（线上信息检索的决定因素：文献评论与评估）

---

* 该部分是根据相关专家的观点整理得来。

第 2 种：文献综述（literature review）

描述：literature review 是对近期或当前文献进行调查，描述已经出版的材料。可以涵盖广泛的主题，也可能包括研究结果，在完整性和全面性方面存在较大差异。

literature review 主要着眼于已发表的文献，一般会涉及确定文献的过程：选择材料、以文字或图表形式进行综合，并对其贡献或价值进行一些分析。

优势：在以前工作的基础上进行总结，避免重复工作，确定研究不足或空白。

劣势：缺乏分析或收集数据的明确目的。作者得出的任何结论都有可能无意中忽略某些重要文献，使得他们的陈述缺乏有效性，产生了偏差。而且，作者可能只选择支持他们观点的文献，对自己偏爱的假说过于信任。

举例：Hall，A. & Walton，G. Information overload within the health care system：a literature review ［J］. Health Information and Libraries Journal，2004，21（2）：102 – 108.（卫生保健系统中的信息超载的文献综述）

第 3 种：映射综述（mapping review/system aticmap）

描述：这种综述用于对某一特定主题的现有文献进行标记和分类，确定研究文献中的不足，并据此进行进一步的综述和/或初级研究。

优势：mapping review 能够为深度的系统性综述提供更广泛的文献背景，确定证据中的缺口，帮助决策者、从业人员和研究人员确定具体政策和实践相关的问题。

mapping review 可以根据理论观点、人口群体或研究环境描述研究特点，还可以确定已有研究是否有助于回答和解决实际问题。

劣势：mapping review 必然受到时间的限制，缺乏更完善的方法进行综合分析。这类综述的描述过于宽泛，简化或掩盖了研究及其结果之间的差异（异质性）。

举例：Gough，D.，Kiwan，D.，Sutcliffe，K.，Simpson，D. & Houghton，N. A Systematic Map and Synthesis Review of the Effectiveness of Personal Development Planning for Improving Student Learning ［R］. Project Report，

EPPI – Centre，Social Science Research Unit，2003.（改善学生学习的个人发展规划有效性的系统映射和综合评论）

第4种：元分析综述（Institute of Education，University of London）

描述：meta-analysis 是"一种在统计上结合定量研究结果以提供更精确的结果效应的技术"。为了使 meta-analysis 有效，所有纳入的研究都要足够相似，包括研究对象、干预和比较措施等方面。

优势：meta-analysis 可以将不足以对实践产生影响的个别研究汇编到一个综合证据库中，让缺乏统计学意义的小型或不确定的研究仍然可以做出贡献。

劣势：meta-analysis 的批评者认为，将"苹果和橘子"（即不够相似的研究）放在一起是不合适的。这其实不是对 meta-analysis 本身的批评，而是对 meta-analysis 使用不当的批评。

举例：Saxton，M. L. Reference service evaluation and meta-analysis：findings and methodologic alissues［J］. Library Quarterly，1997，67（3）：267 – 289.（参考文献查询服务评估和元分析：调查发现和方法问题）

第5种：混合研究/方法综述（mixed studies review/mixed methods review）

描述：一般来说，混合方法综述可以指任何方法的组合，其中至少一个组成部分是 literature review。它最常见的是将定量的有效性评价和定性的对干预或实施问题态度的评价结合在一起。

优势：此类研究试图将"什么有效"与"如何以及为什么有效"结合起来，开始解决"××在××情况下有效"这一更复杂的问题。

混合研究综合考虑了系统综述和其他理论驱动方法的弱点。与单一方法的综述不同，混合方法综述可以为特定主题领域的研究状况提供一个潜在的更全面的视角。

劣势：可能会加剧评估和综合定量与定性研究的方法学挑战，并增加最终产出的难度。目前，对于定量和定性部分应该在什么程度上整合还没有达成共识。

举例：Shepherd，J.，Harden，A.，Rees，R.，Brunton，G.，Garcia，J.，Oliver，S. & Oakley，A. Young people and healthy eating：a systematic review of research on barriers and facilitators［J］. Health Education Research, 2006, 21（2）：239 – 257. （年轻人与健康饮食：关于阻碍和促进因素研究的系统综述）

第 6 种：概览综述（overview）

描述：overview 是一个通用术语，用于"任何（医学）文献的总结"，主要指调查文献并描述其特征，可以用于许多不同类型的文献综述。

优势：overview 可以对一个主题领域提供广泛而全面的总结，因此对第一次接触某个主题的读者来说是有价值的。

劣势：如上所述，overview 的含义比较宽泛，相关评论的严谨程度和质量差异较大。出于这个原因，也有学者将 systematic overview 从 overview 里独立出来，与缺乏系统方法和细节的 overview 做区分。

举例：Boulos, M., Kamel, N., Hetherington, L. &Wheeler, S. Second Life：an overview of the potential of 3 – D virtual worlds in medical and health education［J］. Health Information and Libraries Journal, 2007, 24（4）：233 – 245. （《第二人生：三维虚拟世界在医疗和健康教育中的潜力概述》）

第 7 种：定性系统评价/定性证据合成（qualitative systematic review/ qualitative evidence synthesis）

描述：qualitative systematic review 是一种整合或比较定性研究结果的方法。它寻找定性研究中的"主题"或"结构"，其目的不像 meta-analysis 那样具有聚合性，相反，它是解释性的，可以扩大对特定现象的理解。

优势：这种类型的综述可以调查研究对象的观点、意见、偏好或态度等信息，进一步补充研究证据。一般情况下，定性研究评价的结果比问卷或孤立案例的评论更有力。

劣势：qualitative systematic review 的方法仍处于起步阶段，对什么时候用什么方法还存在相当大的争议。比如，对于是否需要全面的检索策略，找出尽可能多的有关定性研究，或者寻求对某一现象的整体解释，学者们的意见并不一致。

举例：Duggan, F. & Banwell, L. Constructing a model of effective information dissemination in a crisis［J］. Information Research, 2004, 9（3）.

（危机中有效信息传播模式的构建）获取链接：http：//InformationR. net/ir/9 - 3/paper178. html.

第8种：速览综述/快速评估（rapid review）

描述。rapid review 一般指作者使用系统性综述的方法，依据现有证据，对政策或实践问题的已知情况进行快速总结和评估。

优势。rapid review 寻求"快捷实用"，通过聚焦核心问题，简化检索策略等方式，缩短准备综述的时间。

劣势。有引入发表偏差的风险。比如，限制检索时间可能会导致发表偏差，限制质量评估可能会太过依赖质量较差的研究，不够重视文献的汇总可能会忽略前人研究的矛盾之处。

举例。Lacey Bryant, S. & Gray, A. Demonstrating the positive impact of information support on patient care in primary care：a rapid literature review ［J］. Health Information and Libraries Journal, 2006, 23 （2）：118 - 125.（证明信息支持对初级保健中患者护理的积极影响：快速评估）

第9种：范围综述（scoping review）

描述。提供了对现有文献的潜在规模和范围的初步评估，旨在确定研究证据的性质和范围（通常包括正在进行的研究）。

优势。scoping review 能够告知决策者是否需要进行全面的系统评估。与系统综述一样，具有系统、透明和可复制的特点。

劣势。scoping review 通常不能被视为最终产出，因为它有严格的局限性和时间限制，通常不包括质量评估过程。这可能会使得人们将文献规模而不是质量作为结论，所以不适用于政策/实践建议。

举例。Weeks, L. C. & Strudsholm, T. A scoping review of research on complementary and alternative medicine （CAM） and the mass media：looking back, moving forward ［J］. BMC Complementary and Alternative Medicine, 2008, 19 （8）：43. ［补充和替代医学（CAM）和大众媒体研究的范围综述：回首过去，展望未来。］

第10种：前沿综述（state-of-the-artreview）

描述。state-of-the-artreview 是常规文献综述的一个亚型，倾向于解决更多前沿/时事问题。

一般的文献综述往往会同时回顾过去和前沿研究，而前沿综述可能会对某个问题提供新观点，或者突出需要进一步研究的领域。

优势。state-of-the-artreveiw 对领域内新人或寻求研究潜在机会的人来说是很有价值的，读者可以从一篇综述里了解到某个研究主题的研究概况和发展特征（比如，大家比较熟知的 Annual Review of Neurology，Cardiology…等）。

劣势。属于横断研究，存在时间限制，可能对发展全貌的评估产生偏差。

比如，一个主题在过去已被广泛研究，但目前进入了瓶颈期，那么这个主题可能会因为不在综述检索范围内，而被低估其重要性。

举例。Bath，P. A. Data mining in health and medical information ［J］. Annual Review of Information Science and Technology，2004，38：331 – 369. （健康和医疗信息中的数据挖掘）。

第 11 种：系统综述（systematic review）

描述。这应该是最为人熟知的综述类型。systematic review 一般遵循有关指导方针，系统地检索、评估和综合研究证据。

优势。systematic review 需要全面综合某个主题和领域的现有知识。近年来，它所涉及的研究设计也越来越广泛，比如定量、定性和混合方法。

劣势。如果将纳入的研究局限在某一种研究设计，比如随机对照试验，那么将削弱该综述的应用性，对于复杂问题也比较难提供有效的信息。

举例。Weightman，A. L. & Williamson，J. The value and impact of information provided through library services for patient care：a systematic review ［J］. Health Information and Libraries Journal，2005，22（1）：4 – 25. （通过图书馆服务为患者护理提供信息的价值和影响：一项系统综述）

第 12 种：系统检索与评估（systematic search and review）

描述。结合了批判性综述的优点，同时采取全面的检索过程。这种类型的综述通常用来解决广泛的问题，是 "最佳证据的综合"。

优势。通常涉及多种研究类型，而不是集中在某一个研究设计上。与仅限于随机对照试验的系统综述相比，它可以提供关于某一主题研究的更完整的描述，并对有关文献进行批判性评估。

劣势。如果没有明确的文献纳入和排除标准，以及明确定义的汇总过程，其结果可能是基于主观选择研究得出的。

举例。Carroll L J，Cassidy J D，Peloso P M，et al. Systematic search and review procedures：Results of the WHO Collaborating Centre Task Force on Mild Traumatic Brain Injury［J］. Journal of Rehabilitation Medicine，2004，36（43 Suppl）：11 – 14.（系统检索和评估程序：WHO 合作中心轻度创伤性脑损伤工作组的结果）

第 13 种：系统化综述（systematized review）

描述。systematized review 试图包含系统综述过程的一个或多个要素，但不宜称其为系统综述。systematized review 通常是作为研究生作业来进行的，因为他们缺乏完整系统综述所需的资源（比如，两名资深学者对研究把关）。

优势。文献检索比较全面，在分析结果时也会采用系统综述的方式。但作者可能只检索了一个或几个数据库，更像是"模拟"系统综述的过程。这样的综述更适合成为进一步研究的基础，比如论文或受资助的研究项目。

劣势。此类综述的质量评估和综合过程描述不够清楚，与那些严格遵守系统评估指南（比如 Cochrane Collaboration 提出的指南）的综述相比，此类综述更有可能出现偏差。

举例。Cornet R，De K N. Forty years of SNOMED：a literature review ［J］. BMC Medical Informatics and Decision Making，2008，8.（SNOMED 四十年：文献综述）

第 14 种：伞形评价/系统评价再评价（umbrella review）

描述。umbrella review 主要针对某个具体问题，汇总多方面的研究证据。常用于对某项医学研究主题的所有系统评价和 Meta 分析进行再次系统评估，从而得出更可靠的结论。

优势。umbrella review 兼顾了广泛评估和重点评估，为"集中所有研究，但损失细节"还是"关注重点研究，但割裂整体"问题上提供了比较好的解决方案。如果解释得当，很可能获得全面的高质量证据。

劣势。umbrella review 的主要缺点是逻辑上的。想要 umbrella review 有效，需要预先划定一个范围较窄的评估主题。

比如，医学领域的 umbrella review 通常关注已发表的、达到一定数量的系统评价或 meta 分析，且这些研究结果存在争议。这对于某些领域来说很难。

但是，umbrella review 依然是一种很有潜力的综述形式。

举例。Seida J K，Ospina M B，Karkhaneh M，et al. Systematic reviews of psychosocial interventions for autism：an umbrella review ［J］. Developmental Medicine & Child Neurology，2010，51（2）：95－104.（自闭症的心理社会干预的系统综述：伞形评价）

材料 4 – 1　关于"变量"你必须知道的那些事[*]

一、什么是变量（variable）

变量是一个研究中的主角和焦点。在一个研究中，研究者试图讲清一个故事，这个故事需要是以前的学者没讲过的，这个故事又需要是大家感兴趣和关注的，这个故事还需要是有理有据的。

讲谁的故事呢？就是讲变量的故事。如果我们看"变量"的英文名——variable，意思是"可以变化的"，变量的本质就是"具有可变化特征的因素"（A variable is any factor that takes on a varying characteristic，Schwester，2015）或者，是"对某个一特征的测量"（A variable is an empirical measurement of characteristics，Babbie，2013）。

这就好比这世界上的知识本来是零零碎碎地散落在各处，就像一个扔满各种东西的杂乱房间，有了变量之后呢就好像我们有了整理箱和抽屉，我们可以把各种东西分门别类放在各个抽屉里面：衣服放在一个抽屉里，袜子放在一个抽屉里，笔记本放在一个抽屉里……如果我们在抽屉贴上标

---

[*]　该部分引用如下论文：Babbie，Earl. 社会科学研究方法 ［M］. 新加坡商圣智学习亚洲私人有限公司，2013.

签，这个标签就相当于"变量名"，一看这个变量名，我们就知道，这个抽屉里装的袜子，那个抽屉里装的笔记本等。

所以变量就是一个抽屉，一个装东西的盒子，是研究者为了把散落在世界上的知识整理成系统、抽象成模型、概括成理论而使用的整理箱。有了变量人就省事了，研究者和研究者沟通就容易了，我告诉你谁是我的因变量、谁是我的自变量，你就很容易的知道我的研究要考察什么关系。变量让我们可以实现数理统计的分析，对现实世界的现象找出规律。

二、什么是变量值（variable value）

变量值就是一个变量所描述的特征或者数量。一个变量总是对应着多于一个 value（因为只对应一个 value 的叫 constant，常数）。

比如，"性别"这个变量，对应的 value 有两个，男性和女性，这个人的性别有可能是男也有可能是女，就这么两个 value。

所以，你会发现变量和变量值的关系是这样的：

"value"（值）就是"variable"（变量）的特征；

"variable"（变量）是"value"（值）所描述的对象。

分清 variable 和 value 这事儿特别重要，好多相关的知识都要以此为基础，比如后续要讲的 measurement（测量），如何做 descriptive statistics（描述性统计），如何做 correlation and regression analysis（相关性和回归性分析）等。

三、什么是变量的类型"nominal，ordinal，interval，ratio variable"

接下来我们来说变量可以分为哪几类。变量按不同性质分有不同的方法，比如可以分成自变量、因变量、控制变量——这是按它们的作用。但是这里我们要说另一个维度的划分：按 level of measurement（测量的等级）来划分。

所谓"测量的等级"，在这里可以简单理解成这个变量的 value 在多大程度上可以被精准地量化。

举个例子，不同的词语的表达准确度是不同的，在日常生活里，我们说的每句话，如果仔细去区分，也都有不同等级的可量化性。比如以下几句：

我下周就把报告交给你。

我下周二把计划交给你。

我下周二下午把计划交给你。

我下周二下午五点去把计划交给你。

很显然最后一句的可量化程度是最高的，因为它最精准，信息也最丰富。

然而在研究中，我并不一定总需要可量化程度那么高的数据——比如我如果调查了 10000 个人力资源经理的年龄和他们工资的关系，我可能只需要知道他们是哪一年出生的，不需要具体知道他们是哪个月哪个日子出生的。虽然这会致使 1970 年 1 月 1 日和 1970 年 6 月 1 日出生的两个人被标为一样的年龄（48 岁），但是对我来说这个精准度可能就足够了。

于是按照变量的可量化程度，我们通常把变量分为以下几类（越往后，其可以被精准量化的程度就越高）：

nominal variable（名义变量）：这类变量的 value 都是一些没办法排序也没办法定量的东西，比如以下这些变量："性别""宗教""民族""专业""出生地""国籍"。这类变量的 value 一般都不是数字，如果是数字，那也不代表着什么数字本身的含义。比如"篮球运动员号"这个变量，虽然有的球员是"29"号，有的是"40"号，这只是为了区分开彼此的"ID"而已，它不代表 29 号球员就比 40 号小或者能力差，也没什么其他的含义。

ordinal variable（有序变量）：这类变量的 value 可以按照一定逻辑进行排序，从低往高排，或者从高往低排。比如"一道题困难的程度"（变量值 = 不困难、还行、挺困难），"你对某陈述句的同意程度"（变量值 = 非常不同意、不同意、中立、同意、非常同意），"学生的年级"（变量值 = 一年级、二年级、三年级）——这些变量的 value 内容就更丰富了，你看，对于一个 normal variable 来说，你只能知道它的变量值是什么，不能知道变量值之间的任何关系；而对于 ordinal variable 来说，你已经可以知道它的各个 value 之间的高低排序了。

interval variable（定距型变量）：这类变量的 value 不仅可以排序，而且每个 value 之间的数值差（interval）还是有意义的。比如"华氏度"

（Fehrenheit）这个变量（变量值 = 1 度，2 度，3 度…），1 度与 3 度之间差了两度，与 2 度与 4 度之间差的温度相同。反过来看 ordinal variable 就不具有这个能力了，你说不出"非常不同意"与"不同意"之间的差距是多少，也无法说出这个差距和"同意"与"非常同意"之间的差距是不是一般大，你只能说明他们两个之间在程度上的排序谁强谁弱。再比如说"几点钟"这个变量也是 interval 的（value = 1pm，2pm，3pm…），1 点和 2 点之间的差距是有意义的，就是一个小时，这跟 2 点和 3 点，3 点和 4 点之间差的一小时是一样的。

ratio variable（定比型变量）：拥有最高级别的可定量化能力，可以做的分析种类最多，它的 value 不仅兼具以上三种变量的全部功能，而且它的"零点"是真的有意义的，是指真的为 0。生活里好多这种变量，比如，"年龄"，"学生数量"，"工资"——0 年就是 0 岁，0 个学生就是没有学生，0 元就是没有工资——这些都有实际意义。再看上面的 interval variable——0 华氏度，不代表没有温度，只是说温度是 0 这个刻度；而"零点钟"也不代表没有时间，只是代表当时时间的标度是 0 这个时刻。

材料 4-2　社会科学数据资源汇总*

写论文时，准确真实的数据是必不可少的，但是经常难以找到自己想要的数据，以下为众多数据来源网站，包括中国经济数据、美国经济数据，以及其他国外经济体的数据，在这里一定能找到你所需的数据。

一、数据推荐

（一）数据中心提供的数据

国家哲学社会科学文献中心（www. ncpssd. org）与国家哲学社会科学学术期刊数据库（www. nssd. org）

中国知网：http：//epub. cnki. net/kns/default. htm

万方数据：www. wanfangdata. com. cn/

---

* 该部分资料来源于计量经济学服务中心/人文在线。

人大复印资料：期刊、论文等 http：//ipub. exuezhe. com/index. html

维普：期刊、论文等 http：//cqvip. com/

国研网（国务院发展研究中心）：www. drcnet. com. cn/

中经网（国家信息中心）：www. cei. gov. cn/

《中经网统计数据库》，网址：http：//db. cei. gov. cn

《中经网产业数据库》，网址：http：//cyk. cei. gov. cn

《世界经济数据库》，网址：http：//wdb. cei. cn

《"一带一路"统计数据库》，网址：http：//ydyl. cei. cn

锐思数据库（www. resset. cn）

中宏网（国家发改委）www. macrochina. com. cn

万得（Wind）金融终端 www. wind. com. cn

国泰安数据服务中心（http：//www. gtarsc. com/）

CCER 经济金融研究数据库：www. ccerata. com

EPS 数据库：www. epsnet. com. cn

CEIC 数据库：www. ceicdata. com

巨潮信息网：http：//www. cninfo. com. cn/；中国资本市场指定披露平台，上市公司相关年报、季报及公告披露信息

（二）政府部门提供的数据

国家统计局：www. stats. gov. cn/

财政部：www. mof. gov. cn

工业和信息化部：http：//www. miit. gov. cn；较多数据在此发布，尤其是有关工业运行及信息化相关数据

中国人民银行：http：//www. pbc. gov. cn/；中国金融市场政策及运行相关数据

银监会：http：//www. cbrc. gov. cn；银行金融相关数据

中国海关：http：//www. customs. gov. cn；中国进出口相关数据

国家知识产权局：http：//www. sipo. gov. cn；专利相关查询

中国证监会：http：//www. csrc. gov. cn；相关政策及招股书披露平台，以及拟上市公司排队每周披露

（三）证券交易所的数据

上海证券交易所：http：//www. sse. com. cn/；其中研究出版栏目中有些研究报告

深圳证券交易所：http：//www. szse. cn/；其中研究/刊物中有研究报告

全国中小企业股份转让系统（新三板）：http：//www. neeq. com. cn/；新三板挂牌公司的转让及信息披露

香港证券交易所：http：//www. hkexnews. hk/index_ c. htm

台湾证券交易所：http：//www. tse. com. tw/ch/index. php

新加坡证券交易所：http：//www. sgx. com/

纽约证券交易所：http：//www. nyse. com

纳斯达克证券交易所：http：//www. nasdaq. com

二、微观数据

中国国家调查数据库网站地址：http：//cnsda. ruc. edu. cn/

中国家庭追踪调查（China Family Panel Studies，CFPS）数据下载地址：www. isss. edu. cn/cfps/

中国健康与养老追踪调查（China Health and Retirement Longitudinal Study，CHARIS）数据下载地址：http：//charls. pku. edu. c/zh – CN

中国健康与营养抽样调查（China Health and Nutrition Survey，CHNS）数据下载地址：https：//www. cpc. unc. edu/projects/china/

中国高龄老人健康长寿调查（Chinese Longitudinal Healthy Longevity Survey，CLHIS）数据下载地址：htup：//w3. pku. edu. cn/academic/ageing/index. html

中国家庭收入调查（CHIP）数据下载地址：htup：//ww. ciidbnu. org/chip/

中国家庭金融调查（Chiina Household Finance Survey，CHFS）网站地址：https：//chfs. swufe. edu. cn/，该网站可申请下载中国家庭金融调查（CHFS）数据、中国小微企业调查（CMES）数据、中国城乡社区治理调查（CGGS）数据等。

中国劳动力动态调查（China Labor-force Dynamics Survey，CL. DS）数据下载地址：http：//css. sysueducn/data/listo，该网站可申请下载城市农民工调查数据库、家庭追踪调查数据库、社会网与求职调查数据库、青少年科学学习调查数据库等。

中国城乡家庭抽样调查（China's Rural Urban Household Survey）数据下载地址：http：//www. cardiastate. edu/publications/synopsis. aspx？id＝238。

清华大学中国经济社会数据中心（China Data Center，Tsinghua University，CDC）网站地址：http：//www. tsinghua. edu. cn/publish/wkjsc

中国国家统计局数据网站地址：http//data. stats. gov. cn/

中国劳动力动态调查数据 CLDS，数据网址：

http：//css. sysu. edu. cn/Data

中国综合社会调查数据 CGSS，数据网址：

http：//www. cnsda. org/index. php？r＝site/datarecommendation

上海大学上海社会科学调查中心是一个为上海大学人文社会科学各学科教学和科研服务的公共学术机构，同时也是一个为上海和国家经济社会发展提供决策咨询的公共服务平台。数据网址：

http：//cms. shu. edu. cn/Default. aspx？tabid＝16916

中国工业企业数据库，数据网址：

http：//cms. shu. edu. cn/Default. aspx？tabid－16916

中国私营企业调查 Chinese Private Enterprise Survey 网站链接：http：//finance. sina. com. cn/nz/pr/

世界银行中国企业调查数据，网站链接：

http：//www. enterprisesurveys. org/data

中国专利数据库，网站链接：http：//new. ccerdata. cn/Home/Special#h3

http：//202. 107. 204. 54：8080/cnipr/main. do？method＝gotoMain

农村经济研究中心农村固定观察点数据，网站链接：

http：//www. moa. gov. cn/sydw/ncjjzx/gcdgzdt/gzdtg/201302/t20130225 _ 3225848. htm

中国城乡流动数据库（RUMIC）Rural－Urban Migration in China

网站链接：https：//www. iza. org/organization/idsc？page＝27&id＝58

中国城镇住户调查数据（UHS）Urban Household Survey

中国人民大学中国调查与数据中心 http：//www. cssod. org/index. php9.

CDC（清华大学中国经济社会数据中心）

http：//www. chinadatacenter. tsinghua. edu. cn/

数据服务社会学人类学中国网

http：//www. sachina. edu. cn/Index/datacenter/index. html

上海社科院社会调查中心

http：//www. sass. org. cn/sdy/singleArtshow. jsp？ dinji = 329

中国统计数据（中国网）

http：//www. china. com. cn/ch – company/index. htm

三、国外数据

Wiley InterScience

Wiley InterScience 收录了 360 多种科学、工程技术、医疗领域及相关专业期刊、30 多种大型专业参考书、13 种实验室手册的全文和 500 多个题目的 Wiley 学术图书的全文。其中被 SCI 收录的核心期刊近 200 种。

isiknowledge/SCI

SCI 收录最重要的学术期刊和收录论文的参考文献并索引，收录 5900 余种期刊文摘和引文；内容涉及自然科学和工程技术的各个领域。

ProQuest

全称是 ProQuest Digital Dissertations，是世界著名的学位论文数据库，收录有欧美 1000 余所大学文、理、工、农、医等领域的博士、硕士学位论文，是学术研究中十分重要的信息资源。

PubMed

PubMed 是互联网上最著名的免费 Medline 数据库，提供生物医学方面的论文搜寻以及摘要。医学文献检索服务系统，其数据主要来源有：MED-LINE、OLDMEDLINE、Record in process、Record supplied by publisher 等。

Science direct

荷兰 Elsevier Science 公司出版的期刊是世界上公认的高品位学术期

刊，它集成了图书、期刊等资源，收录了 24 个学科领域的 800 多万篇全文（包括在编文章），覆盖的学科范围包括：生命科学、材料科学、物理学、医学、工程技术及社会科学等。

Springer

德国施普林格（Springer – Verlag）是世界上著名的科技出版集团，通过 Springer LINK 系统提供学术期刊及电子图书的在线服务。目前 Springer LINK 所提供的全文电子期刊共包含 439 种学术期刊（其中近 400 种为英文期刊），按学科分为以下 11 个"在线图书馆"：生命科学、医学、数学、化学、计算机科学、经济、法律、工程学、环境科学、地球科学、物理学与天文学，是科研人员的重要信息源。

OUP

牛津大学出版社（Oxford University Press，简称 OUP）是世界上规模最大的大学出版社之一，其期刊覆盖的学科范围包括自然科学、生物医药、社会科学、人文科学等。据统计，这些期刊中被 SCI/SSCI 收录的期刊总数超过全部出版期刊的 50%。

CUP

Cambridge Journals 剑桥大学出版社是世界上历史最悠久、规模最大的大学出版社之一。剑桥大学出版社出版的学术期刊，包括人文社会学科和自然科学类的期刊。自然科学类学术期刊涉及数学、物理、生物、计算机、地质、气象学等，其中以数学、环境与保护生物学、农业、神经学与心理学为特色。

MEDLINE

MEDLINE 是美国国立医学图书馆（The National Library of Medicine，NLM）开发的当今世界上最具权威性的文摘类医学文献数据库之一。覆盖了基础医学、临床医学、护理学、牙科学、兽医学、卫生保健、营养卫生、职业卫生、卫生管理等。

BP（BIOSIS Previews）

目前是世界上最大的生命科学文摘索引数据库，包含 Biological Abstracts，Biological Abstracts/RRM（Reports，Reviews，and Meetings）的内容。BIOSIS Previews 覆盖所有生命科学的领域，包括：生物学、生物化

学、生物工程学、植物学、临床和实验医学、药理学、动物学、农学和兽医学。

Drug Information Fulltext

收录来自逾2000本药物学专著的约110000种目前在美国市场上通行的药物的信息。该数据库收录了两种主要的出版物：《可注射药物手册》和《美国医院处方服务药物信息》。

IPA

国际药学文摘（International Pharmaceutical Abstract，IPA），主要目的是评论和介绍药学文献，包括药物临床和技术信息、药学实践、药学教育、药学和药物的法律问题。

美国 EBSCO（英文文献期刊）

EBSCO公司从1986年开始出版电子出版物，共收集了4000多种索引和文摘型期刊和2000多种全文电子期刊，该公司含有 Business Source Premier（商业资源电子文献库）、Academic Search Elite（学术期刊全文数据库）等多个数据库，涉及生物科学、工商经济、工程、金融等领域。

EI

Engineering Village 是最权威的工程、应用科学领域文献检索平台。它为广大工程师和科研工作者提供最专业、内容最丰富的工程科学数据库和相应的科技文献检索，以及全球优秀工程科学期刊的全文在线访问服务。

美国 IEEE

IEEE（Institute of Electrical & Electronics Engineers）是电子信息领域最著名的跨国性学术团体，其会员分布在世界150多个国家和地区。包括了1988年以来 IEEE 和 IEE 的所有期刊和会议录，以及 IEEE 的标准。

EMBASE

EMBASE. com 是 Elsevier 推出的针对生物医学和药理学领域信息所提供的基于网络的数据检索服务。覆盖各种疾病和药物信息，尤其涵盖了大量欧洲和亚洲医学刊物，是其他同类型数据库所无法匹敌的。

四、文库推荐

（一）国内主要文库

百度文库：http：//wenku. baidu. com/；国内文档数据量最大的共享文库，综合型的，好用

豆丁文库：http：//www. docin. com/；其收费的盈利模式导致用户数量逐年减少，文档质量也不如百度文库

爱问共享：http：//ishare. iask. sina. com. cn/；综合型文库，里面也时常发现好的行业研究报告，电子书籍等

道客巴巴：http：//www. doc88. com/；综合型文库，后起之秀，文档数量和质量较好

智库文档：http：//doc. mbalib. com/；以管理、行业文档为主，质量较好文库大全：http：//www. wenkudaquan. com/；无须注册，通过点击广告模式盈利，文档内容多

IT168 文库：http：//wenku. it168. com/；专业型文库，以计算机及 IT技术相关的文档为主

CSDN 文库：http：//www. csdn. net/；全球最大的中文 IT 社区

呱仕网：http：//www. guasee. com/；以创业投资、证券市场等文档为主的专业型文库，刚起步状态

新浪地产：http：//dichan. sina. com. cn/；国内最大房地产类文库，房地产相关策划、数据较全

（二）国外文库

Scribd：http：//www. scribd. com；全球最大的文档分享平台

Docstoc：http：//www. docstoc. com；在线文档与图片分享平台

针对以上国内的共享文库，都可以通过注册账号，上传分享资料赚取积分，通过积分可以下载文库资料。如果有些文档看过后不错想保存下来积分不够，可以通过文库下载器来免费下载保存，文库下载器有如"冰点文库下载、易读下载、老张文库下载"等，如果只看重其中一部分内容，可以通过 QQ 拷屏方式保留下来（登录 QQ，ctrl + alt + a 拷屏）。

（1）如何找中国的数据

我们可以通过几个渠道获得中国的数据：

查找《中国统计年鉴》等是一个选择，特别是在几年前，几乎是唯一的选择。好多图书馆里都收藏《中国统计年鉴》等，翻出有你所需数据的那一页，复印是一个不错的选择，当然你也可以选择拿出纸和笔，把所需要的数据都抄写下来。为了便于对这些数据做进一步的处理，接下来的工作可能有点枯燥：把你找的数据一个一个地输入到电脑。当然，现在情况改善好多了，比如要查找 2004 年的《中国统计年鉴》，中华人民共和国国家统计局网站提供免费下载，网址是 http：//www. stats. gov. cn/。

如果你需要一应俱全的最新宏观经济数据，一个宝贵的来源是中国国家统计局提供的《进度统计数据》，网址是 http：//www. stats. gov. cn/tjsj/。国研网：http：//www. drcnet. com. cn/DRCNET. Channel. Web/。

如果想要从数据收集之日起的完整国民经济核算资料，权威的来源是中国国家统计局国民经济核算司出版的《中国国内生产总值核算历史资料》（1952—1995）和《中国国内生产总值核算历史资料》（1996—2002）。在这两本年鉴里，提供了核算中国 GDP 的翔实数据。特别是《中国国内生产总值核算历史资料》（1996—2002）提供了电子版，电子版数据不仅提供 1996—2002 年的翔实数据，还大致回溯了 1952—1995 年的数据，非常好用。

如果你想要从数据收集之日起的较为完整的宏观经济数据，《新中国五十年统计资料汇编》和《新中国五十五年统计资料汇编》是一个不错的选择。遗憾的是，它们都没有提供电子版，但后者可以在中国资讯行下载。

（2）如何找美国的数据

我们可以通过几个渠道获得美国的数据：

由位于华盛顿的美国政府印刷办公室出版、经济顾问委员会撰写的《总统经济报告》（Economic Report of President），提供了有关美国当前经济形势的描述和主要宏观经济变量数据。相当多的数据都可以追溯到 1959 年，甚至个别的可追溯到 1929 年。可能你已经留意到了，好多有关美国的图形，都是采用《总统经济报告》（2005）所附数据生成的。这些数据可以免费下载，网址是 www. access. gpo. gov/eop/。

如果需要一应俱全的数据，一个宝贵的权威来源是，美国商务部统计局出版的《美国统计概要》（Statistical Abstract of the United States），相当一部分数据可以免费下载，网址是 www. census. gov/statab/www/。

如果想获得最近数据的详细资料，一个不错的选择是，美国商务经济分析局每月出版的《当代商业纵览》（Survey of Current Business）。网址是 www. bea. doc. gov。

五、国内统计资料

我们可以通过以下渠道获得中国的数据。

中国统计年鉴

中国城市统计年鉴

中国人口统计年鉴

中国教育统计年鉴

国家统计局网站

中国知网：国内最大学术数据库，包括期刊、学位论文、统计年鉴等

万方数据：仅次于中国知网，包括期刊、学位论文等

人大复印资料：期刊、论文等

维普：期刊、论文等

中经网：有较多行业研究报告，宏观数据较全

国研网：数据较为权威，有些报告可以一看

上海公共研发平台：可以注册，人工审核，内包含较多数据库

人大经济论坛

其他来源：百度、新浪微盘等

六、11 个常用数据下载链接

①中国国家调查数据库网站地址：http：//cnsda. ruc. edu. cn/中国国家调查数据库（Chinese National Survey DataArchive，CNSDA）是受中国国家自然科学基金重点项目资助的、由中国人民大学中国调查与数据中心（National Survey Research Center，NSRC）负责执行的经济与社会数据共享

平台，网址为 http：//cnsda. ruc. edu. cn。

中国国家调查数据库以中国人民大学中国调查与数据中心和中国人民大学中国政府统计研究院为依托，以我国首个社会调查数据库——中国社会调查开放数据库（Chinese Social Survey Open Database，CSSOD）以及中国人民大学科学研究基金"数据高地项目"资助下的各项大型追踪项目和横断面调查项目数据为基础，全面而广泛的收集在中国大陆所进行的各类抽样调查的原始数据及相关资料，对收集到数据与资料按国际标准进行清洗、处理、档案化、标准化和国际化，通过建设一个在线数据共享平台实现科学研究数据的开放与共享，致力于向研究者提供内容广泛全面、可获性强、易用性高、质量可靠的数据，并在数据库建设过程中研发数据管理、存储、开发的新技术，发展既适应中国特点且与国际接轨的调查数据存档协议，推动我国科学界形成数据开放共享的传统，以提高我国科研数据的生命周期和利用率，增加我国科学项目投入的产出和效益，以应对科学研究数据骤增所带来的机遇与挑战，服务于科学研究和政府决策。

②中国家庭追踪调查（China Family Panel Studies，CFPS）数据下载地址：www. isss. edu. cn/cfps/。

"中国家庭追踪调查"（CFPS）重点关注中国居民的经济与非经济福利，以及包括经济活动、教育成果、家庭关系与家庭动态、人口迁移、健康等在内的诸多研究主题，是一项全国性、大规模、多学科的社会跟踪调查项目。CFPS 样本覆盖 25 个省/市/自治区，目标样本规模为 16000 户，调查对象包含样本家户中的全部家庭成员。CFPS 在 2008 年、2009 年两年在北京、上海、广东三地分别开展了初访与追访的测试调查，并于 2010 年正式开展访问。经 2010 年基线调查界定出来的所有基线家庭成员及其今后的血缘/领养子女将作为 CFPS 的基因成员，成为永久追踪对象。

③中国健康与养老追踪调查（China Health and Retirement Longitudinal Study，CHARIS）数据下载地址：http：//charls. pku. edu. c/zh – CN。

④中国健康与营养抽样调查（China Health and Nutrition Survey，CHNS）数据下载地址：https：//www. cpc. unc. edu/projects/china/。

⑤中国高龄老人健康长寿调查（Chinese Longitudinal Healthy Longevity Survey，CLHIS）据下载地址：htup：//w3. pku. edu. cn/academic/ageing/

index. html。

⑥中国家庭收入调查（CHIP）数据下载地址：htup：//ww. ciidbnu. org/chip/。

⑦中国家庭金融调查（Chiina Household Finance Survey，CHFS）网站地址：https：//chfs. swufe. edu. cn/，该网站可申请下载中国家庭金融调查（CHFS）数据、中国小微企业调查（CMES）数据、中国城乡社区治理调查（CGGS）数据等。

⑧中国劳动力动态调查（China Labor-force Dynamics Survey，CL. DS）数据下载地址：http：//css. sysueducn/data/listo，该网站可申请下载城市农民工调查数据库、家庭追踪调查数据库、社会网与求职调查数据库、青少年科学学习调查数据库等。

⑨中国城乡家庭抽样调查（China's Rural Urban Household Survey）数据下载地址：http：//www. cardiastate. edu/publications/synopsis. aspx？id = 238。

⑩清华大学中国经济社会数据中心（China Data Center，Tsinghua University，CDC）网站地址：http：//www. tsinghua. edu. cn/publish/wkjsc。

⑪中国国家统计局数据网站地址：http// data. stats. gov. cn/。

材料4-3　定量研究必须直面因果判断*

近几十年来，社会学定量分析方法取得巨大发展，但大量的社会学实证研究囿于研究设计、数据质量和模型设置，仅仅停留在统计回归的描述阶段，缺乏基于因果判断的解释能力。以谢宇、温希普（Christopher Winship）、索布尔（Michael Sobel）、摩根（Steve Morgan）和莫维（Ted Mouw）等为代表的社会学家，强调社会学分析必须基于反事实因果关系框架，重视回归分析中的模型设置问题；而以索伦森（Aage B. S）、波东（Raymond Boudon）、埃尔斯特（Jon Elster）和赫斯特洛姆（Peter Hedstrom）为代表的学者，则强调把厘清社会机制、社会过程和统计推断结

---

* 该文是根据有关专家的观点整理而来。

合起来。虽然他们侧重点各不相同，但都强调解释性机制或因果推断是社会学分析的目标。此外，对政策研究而言，也只有因果分析才能预测事件的发生条件并制定出干预措施中的控制手段。

一、内生性问题影响因果判断

当前主流定量社会科学研究领域中，因果关系的判定主要基于反事实框架。即一个影响因子或者干预对个体的因果效应，应是该个体在控制组和干预组中两个可能的结果状态之间的差异。如同"人不能两次踏进同一条河流"一样，个体的结果只能在一个组中被观察到。这样，对于该个体而言，干预结果与控制结果中必有其一是缺失数据。谢宇曾以大学教育为例说明该问题：在分析大学教育对于个体的收入是否有因果效应时，对一个上大学的学生，我们不可能获得他不上大学的情况的数据。因此，社会学定量分析中只能用平均干预效应来替代，估算一组大学生（干预组）与一组非大学生（控制组）之间的平均收入差异。但替代的前提是，干预组和控制组必须在其他收入因素上是一致的，即两组人的年龄、性别、家庭背景、智商、性格等的平均值全部相同。一旦两组之间在某个变量"E"的均值上不一致（例如性格，往往难以采集数据），且这个遗漏掉的变量本身和解释变量又有关系，那么这样估算出来的就是有偏差的，甚至是伪相关，因果判断就无从谈起。

回归分析一般通过控制一系列变量，使两个组别具有可比性。但是，总有些无法被观察或学者没有想到的变量，导致两组之间不具有可比性。对回归方程而言，这意味着解释变量和遗漏误差项出现相关，不能满足高斯－马尔可夫定理，估计参数出现偏误。在计量经济学中，该问题被称为内生性问题。由于绝大多数实证研究都是基于非实验性数据，无法保证实验组和控制组的相似性，因此所有基于调查数据的实证研究，无一例外都会受到内生性问题的困扰。

而这主要源自一般性的遗漏变量偏误（如无法测量的个人能力往往被方程遗漏）、自选择偏误（如分析高等教育的因果作用，但是否接受高等教育本身是个人选择）、样本选择偏误（如分析找熟人对于求职的因果作用，但找熟人求职的这类人本身可能具有某种特性）和联立性偏误（自变量和因变量之间有双向关系）等多方面因素的影响。

二、既有问题对内生性问题关注不足

社会学的研究旨趣在于弄清某种机制或得出因果关系，而非局限于描述自变量和因变量之间的统计相关，所以，内生性偏误就应该成为社会学定量研究中必须直面的问题。尽管既有研究对反事实因果关系、模型识别策略的关注一直存在，但在大量的实证研究中，内生性问题往往被一笔带过，甚至不加提及。国内学者王天夫和章奇等人对社会科学领域因果分析的基本概念进行了细致的回顾，但对和因果推断紧密相关的内生性问题及其解决方案却没有进行深入探讨。

社会学定量研究中，内生性问题的解决方法可以概括为四个方面。

第一，解决遗漏变量偏误。主要包括四种策略：一是利用非传统数据作为遗漏变量的替代，以控制潜在的遗漏变量；二是依赖于变量在时间维度上的差异，运用固定效应模型控制时间固定的非观测因素；三是利用组内策略，即用非时间性的组内差异来估计固定效应模型；四是使用工具变量。

第二，解决自选择偏误（是可以的）。最直观的方法是使选择行为不存在，因此随机分配是解决此问题的最佳途径，因为它可确保主解释变量和未观察因了之间没有任何关联性。解决自选择偏误的方法主要有三种：一是实验或自然实验。在社会互动研究中，外生性干扰（如自然实验、政策介入或自然发生事件）可以用来建构排除限定（即工具变量）以帮助识别模型；二是匹配法，也即倾向评分方法（PSM），其理念是用尽量相似的控制组成员和对照组成员来进行比较以减少偏误；三是建立选择过程模型。

第三，解决样本选择偏误。被广泛运用来解决样本选择问题的方法是赫克曼（James Heckman）的两阶段法。该方法的主要特点是简明性。但该方法也存在二分因变量的误用、计算反向 Mills 比率的难度，错估标准误差，以及真实模型的修正项与其他回归量之间共线性等问题。

第四，解决联立性偏误。联立性偏误实际也可以看成一种特殊的遗漏变量偏误，因此工具变量方法显然适用。近来研究常常采用外生性政策的

干预或者对部分样本的外生干扰来充当工具变量。另外，最新的文献提出了"条件方差限定"的模型识别策略。其基本思想是：对一个既定的社会互动现象，个人结果的跨组别方差由三个因素所导致，即组群异质性方差、个体异质性方差与组群解释变量方差。如果每个组群由大小不同的次级组群随机组成，那么显然对次级组群而言，上级组群和个体的异质性方差是一样的，但它们各自的解释变量方差却不一样。这样，通过比较不同次级组群的解释变量方差，就可以识别解释变量的因果效应。

三、提升解决内生性问题能力

在借鉴前人研究和其他学科方法的基础上，社会学研究加强对内生性问题的解决能力，主要有以下四种路径。

第一，提高数据质量。无论是固定效应方程、匹配方法，还是工具变量分析等策略，都离不开高质量和丰富的调查数据。以"社会网"研究为例，以往个体的社会网数据收集仅有两层数据——被访者和被访者的朋友。在今后的调查中，除以上信息外，还应该设法对"朋友"的配偶、父母和朋友的朋友进行数据收集，构成一个三层数据体系：被访者（第一层）、被访者的朋友（第二层）与被访者的朋友的其他社会关系（第三层）。而这在本质上就为"朋友"提供了一个工具变量，即第三层作为第二层的工具变量。因为第三层变量显然和第二层有关，但如果能确保第三层"朋友"的社会关系和被访者不直接认识（比如，被访者会听说自己的朋友的某些社会关系人的信息），那么第三层变量就会仅仅通过影响第二层变量来影响第一层变量。

第二，对外生性数据的收集和使用。兄弟姐妹的数量、子女的性别、彩票号码、河流数目、政府外在政策干预等都是外生的数据，能够对社会资本研究中内生性问题的解决起到作用。特别是工具变量往往需要"灵感式"的逻辑推导，一些看似和本研究无关的变量，反而有可能成为解决内生性问题的奇兵。

第三，根据不同的数据条件，运用适当的模型。例如，如果获得面板数据，则能理想地解决时间固定效应问题，在很大程度上提高因果推断的可靠性。而较大的样本，则可以考虑匹配方法，因为它只有在大样本情况下才能获得可靠的推断。

第四，明确说明运用这些模型和识别方法所需要的假设。固定效应方程和倾向性评分匹配能够部分解决内生性问题；工具变量以及自然实验则可以在理论上全部解决内生性问题。但是，工具变量很难寻找，其外生性无法证明，且必须详细讨论弱工具变量和不合格工具变量的可能性；而实验方法具有一定的局限性。此外，如果未对内生性问题进行处理，则必须说明获得的统计参数只是一个描述性的统计关系，而不能断言是因果关系。

材料 4 - 4　研究生学位论文撰写规范[①]

学位论文是衡量研究生培养质量、学术水平以及独立从事科研工作能力的重要标志，它集中表明了作者在研究工作中获得的新的发明、理论或见解，是研究生申请博士或硕士学位的重要依据和重要文献资料，学位论文撰写是研究生培养过程的基本训练之一，必须按照确定的规范认真执行。指导教师应加强指导，严格把关。

根据国家及各专业部门制定的有关标准，汉语语法规范，对原研究生学位论文编写要求进行了重新修订。硕士、工程硕士和博士学位论文，除在字数、理论研究的深度及创造性成果等方面的要求不同外，对其撰写规范的要求一致。

一、内容要求

（一）题目

题目应恰当、准确地反映本课题的研究内容。学位论文的中文题目应不超过 25 字，可根据需要设副标题。

（二）学位论文版权使用授权书

作者仔细核实授权书后签名。

---

① 该部分来自某双一流高校的《研究生学位论文撰写规范》。

（三）学位论文独创性声明

作者仔细阅读后签名。

（四）摘要与关键词

1. 摘要

摘要是论文内容的简要陈述，是一篇具有独立性和完整性的短文，为写实性的叙述，需阐明研究意义、理论方法、开展的工作、取得成果和认识，最好给出定量性的结论。英文摘要应与中文内容一致，表述得体。摘要应包括本论文的创造性成果及其理论与实际意义。摘要中不宜使用公式、图表，不标注引用文献编号。避免将摘要写成目录式的内容介绍。

2. 关键词

关键词是供检索用的主题词条，应采用能覆盖论文主要内容的通用技术词条（参照相应的技术术语标准）。关键词一般列 3 ~ 5 个，按词条的外延层次排列（外延大的排在前面）。

（五）论文正文

论文正文包括绪论、论文主体及结论等部分。

1. 绪论

绪论一般作为第一章。绪论应包括：本研究课题的学术背景及理论与实际意义；国内外文献综述；本研究课题的来源及主要研究内容；完成的工作量；取得的成果及存在的主要问题。

2. 论文主体

论文主体是学位论文的主要部分，应结构合理，层次清楚，重点突出，文字简练、通顺。论文主体的内容应包括以下各方面。

本研究内容的总体方案设计与选择论证。

本研究内容各部分（包括硬件与软件）的设计计算。

本研究内容试验方案设计的可行性、有效性以及试验数据处理及分析。

本研究内容的理论分析。对本研究内容及成果应进行较全面、客观的理论阐述，应着重指出本研究内容中的创新、改进与实际应用之处。理论分析中，应将他人研究成果单独书写，并注明出处，不得将其与本人提出的理论分析混淆在一起。对于将其他领域的理论、结果引用到本研究领域者，应说明该理论的出处，并论述引用的可行性与有效性。

管理和人文学科的论文应包括对研究问题的论述及系统分析，比较研究，模型或方案设计，案例论证或实证分析，模型运行的结果分析或建议、改进措施等。

自然科学的论文应推理正确，结论清晰，无科学性错误。

3. 结论和建议

学位论文的结论单独作为一章排写。

结论是对整个论文主要成果的总结。在结论中应明确指出本研究内容的创造性成果或创新点理论（含新见解、新观点），对其应用前景和社会、经济价值等加以预测和评价，并指出今后进一步在本研究方向进行研究工作的展望与设想。结论内容一般在 2000 字以内。结论需要高度凝练，硕士论文 5 ~ 7 条为宜，博士论文一般不超过 10 条；建议要结合论文来谈，注意针对性。

博士研究生学位论文必须在结论部分明确指出论文的创新点是什么，体现在论文哪些章节中的段落或行中。

（六）致谢

对给予指导或协助完成学位论文工作的组织和个人表示感谢。内容应简洁明了、实事求是。对课题资助者表示感谢。

（七）参考文献

（八）攻读学位期间发表的论文和参研项目

学位论文后应列出研究生在攻读学位期间发表的（含已录用，并有录用通知书的）与学位论文内容相关的学术论文。按照引文著录格式书写，科研项目须写明来源、名称、编号、执行期等。

二、书写规定

（一）论文字数

博士学位论文，理工科：不少于 6 万字，管理及人文学科：不少于 8 万字；

博士学位论文的文献综述部分要求为 1 万字左右。

硕士学位论文，理工科：不少于 2 万字，管理及人文学科：不少于 3 万字。

（二）论文书写

硕士学位论文，博士学位论文一律要求用 A4 标准大小的白纸打印。纸的四周应留足空白边缘，上方、下方、左侧和右侧应空边 25mm。页码放在页下端居中；摘要、目录、物理量名称及符号表等正文前部分的页码用罗马数字单独编排，正文以后的页码用形如 M，其中 M 为阿拉伯数字编排。行距：1.25 倍，间距：段前、段后均为 0 行，取消网格对齐选项。

文字图表整版整页，排版疏密得当，尺寸适中；正文提到的图表应按照先文后图表的次序呈现。

（三）摘要

摘要的字数（以汉字计），硕士学位论文一般为 500 字以上，博士学位论文为 1500 字以上，均以能将规定内容阐述清楚为原则。摘要页不需写出论文题目。

外文摘要与中文摘要的内容应完全一致，在外文语法、用词上应正确无误。编排上中文摘要在前、外文摘要在后。

（四）目录

目录应包括论文中全部章节的标题及页码，含：

正文章节题目（要求编到第 3 级标题，即□. □. □）

致谢

参考文献

附录

攻读□士学位期间发表论文（□处填"博"或"硕"）

索引（可选择或不选择）

（五）论文正文

1. 章节及各章标题

论文正文分章节撰写，每章应另起一页，章节内不留空白。

各章标题要突出重点、简明扼要。字数一般在 15 字以内，不得使用标点符号。标题中尽量不采用英文缩写词，对必须采用者，应使用本行业的通用缩写词。

2. 层次

层次以少为宜，根据实际需要选择。层次代号建议采用表 1 的格式。

层次要求统一，但若节下内容无须列条的，可直接列款、项。层次用到哪一层次视需要而定。

（六）引用文献

引用文献标示应置于所引内容最末句的右上角，用上标形式。所引文献编号用阿拉伯数字置于方括号"［　］"中，且按在正文中出现的顺序依次编号，如"二次铣削[1]"。当提及的参考文献为文中直接说明时，其序号应该用小 4 号字与正文排齐，如"由文献［8，10～14］可知"。标注引用文献处内容必须与附后所引用编号的参考文献内容一致。

不得将引用文献标示置于各级标题处。

（七）名词术语

科技名词术语及设备、原件的名称，应采用国家标准或部颁标准中规定的术语或名称。标准中未规定的术语要采用行业通用术语或名称。全文名词术语必须统一。一些特殊名词或新名词应在适当位置加以说明或注解。使用规范术语、概念准确，首次使用的重要概念需要定义；"粘"的使用问题，推荐采用"黏土、黏度、黏性"。

采用英语缩写词时，除本行业广泛应用的通用缩写词外，文中第一次出现的缩写词应该用括号注明英文全文。

（八）物理量名称、符号与计量单位

1. 物理量的名称和符号

物理量的名称和符号应符合 GB3100～3102－86 的规定。论文中某一量的名称和符号应统一。同一符号，全文一致，注意正体、斜体、上下标、大小写。物理量的符号必须采用斜体。表示物理量的符号作下标时也用斜体。

2. 物理量计时单位

物理量计量单位及符号应按国务院 1984 年发布的《中华人民共和国法定计量单位》及 GB2100～31002 执行，不得使用非法定计量单位及符号。计量单位符号，除用人名命名的单位第一个字母用大写之外，一律用小写字母。统一用工程或国际单位制，不可混用。如 mD，$10^{-3}\mu m^2$；方、立方米、公里、米，应修改为 m^3、km、m。

非物理量单位（如件、台、人、元、次等）可以采用汉字与单位行号

混写的方式，如"万 t·km"，"t/（人·a）"等。

文稿叙述中不定数字之后允许用中文计量单位符号，如"几千克至 1000kg"。

表达时刻时应采用中文计量单位，如"上午 8 点 3 刻"，不能写成 "8h54min"。

计量单位符号一律用正体。

（九）外文字母的正、斜体用法

按照 GB3100～3102 及 GB7159－87 的规定使用，即物理量符号、物理常量、变量符号用斜体，计量单位等符号均用正体。

（十）数字

按国家语言文字工作委员会 1987 年发布的《关于出版物上数字用法的试行规定》，除习惯用中文数字表示的以外，一般均采用阿拉伯数字。

（十一）公式

原则上居中书写。若公式前有文字（如"解""假定"等），文字空两格写，公式仍居中写。公式末不加标点。

公式序号按章编排，如第一章第一个公式序号为"（1－1）"，附录 A 中的第一个公式为（A－1）等。

文中引用公式时，一般用"见式（1－1）"或"由公式（1－1）"。

公式中用斜线表示"除"的关系时应采用括号，以免含糊不清，如 1/（bcosx）。通常"乘"的关系在前，如 acosx/b 而不写成（a/b）cosx。

（十二）插表

表格不加左、右边线。

表序一般按章编排，如第一章第一个插表的序号为"表 1－1"等。表序与表名之间空一格，表名中不允许使用标点符号，表名后不加标点。表序与表名置于表上，用中文居中排写。

表格线框美观、简洁、布局合理，数据单位标注规范，全文一致；若表格跨页，则下一页表前须写"续表 XX－YY"。

若表格横向太长，应采用分栏线折叠摆放，或将表格转置呈现。

表头设计应简单明了，尽量不用斜线。表头中可采用化学符号或物理量符号。

全表如用同一单位，将单位符号移至表头右上角，加圆括号。

表中数据应正确无误，书写清楚。数字空缺的格内加"－"字线（占 2 个数字宽度）。表内文字或数字上、下或左、右相同时，采用通栏处理方式，不允许用""""同上"之类的写法。

表内文字说明，起行空一格、转行顶格、句末不加标点。

（十三）插图

插图应与文字紧密配合，文图相符，技术内容正确。选图要力求精练。图文混排时在一章内必须满版。

1. 制图标准

插图应符合国家标准及专业标准。

对无规定符号的图形应采用该行业的常用画法。

2. 图题及图中说明

每个图均应有图题（由图号和图名组成）。图号按章编排，如第一章第一图的图号为"图 1 – 1"等。图及图例美观清晰，比例协调一致，图不加外框；若图跨页，则下一页图后须写"续图 XX – YY"。图题置于图下，用中文居中书写。有图注或其他说明时应置于图题之上，图中符号应有相应图例说明。图名在图号之后空一格排写。引用图应说明出处，在图题右上角加引用文献号。图中若有分图时，分图号用 a)、b) 等置于分图之下。

图中各部分说明应采用中文（引用的外文图除外）或数字项号，各项文字说明置于图题之上（有分图题者，置于分图题之上）。

3. 插图编排

插图与其图题为一个整体，不得拆开排写于两页。插图处的该页空白不够排写该图整体时，则可将其后文字部分提前排写，将图移到次页最前面。

4. 坐标单位

有数字标注的坐标图，必须注明坐标单位。

5. 论文原件中照片图及插图

学位论文原件中的照片图均应是原版照片粘贴，不得采用复印方式。照片可为黑白或彩色，应主题突出、层次分明、清晰整洁、反差适中。照片采用光面相纸，不宜用布纹相纸。对金相显微组织照片必须注明放大倍数。

学位论文原件中的插图不得采用复印件。对于复杂的引用图，可采用数字化仪表输入计算机打印出来的图稿。

（十四）参考文献

参考文献写格式应符合 BG7714 – 87《文后参考文献著录规则》。常用参考文献编写项目和顺序规定如下：（仅作参考没有引用者，不写引用起止页）。按引文著录格式规范列于论文页尾，特别注意英文文献的规范性，如人名、简写、字母大小写、期刊卷（期）等。

著作图书文献

序号 └┘ 作者. 书名. 版次. 出版者, 出版年: 引用部分起止页

　　　　　　　　　　　　　　　　　　　　　　第一版应省略

翻译图书文献

序号 └┘ 作者. 书名. 译者. 版次. 出版者, 出版年: 引用部分起止页

　　　　　　　　　　　　　　　第一版应省略学术刊物文献

序号 └┘ 作者. 文章名. 学术刊物名. 年, 卷（期）: 引用部分起止页

学术会议文献

序号 └┘ 作者. 文章名. 编者名. 会议名称, 会议地址, 年份. 出版者, 出版年: 引用部分起止页

学位论文类参考文献

序号 └┘ 研究生名. 学位论文题目. 学校及学位论文级别. 答辩年份: 引用部分起止页

学术会议若出版论文集者，可在会议名称后加上"论文集"字样。未出版论文集者省去"出版者""出版年"两项。会议地址与出版地相同者省略"出版地"。会议年份与出版年相同者省略"出版年"。

产品说明书、各类标准、各种报纸上刊登的文章及未公开发表的研究报告（著名的内部报告及著名大公司的企业技术报告等除外）等不宜作为参考文献引用。

参考文献应包括论文工作期间所有查阅和引用的文献资料。原则上，博士研究生所查阅的文献不低于 150 篇，且必须出现一定量的近 3 年的外文文献。硕士研究生不低于 50 篇，工程硕士不低于 30 篇。所有研究生的外文参考文献不少于参考文献总数的 1/3。

（十五）攻读学位期间发表的学术论文

书写格式与参考文献同。

（十六）　附录

对需要收录于学位论文中且又不适合书写正文中的附加数据、资料、详细公式推导等有特色的内容，可作为附录排写，序号采用"附录1""附录2"等。

（十七）　索引

为便于检索文中内容，可编制索引置于论文之后（根据需要决定是否设置）。索引以论文中的专业词语为检索线索，指出其相关内容的所在页码。索引用中、英两种文字书写，中文在前。中文按各词汉语拼音第一字母排序，英文按该词第一个英文字母排序。

三、打印要求

（一）　字体

论文所用字体要求为宋体。

（二）　字号

各章题序及标题　　　　　　　小2号黑体；

各节的一级题序及标题　　　　小3号黑体；

各节的二级题序及标题　　　　4号黑体；

各节的三级题序及标题　　　　小4号黑体；

款、项　　　　　　　　　　　均采用小4号黑体；

图的说明文字用小5号宋体，表内文字用5号宋体、表的说明文字用小5号宋体；

正文用小4号宋体。

（三）　页眉

学位论文正文各页均加页眉，不加页脚，线宽 $1\frac{1}{2}$ 磅，奇数页用"西南石油大学□研究生学位论文"（符号"□"用"博士"或"硕士"或"工程硕士"字替代），偶数页用学位论文题目名称，字号用五号宋体。除此以外不得采用任何其他形式内容，页码置于页下端居中，采用形式为：M，其中M为阿拉伯数字。

（四）　摘要及关键词

摘要题头应居中，字样如下：

摘　　要　（小 2 号黑体）

然后隔行书写摘要的文字部分。

摘要文字之后隔一行顶格（齐版心左边线）写出关键词，格式如下：

关键词：⎵⎵词；词；……；词

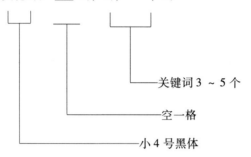

— 关键词 3 ～ 5 个

— 空一格

— 小 4 号黑体

（五）目录

目录中各章题序及标题用小 4 号黑体，其余用小 4 号宋体。

（六）层次

正文层次的编排建议用以下格式。

表 1　　　　　　　　　　层次代号及说明

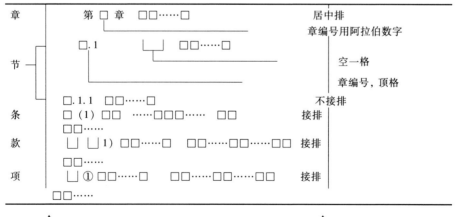

↑　　　　　　　　　　　　　　　　　↑

版心左边线　　　　　　　　　　　　　版心右边线

各层次题序及标题不得置于页面的最后一行（孤行）。

版心边线，上、下框线只起说明作用，不必画出。

（七）公式

公式序号的右侧符号与右边线顶边排写。

公式较长时最好在等号"＝"处转行，如难实现，则可在＋、－、×、÷运算符号处转行，转行时运算符号仅书写于转行式前，不重复书写。

公式中第一次出现的物理量应给予注释，注释的转行应与破折号"—"后第一个字对齐，格式见下列：

式中 ⌊⌋ M_f—试样断裂前的最大扭矩（N·m）;

占二字

θ_f—试样断裂时的单位长度上的相对扭

$$转角\ \theta_f = \frac{\mathrm{d}\varphi}{\mathrm{d}l},\ （rad/mm）$$

公式中应注意分数线的长短（主、副分线严格区分），长分线与等号对齐，如

$$x = \frac{2\pi(n_2 + n_3)}{\dfrac{n_2 + n_2}{n_2 - n_2}}$$

（八）论文印刷与装订

研究生学位论文全文一律要求打印，学位论文前置部分（授权书、原创性声明、摘要、目录等）采用单面印刷，学位论文其他部分采用双面印刷装订成册。

装订时严格按照下面顺序：

（1）论文封面

（2）学位论文版权使用授权书

（3）学位论文原创性声明

（4）论文扉页（博士生用）

（5）中文摘要

（6）英文摘要

（7）目录

（8）论文正文（绪论、正文、结论）

（9）致谢

（10）参考文献

（11）附录（可选择）

（12）攻读□士学位期间发表的论文及科研成果

（13）索引（可选择）

论文正面封面按规定内容填写封面的各项内容，专业一栏按国家规范专业名称书写（包括工程硕士专业领域），不能附加任何其他说明。

附表：研究生学位论文撰写规范及注意事项

学位论文撰写规范检查内容及要求

序号	审查内容	撰写要求
1	封面	专业与研究方向一致，可参考招生简章
2	摘要	写实性的叙述，阐明研究意义、理论方法、开展的工作、取得成果和认识，最好给出定量性的结论。英文摘要应与中文内容一致，表述得体
3	目录	章支持论文题目、节支持章，结构合理，逻辑清晰
4	结构层次	如：第 3 章；3.1，3.2；3.1.2；（1）；1）；A；a；正文行文①、②、③
5	引文、引用图表	引文规范，必须标注引用他人成果，如重要学术思想、图、表
6	单位制	统一用工程或国际单位制，不可混用。如 mD，$10^{-3}\,\mu m^2$；方、立方米、公里、米，应修改为 m^3、km、m
7	名词、术语、概念	使用规范术语、概念准确，首次使用的重要概念需要定义；"粘"的使用问题，推荐采用"黏土、黏度、黏性"
8	符号、公式	同一符号，全文一致，注意正体、斜体、上下标、大小写
9	页面布局、排版	文字图表整版整页，排版疏密得当，尺寸适中；正文提到的图表应按照先文后图表的次序呈现
10	图及图例	图及图例美观清晰，比例协调一致，图不加外框；若图跨页，则下一页图后须写"续图 XX – YY"
11	表格	表格线框美观、简洁、布局合理，数据单位标注规范，全文一致；若表格跨页，则下一页表前须写"续表 XX – YY"；若表格横向太长，应采用分栏线折叠摆放，或将表格转置呈现

续表

序号	审查内容	撰写要求
12	数据	数据或数值或符号规范清晰，注意有效数字、单位
13	论文字体和行间距	正文字体宋体小四号，行距 1.25 倍
14	结论和建议	结论需要高度凝练，硕士论文 5~7 条为宜，博士论文一般不超过 10 条；建议要结合论文来谈，注意针对性
15	页尾参考文献	按引文著录格式规范列于论文页尾，特别注意英文文献的规范性，如人名、简写、字母大小写、期刊卷（期）等
16	发表论文和参研项目	按照引文著录格式书写，科研项目须写明来源、名称、编号、执行期等

主要参考文献*

[1] 未玉. 科学、技术和科学研究 [J]. 中国科技信息, 1995 (2): 56.

[2] 毛浩然. 科研论文写作的三种境界与六个意识 [J]. 英语知识, 2012 (7): 2 + 1 + 4.

[3] 高建群, 吴玲, 施业. 学术论文摘要的规范表达 [J]. 东南大学学报 (哲学社会科学版), 2003, 5 (2): 114 – 117.

[4] 陈金仙, 汪化云. 论文摘要的类型与写作中的主要问题 [J]. 中国科技期刊研究, 2012, 23 (6): 1113 – 1116.

[5] 王丰年. 论当前学术论文摘要的九大误区 [J]. 科技与出版, 2007 (9): 32 – 34.

[6] 郭纹. 学术论文摘要写作常见问题及解决对策 [J]. 科技传播, 2018 (10): 154 – 157.

[7] 王振德. 学术论文摘要写作中常见问题与写作建议 [J]. 新闻研究导刊, 2020, 11 (12): 193 – 194.

[8] 刘莉莉, 黄李晓. 学术期刊论文摘要的常见问题及其写作策略——以基础教育学术期刊为例 [J]. 教育科学论坛, 2023 (10): 63 – 67.

[9] 苏婧. 画龙还需点睛: 学术性写作标题和摘要的撰写 [J]. 新闻与写作, 2021 (7): 103 – 107.

[10] 黄振永, 鄢永明, 裴雪丹. 大学生学术论文写作与发表实用教程 [M]. 武汉: 武汉大学出版社, 2014.

[11] 余来文. MBA 论文写作与研究方法 [M]. 北京: 经济管理出版社, 2014.

---

* 该部分所列文献为正文内容的主要参考文献, 如有疏漏还望指正、谅解。

［12］方守金，郝长海．当代实用写作：第2版［M］．北京：科学出版社，2012.

［13］周胜林．高级新闻采访与写作：第3版［M］．上海：复旦大学出版社，2006.

［14］于方．学术论文"引言"存在问题分析［J］．学报编辑丛，2003：94－96.

［15］崔建军．论文文献综述的地位，写作原则与写作方法——以经济学专业论文写作为例［J］．唐都学刊，2014，30（5）：117－121.

［16］王琪．撰写文献综述的意义、步骤与常见问题［J］．学位与研究生教育，2010（11）：49－52.

［17］张庆宗．文献综述撰写的原则和方法［J］．中国外语，2008（7）：77－79.

［18］支运波．人文社会科学研究中的文献综述撰写［J］．理论月刊，2015（3）：79－83.

［19］朱秀梅，杨姗．管理类综述文章的撰写范式［J］．外国经济与管理，2019，41（7）：137－152.

［20］陆瑶．面向留学生开设"英文文献检索"课的实践探索——以江苏科技大学为例［J］．镇江高专学报，2020，33（2）：96－98.

［21］丛乃霞，陈颂．论文写作中文献检索常用的方法和途径［J］．中国疗养医学，2020，29（12）：1341－342.

［22］韩玲．科技文献检索在科研选题中的重要作用［J］．江苏科技信息，2019（33）：11－13.

［23］李泽宇．体育领域问卷调查法的应用策略研究［D］．太原：太原理工大学，2022.

［24］郑金洲．从实际中来：研究问题的确定［J］．人民教育，2004（7）：27－29.

［25］刘玮．研究问题的确定与研究视角的选择［J］．新课程（综合版），2009（5）：15－17.

［26］夏飞朋．问题发现、研究确定与推进——社会科学如何做研究［J］．中国研究生，2020（8）：41－44.

［27］张琦．我国体育学博士学位论文研究方法规范性研究［D］．天津：天津体育学院，2021．

［28］陈立宏，李旭，吴永康，等．关于研究生文献综述撰写的几点建议［J］．教育教学论坛，2022（31）：149－152．

［29］姚计海．"文献法"是研究方法吗——兼谈研究整合法［J］．国家教育行政学院学报，2017（7）：89－94．

［30］陈利东．文献检索方法的研究与改进［J］．计算机系统应用，2014，23（6）：262－265．

［31］丛乃霞，陈颂．论文写作中文献检索常用的方法和途径［J］．中国疗养医学，2020，29（12）：1341－1342．

［32］宋春霞．关于文献检索与论文写作课程思政要点的思考［J］．大学教育，2022（11）：176－178．

［33］王涛，尹小鹃．科研论文写作方法概述——论文写作的选题与框架［J］．统计与咨询，2018（1）：52－53．

［34］陈钰明，陈善元．浅谈科技论文写作方法与技巧［J］．科技传播，2021，13（18）：37－40．

［35］杨信凤．配额抽样的性质研究［D］．成都：西南财经大学，2015．

［36］吴岱明．科学研究方法学初探［J］．武汉大学学报（社会科学版），1987（3）：41－46．

［37］朱旭东，郭绒．论学术论文写作训练：价值、方式和内容——基于"学术论文写作和规范"课程的经验［J］．学位与研究生教育，2022（6）：6－15．

［38］尹玉吉．社会科学学术论文写作方法论纲［J］．石油大学学报（社会科学版），1995（4）：75－77．

［39］风笑天．社会调查方法还是社会研究方法？——社会学方法问题探讨之一［J］．社会学研究，1997（2）：23－32．

［40］风笑天．近五年社会学方法研究述评［J］．社会学研究，1995（1）：2－12．

［41］蒋逸民．作为"第三次方法论运动"的混合方法研究［J］．浙江社会科学，2009（10）：27－37＋125－126．

［42］王东雪．定性、定量和混合研究：中国音乐教育研究的三种取向——基于对 CNKI（2000—2010 年）论文的分析［J］．南京艺术学院学报（音乐与表演版），2011（2）：112－118.

［43］李刚，王红蕾．混合方法研究的方法论与实践尝试：共识、争议与反思［J］．华东师范大学学报（教育科学版），2016，34（4）：98－105＋121.

［44］麻彦坤．心理学研究中质化与量化两种取向的对立与整合［J］．南京师大学报（社会科学版），2019（5）：75－81.

［45］徐辉，季诚钧．高等教育研究方法现状及分析［J］．中国高教研究，2004（1）：14－16.

［46］邓猛，潘剑芳．论教育研究中的混合方法设计［J］．教育研究与实验，2002（3）：56－61＋73.

［47］邓猛，赵振州．教育科学研究方法与写作基本规范的思考［J］．教育研究与实验，2005（1）：1－6.

［48］克雷斯威尔．研究设计与写作指导：定性、定量于混合研究的路径［M］．重庆：重庆大学出版社，2007.

［49］劳伦斯·纽曼．社会研究方法：定性和定量的取向（第七版）［J］．教学与研究，2021（4）：113.

［50］潘昭义．浅谈统计调查资料的信度与效度［J］．统计与咨询，2005（6）：28－29.

［51］葛林洁，王丹，郭一蓉，等．实验室实验与现场实验在组织行为学中的应用［J］．中国人力资源开发，2021，38（2）：42－56.

［52］风笑天．定性研究概念与类型的探讨［J］．社会科学辑刊，2017（3）：45－52.

［53］徐飞．管理理论研究中"问题导向"之问题［J］．管理科学学报，2019，22（5）：3.

［54］韩映雄，马扶风．文献综述及其撰写［J］．出版与印刷，2017（1）：6.

［55］陈向明．质的研究方法与社会科学研究［M］．北京：教育科学出版社，2000：24.

［56］陈强．计量经济学及 Stata 应用［M］．北京：高等教育出版社，2015.

［57］李润洲．研究生个案写作的方法论反思——一种教育学的视角［J］．学位与研究生教育，2019（5）：44－50.

［58］王宁．代表性还是典型性？——个案的属性与个案研究方法的逻辑基础［J］．社会学研究，2002（5）：123－125.

［59］曾东霞，董海军．个案研究的代表性类型评析［J］．公共行政评论，2018，11（5）：158－170＋190.

［60］王富伟．个案研究的意义和限度——基于知识的增长［J］．社会学研究，2012，27（5）：161－183＋244－245.

［61］张涛．论历史证据的理论负载［J］．江海学刊，2019（5）：192－199.

［62］钱茂伟．作为活人历史研究的口述史［J］．浙江社会科学，2019（10）：141－150.

［63］李云．大数据背景下抽样方法与应用研究［J］．山东开放大学学报，2022（1）：82－85.

［64］左璐璐．基于抽样方法的大数据统计推断［D］．天津：天津大学，2021.

［65］黄由衡，李晓玲，唐岚．毕业论文研究设计主体内容的逻辑化撰写［J］．教师，2022（2）：102－104.

［66］鄢显俊．硕士论文开题报告常见问题分析——兼论学术研究的问题意识和学理意识［J］．研究生教育研究，2013（6）：56－60.

［67］刘明．教育科研课题开题中的常见问题及解决办法［J］．广西教育，2021（32）：59－61.

［68］王成军，安蕊．教育硕士学位论文研究设计质量状况的评价研究［J］．高教论坛，2022（4）：93－96.

［69］熊中敏，郭怀宇，吴月欣．缺失数据处理方法研究综述［J］．计算机工程与应用，2021，57（14）：27－38.

［70］王国成，张世国．经济学实证分析方法的演进逻辑及发展新阶段［J］．东南学术，2021（1）：127－139.

［71］周曦．关于课题研究中"研究假设"之探索与思考［J］．大视野，2019（6）：32－35.

［72］王艳红．证实与证伪［J］．智富时代，2014（11）：45－46.

［73］邓银燕．缺失数据的填充方法研究及实证分析［D］．西安：西北大学，2010.

［74］刘永利，张运法．假说的作用及其检验［J］．今日科苑，2010（8）：356.

［75］伍云山．浅谈描述性统计在管理评审中的应用［J］．日用电器，2010（2）：30－35.

［76］王凯．教育科研论文选题的思维策略［J］．教育科学研究，2009（2）：76－78.

［77］杨心德．试论文科硕士学位论文的选题［J］．宁波大学学报（教育科学版），2007（6）：76－80.

［78］陈海燕．浅谈如何指导学生做好毕业论文选题［J］．教育与职业，2007（14）：190－191.

［79］王芳，侯宇，罗志文．浅论学位论文的选题方法［J］．武汉科技大学学报（社会科学版），2006（2）：92－94.

［80］宋天和，孙超．论学术论文选题的意义、原则与方法［J］．哈尔滨市委党校学报，2004（4）：93－95.

［81］朱秋菊．谈毕业论文的选题策略［J］．高等函授学报（哲学社会科学版），2001（6）：63－64.

［82］卢卓群．在实践中认识选题的意义和准则［J］．高等函授学报（哲学社会科学版），2000（5）：53－57.

［83］金勇进，朱琳．不同差补方法的比较［J］．数理统计与管理，2000（4）：50－54.

［84］刘西川．实证论文写作八讲［M］．北京：北京大学出版社，2020.

［85］陈晓萍．组织与管理研究的实证方法［M］．北京：北京大学出版社，2008.

［86］于晓华．如何正确运用计量经济模型进行实证分析——实证分

析中的数据、模型与参数 [J]. 农业技术经济，2014（7）：4 - 16.

[87] 阙祥才. 实证主义研究方法的历史演变 [J]. 求索，2016（4）：71 - 76.

[88] 深圳市国泰安信息技术有限公司. 实证研究指南 [M]. 北京：经济管理出版社，2014.

[89] 周淑敏. 学术论文写作 [M]. 北京：建材工业出版社，1997.

[90] 泰特尔鲍姆（Teitelbaum，H.）. 英语论文写作向导 [M]. 北京：科学出版社，1987.

[91] 田澍. 史学论文写作教程 [M]. 兰州：甘肃人民出版社，2011.

[92] 沈玲. 学术论文摘要和结论的写作方法 [J]. 现代情报，2000（06）：60 - 61.

[93] 王银平. "结论" 和 "结语" 在用法和写法上的区别 [J]. 湖北气象，2006（03）：46.

[94] 舒华，裴庆银，闫晓枫. 学术论文写作浅析 [J]. 军事交通学院学报，2009，11（3）：78 - 80.

[95] 温彩霞. 从编辑视角浅议学术论文写作常见误区 [J]. 新闻世界，2022（1）：69 - 72.

[96] 罗华珍. 学术论文的撰写要求 [J]. 时代经贸，2011（18）：265.

[97] 杨继成，车轩玉，管振祥. 学术论文写作方法与规范 [M]. 北京：中国铁道出版社，2007.

[98] 本刊编辑部. 学术论文中结语的撰写要求 [J]. 河北工业科技，2023，40（2）：110.

[99] 《交通科技》杂志社. 论文结语撰写要求 [J]. 交通科技，2008（5）：57.

[100] 广西大学商学院组. 经济与管理教学研究论文集 2008 [M]. 南宁：广西人民出版社，2008.

[101] 风笑天. "五讲四美"：社会研究论文写作的原则与建议 [J]. 东南学术，2023（1）：44 - 54.

［102］戴钟荣. 论文写作"五宜""五忌"［J］. 黔东南民族师专学报，1998（3）：37－39.

［103］杨百顺，李志刚. 现代逻辑辞典［S］. 武汉：湖北教育出版社，1995.

［104］张华夏. 论科学问题的逻辑结构［J］. 社会科学战线，1992（1）：54－61.

［105］林定夷. 科学中问题的结构与问题逻辑［J］. 哲学研究，1988（5）：32－38.

［106］李祖扬. 科学问题辨析［J］. 自然辩证法研究，1996，12（8）：5.

［107］Toulmin，S. Foresight and Understanding：The Inquiry into the Aims of science［M］. Horpe Torch Books，1961.

［108］邱仁宗. 论科学发现的模式［J］. 自然辩证法研究，1986（1）：1－11.

［109］W. J. B. 贝费里奇. 科学研究的艺术［M］. 北京：科学出版社，1979.

［110］（德）海森堡. 物理学与哲学［M］. 北京：商务印书馆，1981.

［111］马克思，恩格斯. 马克思恩格斯全集：第四十卷［M］. 北京：人民出版社，1982.

［112］马克思，恩格斯. 马克思恩格斯文集：第十卷［M］. 北京：人民出版社，2009.

［113］习近平. 在哲学社会科学工作座谈会上的讲话［N］. 人民日报，2016－05－17.

［114］Babbie，Earl. 社会科学研究方法［M］. 新加坡商圣智学习亚洲私人有限公司，2013.

［115］Simon H A. Theories of Bounded Rationality［M］//McGuire C B，Radner R. （Eds），Decision and Organization，North－Hoiiand Publishing Company，1972：161－176.

［116］Kahn H R C. The year 2000：A framework for speculation on the next thirty-three years ［J］. Political Science Quarterly，1967，83（4）：663.

［117］Curtin L L. Learning from the future ［J］. Nursing Management，1994，25（1）：7.

［118］Fildes R. Scenarios：The art of strategic conversation ［J］. Journal of the Operational Research Society，1998，49（7）：773 – 774.

［119］Sheng Z H. Fundamental Theories of Mega Infrastructure Construction Management：Theoretical Considerations from Chinese Practices ［C］//International Series in Operations Research&Management Science，Springer，2018.

［120］盛昭瀚. 计算实验：社会科学研究的新方法 ［N］. 光明日报，2012 – 04 – 11.

［121］赵建军. 西方社会科学哲学研究的基本图景 ［N］. 中国社会科学报，2019 – 01 – 31.

［122］本刊特约评论员. 再问管理学——"管理学在中国"质疑 ［J］. 管理学报，2013，10（4）：469 – 487.

［123］刘益东. "互联网 + 代表作"是拔尖人才试金石 ［N］. 中国社会科学报，2018 – 10 – 30（001）.

［124］钱学森. 一个科学新领域——开放的复杂巨系统及其方法论 ［J］. 上海理工大学学报，2011，33（6）：526 – 532.

［125］于景元. 钱学森系统科学思想和系统科学体系 ［J］. 科学决策，2014（12）：1 – 22.

［126］盛昭瀚，游庆仲. 综合集成管理：方法论与范式——苏通大桥工程管理理论的探索 ［J］. 复杂系统与复杂性，2007（2）：1 – 9.

［127］盛昭瀚. 问题导向：管理理论发展的推动力 ［J］. 管理科学学报，2019，22（5）：1 – 11.

［128］肯·G. 史密斯，迈克尔·A. 希特. 管理学中的伟大思想：经典理论的开发历程 ［M］. 徐飞、路琳、苏依依，译. 北京：北京大学出版社，2016.

后　　记

　　轻舟已过万重山。本书洋洋洒洒写了 30 余万字，不知不觉已写到后记了。在指导学生写实证论文时，很多学生始终无法很好地掌握实证论文写作要领。心之所至，力之所行。于是我们萌发了帮助大家了解实证论文的基本构成和主要写作要点的初心，一起身体力行，完成了本书的写作。

　　我们认为论文写作对于很多人是一个很痛苦的事情，究其原因，主要是对实证论文写作的各个组成部分不太了解，每一个部分的具体内容都不太清楚。因此，在结构体例上，我们充分考虑了各个部分的写作思路和方法。全书共分为八讲：第一讲和第八讲是本书的绪论和尾章，其余六讲分别对应了实证论文的六个核心组成部分，即摘要、引言、文献综述、研究设计、实证分析和结语。论文写作如逆水行舟，不进则退，是一个不断修炼的过程。希望本书能帮助大家不断修炼论文写作。总有一天能达到"文章本天成，妙手偶得之"的论文写作境界。

　　在这本书的写作过程中，我们引用了国内外很多专家学者的观点，他们的真知灼见对我们非常有指导性。其中绝大部分可查资料已经在参考文献中详细列出，但难免会有疏漏之处，还请专家和读者们批评指正，以便进一步完善本书。同时，本书写作过程中我们也得到了很多同学的帮助，他们有朝气，有想法，希望他们愿历尽千帆，归来仍是少年。

余　璇　郑小强

2023 年 6 月于西南石油大学